中国古代俭奢故事

ZHONG GUO GU DAI JIAN SHE GU SHI

上

张国钧◎著

中国法制出版社
CHINA LEGAL PUBLISHING HOUSE

目录

Contents

上编 古代帝王和王朝的一百个故事

1. **同甘共苦，开天辟地** / 3

——唐尧以勤俭开创中华文明

2. **“尝闻虞帝苦忧人，只为苍生不为身”** / 5

——虞舜勤劳俭朴解民之愠

3. **受“臣虏之劳”，过家门不入** / 7

——大禹“股无完肤”率众治水

4. **痴迷打猎，太康失国** / 9

——后启父子怠政游嬉的悲剧

5. **发愤图强，“少康中兴”** / 10

——以勤苦重造的夏朝兴盛

6. **孔甲乱夏，四世而陨** / 11

——因奢靡而导致的夏朝败落

7. **“时日曷丧，予及汝偕亡”** / 13

——致使民恨国灭的夏桀奢侈

8. **“勤力乃事”，商汤灭夏** / 15
——以勤伐奢的夏商代谢

9. **浪子回头，由奢到勤** / 17
——“太甲中兴”的由来

10. **盘庚迁都，重振殷商** / 18
——以“迁”抑奢的历史性举措

11. **酒池肉林，湮灭殷商** / 20
——商纣王的淫虐末日

12. **“不遑暇食”，灭商兴周** / 21
——两代人勤苦奋斗创立的新王朝

13. **好利弭谤，祸国丧身** / 23
——周厉王掩耳盗铃的败亡之道

14. **戏诸侯戏掉西周** / 25
——周幽王的荒唐奢靡

15. **痴迷玩鹤，衰国丧身** / 28
——卫懿公把卫国玩衰的教训

16. **送“奢”予人，弱人强己** / 29
——秦穆公的强国之道

17. **玩狗成癖，国乱身死** / 31
——晋灵公的自取灭亡之路

18. **君臣淫乱，国破人亡** / 32
——陈灵公君臣的可耻丑行

19. **纳谏戒靡，一鸣惊人** / 34
——楚庄王的重要转变

20. **由勤变奢，失志丧国** / 36
——吴王夫差的得与失
21. **卧薪尝胆，反败为胜** / 38
——越王勾践的发愤图强
22. **“阿房，阿房，灭始皇”** / 39
——秦王朝走向速亡的暴奢
23. **约法三章，变弱为强** / 41
——刘邦纳谏戒奢的成功
24. **躬修节俭，“文景之治”** / 42
——西汉两任皇帝的勤俭接力
25. **劳民伤财，“轮台罪己”** / 45
——汉武帝对“所为狂悖”的反思
26. **两任宽简，“昭宣中兴”** / 47
——汉昭帝和汉宣帝“正能量”的延续
27. **温柔乡是盛世冢** / 49
——汉成帝耽于酒色断送盛世
28. **“断袖之癖”，断掉西汉** / 50
——汉哀帝纵欲狂奢的悲哀
29. **勤劳不怠，光武盛治** / 52
——东汉缔造者的辛劳
30. **力戒奢侈，安定汉室** / 55
——邓太后倡俭戒奢的“硬措施”
31. **穷奢极侈，桓灵衰国** / 57
——两代奢主衰亡东汉

32. “内戒”反奢，逐鹿群雄 / 60
——曹操《内戒令》胜十万雄兵

33. “增广声乐”，乐不思蜀 / 62
——扶不起的“玩阿斗”

34. 王气黯然收，降幡出石头 / 63
——吴主孙皓奢靡残暴的结局

35. 羊车向何方，去到途穷处 / 65
——晋武帝奢靡造成西晋快速衰败

36. “无粟何不食肉糜” / 67
——痴呆皇帝司马衷留下的千古笑料

37. 色魔淫鬼毁后赵 / 68
——后赵武帝石虎的亡国暴行

38. 苻生长醉，两年亡身 / 70
——苻秦二世的醉亡短跑

39. “常居内”，速败萎 / 72
——成汉国末代君主的四年狂享

40. 因宠而奢，因奢而亡 / 73
——后燕国慕容熙的七年败亡之路

41. 南渡偏安，豪奢依旧 / 74
——东晋末期皇帝一代不如一代

42. 二百人大轿抬入坟墓 / 76
——“五个月桓楚皇帝”的疯狂

43. 俭如平民，定乱代兴 / 78
——刘宋王朝开创者的节俭

44. 疯狂奢暴毁刘宋 / 79
——南朝刘宋末期几任君主的狂奢糟害

45. 以身作则，勤俭兴邦 / 81
——南齐前两代君主的清明

46. 八年奢乱破南齐 / 83
——南齐不肖子孙的亡国侈行

47. 先俭后奢，南梁衰落 / 85
——南梁开创者的得与失

48. 奢侈无度，毁国亡身 / 87
——北魏胡太后由“听政”到毁政

49. “玉树流光照后庭，花开花落不长久” / 89
——陈后主的亡国之音和亡国之举

50. 醉酒狂人乱北齐 / 91
——高洋时期北齐的昏天黑日

51. “无愁天子”无下场 / 93
——北齐后主玩完北齐

52. 两年狂奢葬北周 / 95
——北周宣帝宇文赟的快速败亡

53. 勤政励精，开皇之治 / 97
——“励精之主”隋文帝的治国之道

54. 荒淫残暴，隋朝速亡 / 99
——隋炀帝杨广的狂奢驱驰

55. 去奢省费，开创盛世 / 102
——“贞观之治”的成功开创

56. 俭德掌后宫，盛世堪辅佐 / 104
——长孙皇后节俭无私“母仪天下”

57. “永徽之治”，功由勤勉 / 106
——唐高宗“贞观遗风”开新治

58. 先俭后奢，由盛转衰 / 108
——“开元之治”的成与败

59. “打夜狐”而死的青年皇帝 / 110
——唐敬宗在位三年玩死

60. 以俭治吏，“大中之治” / 112
——唐宣宗李忱以勤俭扭转颓势

61. 骄残“九破”，败坏唐朝 / 113
——唐懿宗倒行逆施国破民苦

62. 父子无耻，后梁速亡 / 115
——后梁朱温父子三人的自取灭亡

63. 大帽巡游丧前蜀 / 117
——前蜀后主王衍的荒唐行径

64. “李天下”戏丢天下 / 118
——后唐庄宗李存勖的致命玩嬉

65. 造城运动毁掉的“海东盛国” / 120
——渤海国好大喜功自吞恶果

66. 非五十只鸡炖的汤不喝 / 122
——兄弟奢王玩衰南楚

67. “俭约天子”兴后周 / 124
——后周太祖郭威反对“厚自奉养”

68. **“拓天下、养百姓、致太平”** / 126
——后周世宗柴荣的勤俭治国经
69. **骄奢淫逸，后蜀速灭** / 127
——后蜀二世孟昶奢玩匪夷所思
70. **被身边人杀死的“睡王”** / 130
——辽穆宗耶律璟的醉与狂
71. **“无限江山，别时容易见时难”** / 132
——南唐后主李煜的悔与泪
72. **“消闲大夫”丧南汉** / 134
——南汉后主刘鋹的“消闲”与国家的消殒
73. **以奢为鉴，以俭为宝** / 136
——宋太祖赵匡胤以勤俭开创“建隆之治”
74. **严明吏治，“咸平之治”** / 139
——宋真宗赵恒的《文武七条》
75. **恭行节俭，变法图治** / 141
——宋神宗赵顼为振兴宋朝做出的努力
76. **耽酒嗜音，因“舞”祸国** / 143
——辽国末代皇帝的荒唐
77. **浮浪失政，国亡身辱** / 145
——宋徽宗赵佶的骄奢淫逸
78. **“山外青山楼外楼，西湖歌舞几时休”** / 148
——宋高宗赵构苟且偷安朝欢暮乐
79. **肆行淫乱，狂施暴政** / 150
——金废帝完颜亮祸国亡身的绝伦狂暴

80. 反奢崇俭，“大定盛世” / 151
——金世宗完颜雍反“三风”改弊政

81. “性恭俭”，兴“乾淳” / 154
——宋孝宗赵昚的戒奢倡俭之举

82. 误国的“春夏秋冬四夫人” / 156
——宋度宗赵禥贪淫宠奸毁灭南宋

83. 元皇宫里的“废物回收利用” / 158
——察必皇后节俭自奉后德励人

84. “上崇节俭，下无奢靡” / 160
——明太祖朱元璋身先率下勤俭兴邦

85. 俭朴爱民，懿行辅国 / 163
——马皇后沧桑不变的平民品行

86. 以勤劳创造的“永乐盛世” / 165
——明成祖朱棣的“以小见大”

87. 父子相继，“仁宣之治” / 167
——明宣宗对父亲明仁宗的勤勉承接

88. “豪华之旅”对“骁悍之师”的应战 / 169
——明英宗朱祁镇缘何“土木之变”被俘

89. 以勤勉打造的“弘治中兴” / 172
——明孝宗朱祐樘的“平台召见”和节俭寡欲

90. 肆意淫奢，国乱身亡 / 174
——明武宗朱厚照的“豹房”和“宣府”

91. 差点被宫女勒死的“真君” / 177
——二十七年不上朝的嘉靖皇帝

92. **“正士习、纠官邪、安民生、足国用”** / 180
——明穆宗朱载垕的“隆庆新政”

93. **“醉梦之期”，前功尽弃** / 182
——万历皇帝的前醒后醉

94. **“木匠皇帝”，昏暗天启** / 184
——明熹宗朱由校沉浸木工贻误国事

95. **一年中两个王朝的灭亡** / 187
——大顺农民政权承接明朝末期奢腐的悲剧

96. **“蛤蟆天子”，临危淫靡** / 189
——弘光小朝廷苟延残喘的纸醉金迷

97. **“夙夜不遑”，盛世辉煌** / 191
——康熙帝的勤政节俭

98. **一千多万字的政务批语** / 194
——雍正帝的惜时勤勉

99. **盛世凭勤俭，衰世因怠靡** / 196
——乾隆帝的“后颓”与清王朝的中落

100. **做寿糟千万，逃亡仍奢靡** / 199
——慈禧伤财衰国的铺张浪费行为

上编

古代帝王和王朝的一百个故事

1. 同甘共苦，开天辟地

——唐尧以勤俭开创中华文明

尧帝（约前 2377 年—约前 2259 年），我国古代“五帝”之一。姓伊祁，名放勋。尧是他的谥号。因曾为陶唐氏首领，故史称“唐尧”。他严肃恭谨，是非分明，德高望重，能团结族人，使上下同心，并使邦族之间团结如一家，和睦相处。他命羲氏、和氏测定推求历法，制定四时成岁，为百姓颁授农耕时令，并测定出了春分、夏至、秋分、冬至四个重要节气。尧曾专门设置“谏言之鼓”，让天下百姓各尽其言；立“诽谤之木”，鼓励百姓批评自己的过失。他说：“如果有一个人挨饿，就是我饿了他；如果有一个人受冻，就是我冻了他；如果有一个人获罪，就是我害了他。”

尧作为部落联盟首长，始终与人民同甘共苦，据《韩非子·五蠹》记述："尧之王天下也，茅茨不翦，采椽不斫；粝粢之食，藜藿之羹；冬日麑裘，夏日葛衣；虽监门之服养不亏于此矣。"意思是说，尧治理天下的时候，他住的是茅草屋，做屋顶用的茅草不修剪，柞木椽子也不削平，长短不齐；平时吃的是粗粝的饭食、用野菜做的羹汤；冬天穿小鹿皮缝的袍子，夏天穿麻布的衣裳。即使是看门人的衣服食物也不比他差。

尧帝以勤劳刻苦精神带领华夏祖民开创了中华文明。他还开了"禅让"之先河。他在位70年，认为儿子丹朱不成器，因此决定从民间选用贤良之才。"四岳""十二牧"等各个部落都一致推荐了舜。尧对舜进行了长期考察后，遂将部落联盟首长"禅让"给舜，还把两个女儿嫁给了舜。《史记·五帝本纪》评价尧帝：

其仁如天，其知（智）如神。就之如日，望之如云。富而不骄，贵而不舒。

2.“尝闻虞帝苦忧人，只为苍生不为身”

——虞舜勤劳俭朴解民之愠

舜帝（约前2277年—约前2178年），古代“五帝”之一，姚姓，名重华，字都君。受尧“禅让”而称帝（接位部落联盟首长），其国号为“有虞”，故号为“有虞氏帝舜”，亦称“虞帝”。

相传舜的家世甚为寒微，虽然是帝颛顼的后裔，但五世为庶人，处于社会下层。舜的早年遭遇甚为不幸，父亲瞽叟是个盲人，母亲很早去世。瞽叟续娶，继母生弟名“象”。舜生活在“父顽、母嚚、象傲”（父亲顽执、继母嚚凶、同父异母的弟弟傲慢）的家庭环境里，他们三人串通一气，欲置舜于死地而后快。然而舜不失孝悌，在家人要加害于他的时候及时逃避，等到情况稍有好转，就又回到他们身边尽子道兄道。

舜接位前从事各种体力劳动，经历坎坷；他在接位后仍然勤劳俭朴，跟老百姓一样劳动。他深知“四海困穷，天禄永终”的道理，即如果四海之内的人民都陷入了贫困之中，那么作为统治者的使命也就终止了。因此，舜帝一生都非常关心百姓疾苦，努力使老百姓能够丰衣足食。舜帝的《南风歌》道：

南风之薰兮，可以解吾民之愠兮；南风之时兮，可以阜吾民之财兮。

这首发自内心的歌曲，充分表达了舜帝的爱民之心。舜帝坚持勤政爱民从自己做起，从每一件小事做起，从不懈怠。在他年事已高时，住在鸣条行宫中，心里却放不下黎民百姓，坚持南巡，开始日行百里，后来八十里、六十里、五十里，行一日，息半日，舜帝的体力渐渐有些不支。一天，因雨中受寒，舜帝病倒了，身边的人劝舜帝说，还是返回蒲坂为好。舜帝说在江南偏远之地，有些地方至今还不懂农耕，所以他一定要去。将养数日，舜帝病初愈便又挣扎着起身南下。来到苍梧一带后，看到那里居住的三苗人仍住在山窑土洞里，环境阴暗潮湿，病倒的很多，舜帝便教他们营造土屋，改变居住条件。有的以兽皮为衣，又脏又厚，夏天热得要命，舜便教他们学习麻织，改变服饰。有的以人代牛，不懂牛耕，舜便教人们耕作技术，发展农业。在这里，舜帝“勤民事而野死”，“崩于苍梧之野，葬于江南九疑”。对于舜帝勤政爱民的事迹与精神，古代文献多有赞誉。唐代诗人张谓《九疑作》曰：

尝闻虞帝苦忧人，只为苍生不为身。

3. 受“臣虏之劳”，过家门不入

——大禹“股无完肤”率众治水

禹（？—约前 1978 年），姓姒，名文命，夏后氏首领，夏朝第一任君王，约公元前 2029 年至前 1978 年在位。后世尊称为大禹，也称帝禹，又称夏禹、戎禹。他所创立的夏王朝是中国历史上第一个王朝，夏、商、周三代之首。虽然夏王朝也只是一种部落联盟，与秦、汉以后中央集权的专制王朝有较大区别，但其已具备了国家形式，使得中国历史从传说时代进入信史时代。

大约在 5000 多年前，我国的黄河流域洪水为患，尧命鲧负责领导与组织治水工作。鲧采取“水来土挡”的策略治水而失败，后由其独子禹主持治水。禹确立了一条与他父亲的“堵”相反的方针，叫做“疏”，即“治水须顺水性，水性就下，导之入海。高处凿通，低处疏导”的治水思想，疏通河道，拓宽峡口，让洪水能很快通过。大禹治水十三年，耗尽心血与体力，终于完成了这一大业，在“淮沂其治，蒙羽其艺”之地，即淮河和沂水流过的地方，蒙山和羽山之间，将淤积的大水引入大海，并清理了河段，开出了许多良田和桑土，成为人民安居乐业的地方。其后还划分了行政区域，即青、兖、徐、扬、梁、豫、冀、荆、雍九州。

《韩非子·五蠹》记述："禹之王天下也，身执耒臿以为民先，股无胈，胫不生毛；虽臣虏之劳不苦于此矣。"即禹治理天下的时候，亲自拿着锹作为百姓的带头人，大腿上没有毛，小腿上也不生毛，即使奴隶的劳苦也不比他强些。据说禹新婚后三天便出发治水，居外十三年，每到一处，他都仔细考察山川地形，从大局着眼制定治水方案；研究土壤物产，帮助当地发展生产。他曾三过家门而不入。第一次经过家门时，听到他的妻子因分娩而在呻吟，接着听到婴儿哇哇的哭声。助手劝他进去看看，他怕耽误治水，没有进去。第二次经过家门时，他的儿子正在他妻子的怀中向他招着手，这正是工程紧张的时候，他只是挥手打了下招呼，就走过去了。第三次经过家门时，儿子已长到十多岁了，跑过来使劲把他往家里拉。大禹深情地抚摸着儿子的头，告诉他，水未治平，没空回家，又匆忙离开。他的妻子到工地看他，也被他送回。

禹治水有功，舜将部落联盟首领之位禅于禹。禹年老后，本还是打算依照禅让制度将首领地位传给一位叫皋陶的大臣，可皋陶不幸早逝。禹又打算禅位于发明了凿井技术的伯益，但禹的儿子后启乘机取得了权位，还把自己家族的姓氏“夏后氏”作为部落联盟的称号，从此开始了“父传子，家天下”的中国历史上第一个奴隶制王朝——夏王朝。夏朝从禹开始，传十四世、十七王，历时四百多年。其范围，北到今山西长治，南达河南伊水流域，西到陕西华山一带，东至山东河济之间，势力和影响达黄河南北和长江流域。

4. 痴迷打猎，太康失国

——后启父子怠政游嬉的悲剧

禹的儿子后启（生卒年不详）得到权位后，开始还较勤政，晚年则生活奢侈，整天沉湎在饮酒、打猎和歌舞中，疏于朝政。启死，其子太康（生卒年不详）继位。太康自小跟着父亲享乐，继位后，自以为父死子继的王位继承制已经稳固，做了国王后就不需要再在政治上劳心费神，所以，他的生活比后启晚年更加腐败，只顾饮酒游猎，不理政事，天天带着家属出宫打猎游玩。时间长了，他还嫌在宫城附近游玩没意思，就跑到数百里之外的洛水北岸玩，玩了上百天也不回都城处理政事。有人向他进谏，劝他以天下百姓为重，勤于政事，可太康却对此置之不理。加上之前夺权斗争造成的内乱，朝中众臣对夏后氏很是失望。这样，太康逐渐失去了民心，使一些觊觎权位已久的诸侯有了可乘之机。一日，东夷的有穷氏部落首领后羿趁太康出去田猎之时，领兵拦截了太康的归路。太康见此状况，惊慌不已，吓得有家不敢回，向东南方向流亡，在那里建立了一个小城池，即现在的河南太康县。后羿带兵涌入夏都，自立为王。由于“太康失国”，夏朝的统治中断四十多年。

5. 发愤图强，“少康中兴”

——以勤苦重造的夏朝兴盛

少康（生卒年不详）是太康的弟弟仲康的孙子。太康失国后，与其弟弟仲康一同逃往东方，稍后死去。仲康之子名相，相之子名叫少康。相被迫自杀时，少康还没有出生。母亲后缗氏从狗洞中爬出，逃到娘家有仍氏部落（今山东省济南市东南），生下了少康。少康初懂人事后，母亲就告诉他祖上失国的惨痛经历，叮嘱他日后要报仇雪耻，复兴夏朝。从此，他发愤图强，立志要夺回天下。他先在外祖父手下担任牧正（管理畜牧的官），平时一有机会就学习带兵作战的本领。后又为逃避寒浞的追杀，逃奔到有虞氏的部落（今河南省虞城东）。有虞氏首领虞思让他担任管理膳食的官，学习理财的本领，并把女儿嫁给他，还给了他一块十里方圆的名叫纶的肥沃土地和五百名兵士，使少康有了根据地和军队。少康带人一面畜牧耕织，一面练兵习武，养精蓄锐，建立了复兴的基地和部分兵力。他关心百姓疾苦，与部下一起耕耘、狩猎、习武，深受部下的拥戴。几年后，少康从根据地起兵，发动了对寒浞的进攻，沿黄河一路浩浩荡荡，挺进河洛地区，直指夏朝故都斟鄩，横扫寒浞势力，重新恢复了夏王朝的统治地位。少康执政后，勤于政事，讲究信用，采取了一系列休养生息的政策，使社会经济得到了长足发展，夏朝再度兴盛，史称“少康中兴”。

6. 孔甲乱夏，四世而陨

——因奢靡而导致的夏朝败落

第十四位夏王孔甲（生卒年不详），在位 31 年。孔甲性情乖僻，其父不降年老时，怕他治理不好国家，就没有传位给他，而内禅给北扃。扃死后传位于子廑，子廑死，才又由孔甲继位。

孔甲在位期间，“好方鬼神，事淫乱”，终日沉湎于歌舞美酒之中（传说他是一种叫做“东音”的乐调的创始人）。诸侯对他久有离叛之心，他仍然无所顾忌地淫逸奢侈。《列仙传》载孔甲喜欢养龙，某日，有雄雌两条龙自天降于黄河与汉水之上，孔甲视为天赐神物，欣悦不已，令人捕之，但无人能饲养。听说帝尧后裔刘累曾学养龙于“豢龙氏”，就命刘累养龙，因刘累养龙有功，孔甲赐他“御龙氏”，请为之饲养二龙。因雌龙在捕捉时受过伤，养之不久便死去，刘累惧罪，隐情不报，暗中将龙剁成肉酱献给孔甲，孔甲食之，鲜美无比，命刘累再做，刘累无计可施，惶恐至极，逃往鲁阳（今河南鲁山），一去不返。孔甲无奈，又觅到一个名叫师门的养龙高手。师门将那条雄龙养得精神抖擞，神采焕发，孔甲十分高兴。但是，师门生性耿直，常常批驳孔甲对养龙不懂装懂，惹得孔甲恼羞成怒，命人将他杀了，把尸体埋在城外远郊旷野。不久，天降大雨，又刮起大风，等到风停雨止，城外的山林又燃烧起来。孔甲本来就信神信鬼，这一下更认定是师门的冤魂在作祟，只得乘上马车，赶到郊外去祈祷。祈祷完毕，孔甲登车回城，走到半路，在车中死去。

夏朝自孔甲起开始走下坡路，其后四世而亡国。《国语·周语下》说：

孔甲乱夏，四世而陨。

7．“时日曷丧，予及汝偕亡”

——致使民恨国灭的夏桀奢侈

夏桀，又名癸、履癸，商汤予他谥号桀。为夏朝第十七代君主，在位 52 年（约前 1818—约前 1766）。他文武双全，赤手可把铁钩拉直，但他荒淫无度，暴虐无道。他发兵征伐有施氏（今山东省滕州），有施氏抵抗不过，请求投降，便把多年来积攒的珍奇全部取出，又从民间挑选许多年轻美貌的姑娘，一起进贡给夏桀，在这许多美女中，有个叫妹喜的，美貌无双，夏桀满心欢喜，便当即下令撤军回去。夏桀听妹喜说她原是有施国君的义女，是主动要求来侍奉夏王的，心中更是欣喜若狂，第二天就把妹喜封为皇后，宠爱无比。他觉得原来的那些宫室都不配给妹喜居住，于是下令征集民夫，“筑倾宫、饰瑶台、作琼室、立玉门”。他为妹喜建造了一座华丽高大的宫殿，远远望去，宫殿耸入云天，浮云游动，好像宫殿要倾倒一样，因此，这座宫殿就被称为倾宫，宫内有琼室瑶台，象牙嵌的走廊，白玉雕的床榻，一切都奢华无比。夏桀每日陪着妹喜登倾宫，观风光，尽情享乐。夏桀怕妹喜一起思念家乡，就按照有施国的房屋样式，建造一些新民舍与妹喜参观欣赏，以消除妹喜思乡之苦。他还按着妹喜的要求，派人挨家挨户挑选三千美女到倾宫歌舞，又派人督做三千刺绣舞衣，百姓交不出绣衣的，被严刑拷掠，弄得人民叫苦连天，家家怨恨。妹喜说："裂帛的声音清脆无比，十分悦耳。"夏桀便命令人民每天进贡一百匹帛，叫力大的宫女天天撕给妹喜听。他重用一个叫赵梁的卑鄙小人，此人专投其所好，教他如何享乐，如何勒索、残杀和折磨百姓。有个叫关龙逢的臣子，听到老百姓的愤怒声音，便对桀进行劝告说："天子谦恭而讲究信义，节俭又护贤才，天下才能安定，王朝才以稳固，如今陛下奢侈无度，嗜杀成性，已经失去了人心，只有赶快改正过错，才能挽回人心。"夏桀听了，非常生气，下令将关龙逢杀了。夏桀以为他的统治永远不会灭亡。他说："天上有太阳，正像我有老百姓一样。太阳会灭亡吗？太阳灭亡，我才会灭亡。"当时民众咒骂道："时日曷丧，予及汝偕亡。"意思是说，你这个日头何时才沦亡啊，我们情愿同归于尽。

到了晚年，桀更加荒淫无度，命人造了一个大池，称为"夜宫”，他带着一大群男女杂处在池内，一个月不上朝。四方诸侯纷纷背叛，商汤乘机发兵伐桀，两军鸣条之战，夏军大败，夏桀携妹喜同舟渡江，逃到南巢（今安徽省巢湖东南）之山死去，夏朝由此灭亡。

8.“勤力乃事”，商汤灭夏

——以勤伐奢的夏商代谢

商汤（？—约前1588年），子姓，名履，商朝的创建者，公元前1617至前1588年在位。在位30年间，有17年为夏朝商国诸侯，13年为商朝国王。

商族兴起于黄河下游，相当于现在的河南、山东一带。这个部落的始祖叫契。从契到汤，经过了十四代的艰苦创业，曾八次迁徙，到成汤时居于亳（今山东曹县南）。此时，其农业、畜牧业、手工业都有很大进展，经济力量逐步超过了夏朝。已经由夏的属国演变为足以与之抗衡的对手。商汤任用了伊尹和仲虺为左右相，提拔重用了一批地位低下但有才干的人，他出兵攻灭了葛、韦、顾、昆吾等夏朝属国，越战越强，“十一征而无敌于天下”。

大约在公元前 1766 年，商汤“顺乎天而应乎人”，正式兴兵伐夏。在战前他举行了隆重的誓师活动，历数夏桀暴行，申明自己是秉承天意拯民于水火之中。商汤还宣布了严格的战场纪律。商汤选良车 70 乘，“必死”6000 人，联合各方国的军队，采取大迂回战略，绕道夏都以西，出其不意，攻其无备，突袭夏都。夏桀仓促应战，同商汤军队在鸣条（今河南洛阳附近）一带展开决战。在决战中，商汤军队奋勇作战，一举击败了夏桀的主力部队，夏桀败退归依于属国三朡（今山东定陶东一带）。商汤乘胜追击，攻灭了三朡。夏桀穷途末路，率少数残部仓皇逃奔南巢（今安徽寿县南），后被商军追上俘获放逐，不久病死于此地。夏王朝宣告灭亡。

商汤回师西亳（今河南偃师西），召开了众多诸侯参加的“景亳之命”大会，得到 3000 诸侯的拥护，取得了天下共主的地位。就这样，在夏王朝的废墟之上建立起一个新的王朝，即中国历史上第二个奴隶制王朝——商朝。汤建国后，鉴于夏朝灭亡的教训而作《汤誓》，要求其臣属“有功于民，勤力乃事”，否则就要“大罚殛汝”。汤注意“以宽治民”，因此在他统治期间，政权较为稳定，国力也日益强盛。《诗 · 商颂 · 殷武》称：

昔有成汤，自彼氐羌，莫敢不来享，莫敢不来王，曰商是常。

9. 浪子回头，由奢到勤

——“太甲中兴”的由来

太甲（生卒年不详），为商朝第五位君主，共在位23年。太甲继位后由四朝元老伊尹辅政，伊尹连写了《肆命》《祖后》等几篇文章，教导太甲遵照祖先的法制，努力做一位明君。太甲读了这些文章，开始时也能按伊尹的教导行事，小心谨慎地遵守祖宗留下的规矩。到了第三年，他不再听伊尹的规劝，忘乎所以，恣意妄为，昏庸奢侈，学夏桀的样子以暴虐的手段对付老百姓，致使国内怨声载道。

伊尹一再规劝，太甲屡教不改。伊尹作为顾命大臣，为国家安危负责，暂时停止太甲的君主使命，把他放逐到商汤的坟墓所在地桐宫（今河南偃师）。史称“伊尹放太甲”。在太甲被放逐期间，伊尹暂行执政。

太甲被放逐到了桐宫，与祖父商汤的坟墓朝夕相伴。商汤虽然是商朝的开国君主，但其坟墓却与普通人的坟墓差不多，墓地上只有一座低矮的宫室，供一年一度的祭祖之用。守墓的老人把当年商汤创业的故事以及商汤定下的种种规矩，每天对太甲讲述，教育太甲应当以自己的祖父为榜样，做个贤明的君主。太甲反思自己的所作所为，决心改正错误，勤勉做事，尽力帮助老弱孤寡。

太甲的悔过自新，让伊尹十分高兴，于是他亲自带着文武大臣把太甲接回首都亳城，郑重地把政权交还给他。太甲复位后，以前事为师，按商汤传下来的章法循规蹈矩地做事，听从身边大臣的良言良策，修德厚生，勤俭爱民，励精图治，把上至国家大事下到百姓生活都治理得井然有序，商朝进入了一个稳定发展的时期，史称“太甲中兴”。伊尹曾为此写了《太甲训》赞扬太甲。后世孟子尊太甲为商朝“圣贤之君”之一。

10. 盘庚迁都，重振殷商

——以“迁”抑奢的历史性举措

盘庚（生卒年不详），甲骨文作般庚，姓子，名旬，是商汤的第九代孙，商朝的第十九个王。

商汤建立商朝的时候，最早的国都在亳（今河南商丘）。

在以后的三百年当中，商的都城一共搬迁了五次。这是因为王族内部经常争夺王位，发生内乱以及黄河下游常闹水灾。在盘庚继位时，商朝内外矛盾交织，国力渐弱，王室、贵族却倚仗特权作威作福，盘剥百姓。加上水涝、干旱等自然灾害，国家到了崩溃的边缘。在这种情况下，盘庚想出把都城迁到殷的主张，认为有几条好处：一是殷地的土地比较肥沃，有利于发展农业生产。二是迁都后王室、贵族的利益以及倚仗特权享乐的状况会受到抑制，国内矛盾可以得到缓和。三是迁都可以避开那些叛乱势力的攻击，减少外部干扰。可是不少奴隶主贵族反对迁都，因为到了新的地方不能像现在一样享乐。盘庚以坚定的态度完成了迁都，但老百姓到了一个新地方后许多方面都不适应，许多人闹着回老家，奴隶主贵族乘机捣乱煽动。盘庚发表了一篇强硬的训话，终使局面稳定下来，一个繁荣的新都市出现在殷的土地上。自此，商朝的生产力、生产技术、制作工艺有了新的发展，如铜的冶炼技术大大提高，青铜器冶炼、铸造工艺达到了新的技术高度，形成了后来著称于世的青铜器文化。

商朝定都于殷，自盘庚开始，此后又延续二百七十多年，所以商朝又叫殷朝，也称为殷商或者商殷。盘庚迁都，使得殷商这个奴隶制国家摆脱了困难的处境，改变了衰落现象，出现了复兴的局面，是我国文明发展史上一个重要的里程碑。

11. 酒池肉林，湮灭殷商

——商纣王的淫虐末日

商纣王是商朝后期的一个帝王，本名辛。于公元前 1075 年继位，公元前 1046 年自焚身死，在位 30 年。帝辛是商朝第三十代君主，也是商朝的亡国之君。

纣王天资聪颖，才力过人，继位早期也曾励精图治，稍后就开始骄横起来，筷子换成象牙的，杯子换成犀牛角的，碗换成玉的，吃饭要旄象豹胎，穿衣要锦衣九重，住房要广厦高台；原配姜氏年老色衰，便要诸侯广献美女；从各处搜集狗、马和新奇的玩物，扩建园林楼台，捕捉大量野兽飞鸟，放置其中。他让人在宫中的水池里面放满了酒，用酒来做池水，他还让人把肉悬挂起来，肉看起来像是树林一样。纣王又让男女都赤身裸体，在酒池和肉林中追逐游戏，饮酒作乐通宵达旦。

纣王如此荒淫无度，百姓都怨恨他，有的诸侯也背叛了他。但他不思悔过，反而加重了刑罚。他设置了一种刑罚，叫做炮烙，将一根铜柱平放着架起来，在铜柱上涂上油，然后在下面用炭火烧。等铜柱烧热后，驱赶反抗他的人，让他们在铜柱上走。他们到了铜柱上因灼热难耐均掉在炭火中被烧死。纣王的叔叔比干直言劝谏，纣王说："你是圣人吗？我听说圣人的心有七个窍，你让我看看！"纣王于是下令把比干杀了，还把他的心挖了出来。

帝辛五十一年十二月，周武王率军由镐京出发，东征伐纣。此时，纣王君臣接连数日在鹿台大摆盛筵，直到周师兵到牧野，才惊散了纣王的欢宴。纣王仓皇从鹿台下来，乘车来到牧邑的黄土岗上。天近黄昏，但见牧野篝火处处，光烛夜空，这才酒意初醒，返回朝歌，组织兵力迎战。他命令前锋应战，无奈前锋掉转矛头，向后杀去。次年二月初五，纣王仓皇逃到鹿台，登上摘星楼，四顾苍茫，在绝望中自焚。立国六百多年的殷商帝国，在纣王的手中，就这样被一个地方百里的部落氏族给推翻了。

纣王荒淫无度，乱政丧国，后人以"淫虐"二字概括其一生。

12."不遑暇食"，灭商兴周

——两代人勤苦奋斗创立的新王朝

周文王，姓姬名昌（前1152年—前1056年），史称西伯，是商末周族的领袖，其活动地点在今陕西一带。

周文王治理周国，大约50年。只因他对殷纣王荒淫暴政的一声叹息，而被人告发，纣王把他骗进京师，囚禁在了羑里监狱。这时的姬昌已是八十二岁的老人了，一直被囚禁了七年，在这里，他潜心研究，发奋治学，将伏羲八卦推演为六十四卦三百八十四爻，完成了《周易》这部千古不朽的著作。被囚期间，纣王以种种野蛮手段对他进行侮辱和折磨，最为恶毒的是将其长子伯邑考杀害后做成肉羹逼其吞食。伯邑考在父亲被囚禁后到朝歌恳求纣王释放年迈的父亲，纣王却将他扣为人质。这时姬昌演易的事已被纣王得知，为了检验姬昌算卦是否准确，纣王想出了残忍的一招：将伯邑考残忍地杀害，还用他的肉做成肉汤，然后派人把肉汤送给姬昌吃。姬昌看到肉汤，知道这是用自己亲人的肉烹制的，也很清楚这是纣王来试探他，如果不吃，必定会引起猜疑。于是强忍悲痛，勉强喝了肉汤。纣王听了汇报，自鸣得意地说："谁说姬昌是圣人呢？喝自己儿子的肉煮成的汤都不知道。"从此就放松了对姬昌的警惕。姬昌的臣子乘机以美女、财宝贿赂纣王，使纣王放掉了姬昌。

姬昌回到自己的国家后，立志灭商兴周。为了宏图大业，他生活勤俭，穿普通人穿的衣服，还到田间劳动，经常废寝忘食，兢兢业业治理自己的国家。后来周公告诫成王不要贪图安逸享受，就用文王勤于政事为例，说："自朝至于日中昃，（文王）不遑暇食，用咸和万邦。""不遑暇食"，即整天忙忙碌碌，连吃饭都没有时间，此后成为人们熟知的一个成语。孟子还曾说他"视民如伤"，即对待百姓如同对待自己的伤口那样爱惜和关怀。周国在他的治理下，国力日渐强大。

殷纣王四十一年，姬昌去世，次子姬发继位，姬昌临终前告诫姬发说："不为骄侈，不为泰靡，童牛不服，童马不驰，土不失其宜，万物不失其性，天下不失时，以成万材。万材已成，牧以为人，天下利之而勿德，是谓大仁。"意思是要戒骄去靡，不杀小牛，不骑小马，因地制宜，不违万物，不失天时，以养众生，以育万才；为天下利而不居功，这样才算是大仁。姬发诚遵父训，勤政安民，积蓄力量，几年后东征伐纣而胜，建立了中国历史上最长的一个朝代。姬发自称武王，尊谥父亲为文王。

13. 好利弭谤，祸国丧身

——周厉王掩耳盗铃的败亡之道

周厉王（？—前 828 年），西周第十位国王，在位 37 年（前

878 年—前 841 年)。西周自武王传至成王、康王，国势益强，天下安宁，史称“成康之治”。但到第六代君王懿王之时显露出了衰象。到了第十代君主厉王，更出现乱局。

周厉王“好利”，即喜好倚仗国家机器谋求私利，过奢侈的生活。他信用“好专利而不知大难”的荣夷公，为他疯狂地谋取“专利”，引起了朝野强烈的不满。所谓“专利”，就是利用国家的权力控制生产资料、商品的生产和流通，而从中获利。当时的大夫芮良夫看出了这种丑恶的行为将会给国家带来严重危害，进谏厉王说“这样下去王室必败”，但厉王根本听不进去。

面对朝野上下沸沸扬扬的局面，周厉王又采取了错误的对策——禁止一切批评的言论。他从卫国找来了一个巫人，“使监谤者”。非议者如被发现即杀之。这样一来，“国人莫敢言”，但仍“道路以目”。周厉王只看到表面现象，沾沾自喜地说：“吾能弭谤矣，乃不敢言。”

这种状态维持了三年，一场大风暴终于发生了，国人相约造反，袭击厉王，把他抓住流放到彘地（今山西霍县东北），他在那里苟延残喘了 13 年，就死在了那里。公元前 841 年周朝国人推翻国王的这次事件，史称“国人暴动”或“流王于彘”。此后，西周王室衰败的颓势已不可挽救了。

14. 戏诸侯戏掉西周

——周幽王的荒唐奢靡

周幽王（前 795 年—前 771 年），姓姬，名宫湦。西周第十二代君王，自公元前 782 年至前 771 年间在位共 11 年，谥号幽王。

周幽王继位时，西周国势已呈衰落趋势。当时周室王畿所处之关中一带发生大地震，加以连年旱灾，使民众饥寒交迫、四处流亡，社会动荡不安，国力衰竭。而昏庸的周幽王不思挽救周朝于危亡，反而沉醉在花天酒地的生活之中。他重用佞臣虢石父，盘剥百姓，又对外攻伐西戎而大败。大臣褒珦劝谏幽王，周幽王非但不听，反把褒珦关押起来。褒国族人听说周幽王好美色，就将名震一方的美人褒姒献于幽王，替褒珦赎罪。幽王见了褒姒，非常喜爱，马上立她为妃，同时也把褒珦释放了。而褒姒虽然生得艳如桃李，却冷若冰霜，虽幽王终日与其穷奢极欲，但她进宫以来从来没有笑过一次，幽王为了博得褒姒的开心一笑，竟然悬赏求计，谁能引得褒姒一笑，赏金千两。佞臣虢石父想了一个主意，“用烽火台一试”。

烽火本是古代敌寇侵犯时的紧急军事报警信号。由国都到边镇要塞，沿途都遍设烽火台。西周为了防备犬戎的侵扰，在镐京附近的骊山（在今陕西临潼东南）一带修筑了20多座烽火台，每隔几里地一座。一旦犬戎进袭，首先发现的哨兵立刻在台上点燃烽火，邻近烽火台也相继点火，向附近的诸侯报警。诸侯见了烽火，知道京城告急，天子有难，必须起兵勤王，赶来救驾。虢石父献计令烽火台平白无故点起烽火，招引诸侯前来白跑一趟，以此逗引褒姒发笑。周幽王采纳了虢石父的建议，马上带着褒姒，由虢石父陪同登上了骊山烽火台，命令守兵点燃烽火。一时间，狼烟四起，烽火冲天，各地诸侯一见警报，以为犬戎打过来了，果然带领本部兵马急速赶来救驾。到了骊山脚下，连一个犬戎兵的影儿也没有，只听到山上一阵阵奏乐和唱歌的声音，一看是周幽王和褒姒高坐台上饮酒作乐。周幽王派人告诉他们说，辛苦大家了，这儿没什么事，不过是大王和王妃放烟火取乐，诸侯们始知被戏弄，怀怨而回。褒姒见千军万马招之即来，挥之即去，如同儿戏一般，觉得十分好玩，禁不住嫣然一笑。周幽王大喜，立刻赏虢石父千金。

周幽王为进一步讨褒姒欢心，又罔顾老祖宗的规矩，废黜王后申氏和太子宜臼，册封褒姒为后，褒姒生的儿子伯服为太子，并下令废去王后的父亲申侯的爵位，还准备出兵攻伐他。申侯得知这个消息后，先发制人，联合缯侯及西北夷族犬戎之兵，于公元前 771 年进攻镐京。周幽王听到犬戎进攻的消息，惊慌失措，急忙命令烽火台点燃烽火。但诸侯们因上次受了愚弄，这次仍认为是周幽王的戏耍，都不予理会。烽火台上白天冒着浓烟，夜里火光冲天，可就是没有一个救兵到来。镐京守兵本就怨恨周幽王昏庸，不满将领经常克扣粮饷，这时也都不愿效命，勉强招架了一阵以后一哄而散。周幽王带着褒姒、伯服仓皇从后门逃出，奔往骊山。途中，他再次命令点燃烽火。烽烟虽直透九霄，还是没有诸侯救兵前来。最后周幽王和太子伯服被当场砍死，褒姒被虏（一说被杀）。

此时，诸侯们知道犬戎真的打进了镐京，这才带着人马来救援。犬戎看到诸侯的大军到了，把周朝多少年聚敛起来的宝贝财物一抢而空，纵火退却。申侯、鲁侯、许文公等共立原来的太子姬宜臼为天子，于公元前 770 年在申（今河南省南阳市北）继位，是为周平王。因镐京已遭战争破坏，周朝西边大多土地都被犬戎所占，便于公元前 770 年迁都洛邑（今河南洛阳），史称东周。自此，西周历 250 年后灭亡，中国历史进入了东周列国的动荡时代。

15. 痴迷玩鹤，衰国丧身

——卫懿公把卫国玩衰的教训

卫懿公，姬姓，卫氏，名赤，世称公子赤。卫国第十八代国君，公元前 668 年至前 660 年在位。

卫懿公嗜好养鹤，如痴如迷，在宫廷定昌、朝歌西北鹤岭、东南鹤城（今长垣县鹤寨）等处，均大量养鹤。不论是苑囿还是宫廷，到处有丹顶白胸的仙鹤昂首阔步。卫懿公把鹤编队起名，由专人训练它们鸣叫，训练和乐舞蹈。他还把鹤封有品位，供给俸禄，并给和大夫一样的俸粮，养鹤训鹤的人也均加官晋爵。每逢出游，必带鹤载于车前，号称“鹤将军”。许多人投其所好，纷纷进献仙鹤，以求重赏。他好鹤成瘾，不理朝政，漠视民疾，为了养鹤，每年都耗费大量的资财，为此向老百姓加派粮款，致使民众饥寒交迫，怨声载道。

周惠王十七年（懿公九年，前 660 年）冬，北狄（今大同一带）人聚两万骑兵向南进犯，直逼卫国。卫懿公正欲载鹤出游，听到敌军压境的消息，惊恐万状，急忙下令招兵抵抗。老百姓纷纷躲藏起来，不肯充军。众大臣说：“君主启用一种东西，就足以抵御狄兵了，哪里用得着我们！”懿公问：“什么东西？”众人齐声说：“鹤。”懿公说：“鹤怎么能打仗御敌呢？”众人说：“鹤既然不能打仗，没有什么用处，为什么君主给鹤加封供俸呢？”懿公悔恨交加，落下眼泪，说：“我知道自己错了。”遂命令把鹤都赶散。朝中大臣们都亲自分头到老百姓中间讲述懿公悔过之意，才有一些人聚集到招兵旗下。懿公亲自披挂带领将士北上迎战，但毕竟军心不齐，缺乏战斗力，到了荧泽（朝歌北）又中了北狄的埋伏，致使全军覆没，卫懿公被砍成肉泥。后齐桓公派兵助卫击败北狄人，并在楚丘（今滑县东）新建卫都，卫国得以复国。但卫国经过此次变故后，其地位由大国沦落成为一个小国。

16. 送“奢”予人，弱人强己

——秦穆公的强国之道

秦穆公（？—前 621 年）是春秋时期秦国国君。公元前 659 年至前 621 年在位，为春秋五霸之一。为以后秦始皇统一六国、建立第一个封建王朝，奠定了基础。

公元前 626 年，戎王（北方部落之一）听说穆公贤明，就派大臣由余去秦国访问。秦穆公向由余炫示了其辉煌的宫室和他积蓄的丰富财宝，自豪地问由余："你说，古代君主使国家兴盛和覆亡的原因是什么？"由余回答说："由于勤俭而使国家兴盛，由于奢侈而使国家覆亡。"穆公退朝之后，就问内史王廖说："我听说邻国有圣人，这将是对立国家的忧患。现在由余有才能，这是我的祸害，我该怎么办呢？"王廖说："戎王地处偏僻，不曾听过中原地区的乐曲。您不妨试试送他歌舞伎女，借以改变他的心志。戎王喜欢上音乐，就一定没有心思来处理国事了。再为由余向戎王请求延期返戎，以此来疏远他们君臣之间的关系，他们君臣之间有了隔阂，就可以俘获他了。"穆公称好，便命王廖送给戎王十六名歌妓，戎王全部接受而且非常迷恋，整整一年不曾迁徙牲口、更换草地，致使牛马死了一半。由余回国后多次向戎王进谏，戎王都不听。而与此同时，秦穆公则内修国政，外图霸业，又屡次派人秘密邀请由余，由余于是离开戎王，投奔了秦国，穆公以宾客之礼相待。公元前623年，秦国采用由余的计谋攻打戎王获胜，从而增加了12个属国，开辟了千里疆土，终于称霸于西戎地区。

17. 玩狗成癖，国乱身死

——晋灵公的自取灭亡之路

晋灵公，晋襄公之子，姬姓，名夷皋。公元前 620 年至前 607 年在位。

灵公生活奢靡，酷爱玩狗，在都城曲沃专门修筑了狗圈，给各种狗穿上绣花衣。佞臣屠岸贾因灵公喜欢狗，就夸赞狗以博取灵公的欢心，灵公更加爱狗了。一天夜晚，狐狸进了绛宫（晋灵公居住的宫殿），惊动了晋灵公宠爱的襄夫人，襄夫人非常生气，灵公便让狗去同狐狸搏斗。狗与狐狸搏斗未能获胜，屠岸贾便命令虞人（看山林的人）把捕获的另外一只狐狸拿来献给灵公，谎报说："狗确实捕获到了狐狸。"晋灵公高兴极了，把给大夫们吃的肉食拿来喂狗，下令对国人说："如有谁触犯了我的狗，就砍掉他的脚。"于是国人都害怕狗。晋灵公豢养的狗成群结队地进入市集，疯狂抓咬猪、羊而飧，吃饱了还把一些猪、羊拖送到屠岸贾的家里。大夫中有直言者，狗就群起咬他。赵宣子要向灵公进谏，狗把他阻之门外，几天不能进入。灵公在屠岸贾怂恿下，搜刮民脂民膏，用彩画装饰宫墙。君臣俩还经常在高台上用弹弓射行人，观看他们躲避弹丸的样子而取乐。有一次厨师没把熊掌煮烂，灵公竟发怒杀死厨师，让宫女抬着厨师的尸体扔出去。大臣赵盾多次劝谏，晋灵公十分反感，竟三番五次派人去刺杀赵盾。公元前 607 年，赵穿率二百名甲士攻灵公于桃园，晋灵公死于剑戟之下。赵盾派赵穿往周迎晋襄公弟公子黑臀回国继位，是为晋成公。

18. 君臣淫乱，国破人亡

——陈灵公君臣的可耻丑行

陈灵公，妫姓，陈氏，名平国，春秋时期陈国的第十九任国君，公元前 613 年至前 599 年在位。

周定王六年（前 601 年）十月，定王派卿士单襄公到宋国、楚国访问，路过陈国。单襄公看到陈国秋收的准备工作没有进行，一切事务都无人管理，于是就产生了一个疑问：执政者在干什么？

原来，陈国的几位主要执政者都忙于“如夏氏”，即被夏氏迷住了。夏氏，或称夏姬，其夫早亡，儿子叫夏征舒。陈灵公是当时陈国国君，孔宁和仪行父是灵公手下的卿。陈灵公、孔宁、仪行父三人同时都与夏姬公开私通。三人甚至在上朝时都拿出夏姬的内衣互相嬉戏。另一个臣子泄冶看不过去，便进言劝谏说："国君和公卿在朝堂上宣扬淫乱，老百姓就无可效法了。况且名声不好，请您采纳我这个意见。"灵公说："我能改过。"但是陈灵公把泄冶的话告诉了孔宁、仪行父。他们两个请求杀掉泄冶，灵公也不阻止，于是杀了泄冶。他们的丑闻传遍全国，陈国百姓作《株林》讽刺他们的丑行，诗中说：

胡为乎株林？从夏南兮！匪适株林，从夏南兮！驾我乘马，说于株野。乘我乘驹，朝食于株。

这首诗形象地反映了陈灵公君臣三人每日不务正业、急不可耐地驱驰到夏姬居住的株林淫乱的情景。

有一天，君臣三人又去夏姬家中淫乱，灵公向两位臣子说："夏征舒长得很像你们啊。"两位臣子也回称："也很像国君您啊。"听闻此话的夏征舒，极为愤怒，便在灵公喝完酒离开夏家时，在门外将灵公射杀。

灵公死后，孔宁与仪行父逃往楚国，太子陈午逃往晋国，夏征舒自立为陈侯。第二年，楚庄王讨伐夏征舒并杀之，迎回陈午，立为陈成公。直到陈国平乱后的成公二年，灵公才得以下葬。在此后的几十年，陈国都在楚国武力控制之下。公元前 534 年年底，楚灭陈，陈国成为春秋时期较早灭亡的国家之一。

19. 纳谏戒靡，一鸣惊人

——楚庄王的重要转变

楚庄王，姓芈，熊氏，名侣。公元前 613 年至前 591 年在位。春秋时期楚国最有成就的君主，是春秋五霸之一。

公元前 612 年，晋国奔袭一直依附于楚国的蔡国（今河南上蔡县一带），在楚国的家门口向蔡国发起猛攻，蔡庄侯一面抗拒晋军，一面派人向楚国求救，楚庄王视而不见。蔡都失陷，楚王宫依然载歌载舞。公元前 611 年，楚国发生大饥荒。好几个小国趁机袭扰楚国，各地的告急文书如同雪片般飞往郢都，楚庄王却一如既往地躲在深宫之中，整日打猎喝酒，不理政务，还在宫门口挂起块大牌子，上边写着："进谏者，杀无赦！"

公元前 611 年，大夫伍举进见庄王。楚庄王手中端着酒杯，口中嚼着鹿肉，醉醺醺地观赏歌舞。他眯着眼睛问道：“大夫来此，是想喝酒呢，还是要看歌舞？”伍举话中有话地说：“有人让我猜一个谜语，我怎么也猜不出，特此来向您请教。”楚庄王一边喝酒，一边问：“什么谜语这么难猜？你说说！”伍举说：“谜语是‘楚京有大鸟，栖上在朝堂，历时三年整，不鸣亦不翔。令人好难解，到底为哪桩？’请您猜猜，不鸣也不翔，这究竟是只什么鸟？”楚庄王听了，心中明白伍举的意思，笑着说：“我猜着了。它可不是只普通的鸟。这只鸟啊，三年不飞，一飞冲天；三年不鸣，一鸣惊人。你等着瞧吧。”过了不久，楚庄王传令解散了乐队，打发了舞女，远离酒色，亲自处理朝政。

楚庄王有一匹心爱之马，庄王对马不仅超过了对待百姓，甚至超过了给大夫的待遇。庄王给它穿刺绣的衣服，吃有钱人家才吃得起的枣脯，住富丽堂皇的房子。后来，这匹马因为恩宠过度，得肥胖症而死。楚庄王让群臣给马发丧，并要以大夫之礼为之安葬。众臣对庄王此举表示不满。庄王下令说再有议论葬马者，将被处死。优孟听说此事，跑进大殿，仰天痛哭。庄王很吃惊，问其缘由。优孟说，死掉的马是大王的心爱之物，堂堂楚国，地大物博，无所不有，而如今只以大夫之礼安葬，太吝啬了。大王应该以君王之礼为之安葬。庄王听后，深受触动，取消以大夫之礼葬马的打算。

“一鸣惊人”和“庄王葬马”，映射了在楚庄王身上发生的从昏庸之君到圣明霸主的转变，也是楚国从弱到强转变的一个重要方面。

20. 由勤变奢，失志丧国

——吴王夫差的得与失

姬夫差（？—前473年），又称吴王夫差，春秋吴国末代国君，公元前495年至前473年在位。

公元前496年，吴王派兵攻打越国，被越王勾践打得大败，吴王也受了重伤，临死前，嘱咐儿子夫差要替他报仇。夫差牢记父亲的话，日夜加紧练兵，于公元前494年攻越大胜，俘虏了越王勾践。夫差在战胜越国后，一心要北上伐齐，进军中原，与晋国争霸。当时长江、淮河之间没有相通的水道，夫差决定利用江淮之间的湖泊，局部开挖，把几个湖泊连接起来，形成一条贯通江淮的水道。这条人工开凿的沟通江淮的运河由于临近邗城（今扬州），便被称为邗沟。开浚邗沟是夫差为了北进中原争霸，但它后来对这一地区经济文化和航运交通的发展发挥了重大作用。总的来讲，夫差继位前期，励精图治，使吴国达到鼎盛时期。公元前 482 年，夫差在黄池（今河南封丘西南）大会诸侯，一度夺得霸主地位。

而越王勾践被俘之后，听其谋臣劝谏，派人以珍宝贿赂夫差宠臣伯嚭，伯嚭说动夫差，接受了越国的投降，把军队撤回了吴国，三年后又把勾践放回国。勾践又采用大臣文种的建议，贿赂夫差，“遗美女以惑其心，而乱其谋”，献西施、郑旦二美女，夫差由是荒于政事，“遗之巧工良材，使之起宫室，以尽其财”。勾践派 3000 名木工到山中伐大树，并将所伐木材雕刻上花纹，然后献给吴国。夫差用这些木材大兴工程，修造宫殿。夫差自以为无后顾之忧，沉湎酒色，骄奢淫逸，不理朝政；狂妄自大，不顾人民困苦，还经常出兵与其他国家打仗。他还听信伯嚭的谗言，杀了忠臣伍子胥。这时的吴国，貌似强大，实际上已经是走下坡路了。

公元前 482 年，越王勾践趁夫差率军在外，突然袭击，一举打败吴兵，杀了太子友，夫差向勾践求和。公元前 473 年，勾践第二次亲自带兵攻打吴国，11 月 27 日攻破都城，夫差求和不成而拔剑自刎。有着 600 多年辉煌历史的吴国走到了终点。

21. 卧薪尝胆，反败为胜

——越王勾践的发愤图强

勾践，春秋末越国国君。公元前 496 年至前 465 年在位。

前 494 年春，吴王夫差败越，勾践求和。夫差准和，将勾践夫妇作为人质留在吴国服苦役。夫差让其夫妇俩住在先王阖闾的大坟旁边的一间石屋里，叫勾践给阖闾看坟，给夫差喂马，还给夫差脱鞋，服侍夫差上厕所，受尽了嘲笑和羞辱。为图复国大计，勾践顽强忍耐着精神上和肉体上的折磨，对夫差更加恭敬驯服。有一次，夫差生病了，勾践毛遂自荐，说自己能治夫差的病，可是夫差不让勾践接近他，勾践只能尝夫差的屎来治病，果然，夫差的病被勾践治好了，这样过了三年，夫差认为勾践真心归顺了他，于是就放勾践回国。

勾践归国后立志报仇雪耻。他唯恐眼前的安逸消磨了志气，在吃饭的地方挂上一个苦胆，每逢吃饭的时候，就先尝一尝苦味，还问自己："你忘了会稽的耻辱吗？"他还把席子撤去，用柴草当做褥子。这就是后来人传诵的"卧薪尝胆"。勾践身自俭朴，"出不敢奢，入不敢侈"，"食不重味，衣不重彩"，日勤于政，“未尝一日登玩”。他与百姓一起耕田而食，他的夫人自己织布做衣服穿。他下令 10 年不收租税，让百姓“居有三年之食”。并大力发展生产，繁息人口。经过“十年生聚，十年教训”（《左传》语，“生聚”意为繁殖人口、聚积物力，“教训”意为教育、训练，总意为积聚力量、发愤图强），越国终于从失败中重新崛起。周敬王三十八年（前 482 年）夏，越王勾践乘夫差去黄池会盟，偷袭成功，夫差求和。周元王四年（前 473 年），勾践再次大举攻吴，击败吴军，夫差自杀。此后，周元王封勾践为伯，即为诸侯之长，勾践遂称霸于诸侯。

22.“阿房，阿房，灭始皇”

——秦王朝走向速亡的暴奢

秦始皇嬴政（前 259 年—前 210 年），嬴姓，赵氏，故又称赵政，生于赵国首都邯郸，是首位完成中国统一的秦朝的开国皇帝。他 13 岁即王位，39 岁称皇帝，在位 37 年。公元前 221 年统一六国，建立了一统天下的君主专制大帝国。

秦始皇在统一六国的同时即大兴土木，他每灭一国，便要将该国的宫殿建筑在咸阳附近仿造一遍，总面积达到了惊人的地步。前 212 年，秦始皇认为都城咸阳人太多，而先王的皇宫又小，下令在周故都城丰、镐之间渭河以南的皇家园林上林苑中，仿集天下的建筑之精英灵秀，营造一座新朝宫。这座朝宫便是后来被称为阿房宫的著名宫殿。据《史记·秦始皇本纪》记载："前殿阿房东西五百步，南北五十丈，上可以坐万人，下可以建五丈旗，周驰为阁道，自殿下直抵南山，表南山之巅以为阙，为复道，自阿房渡渭，属之咸阳。"其规模之大，劳民伤财之巨，由此可以想见。这样浩大的工程，未及完成，秦始皇便死了。当时有童谣唱道："阿房，阿房，灭始皇。"

秦王自登基起即开始修建骊山墓，前后历时三十余年，每年用工七十万人。现在留存的墓从外围看周长 2000 米，高达 55 米。内部装修极其奢华，以铜铸顶，以水银为河流湖海，并且满布机关，顶上有明珠做的日月星辰。仅从秦始皇陵的兵马俑，就可看出当年修建这座陵墓的百姓负担之重。秦始皇死后，秦二世胡亥以阴谋、残忍的手段继位，尔后一心享乐，穷奢极欲，继续大量征发全国的农夫修造阿房宫和骊山墓地，甚至活埋建造陵墓的工匠。除了常年的无偿劳役外，农民的赋税负担也日益加重，最终导致了陈胜吴广等农民起义的爆发，秦王朝很快垮台。

23. 约法三章，变弱为强

——刘邦纳谏戒奢的成功

汉高祖刘邦（前256年—前195年），字季，沛郡丰邑中阳里（今江苏省徐州市丰县）人，西汉王朝的开拓者。

公元前207年12月，刘邦率反秦大军到达了咸阳，秦王子婴献城投降，将传国玉玺交给刘邦，刘邦很得意地进入了咸阳城。刘邦本是酒色之徒，进了秦宫，见到宫里美人无数，财宝如山，眼花缭乱，欲在宫中住下来享受。一直跟随在刘邦左右的将军樊哙劝阻刘邦，说天下尚未平定，眼下不是享受之时，刘邦不听。谋士张良专来劝阻道："秦朝倒行逆施，横征暴敛，致使失去了天下民心，天下人才起兵反秦，沛公因此才能进入秦王宫。我们起兵是为了铲除暴秦，救民于水火，沛公如果也学秦王那样追求享受，骄奢淫逸，岂不是又要走秦朝的老路？"刘邦听后深受触动，遂将军队撤出皇宫，驻扎在咸阳附近的霸上（今陕西西安市东南）。并召集当地名士，约法三章：杀人者死，伤人及盗抵罪，秦朝苛法一律废除。这就使他得到了民心支持，乃至后来打败项羽，建立西汉王朝。

刘邦年轻时放荡不羁，鄙视儒生。在称帝以后，他认为自己是马上得天下，《诗》《书》没有用处。陆贾说：“马上得之，宁可以马上治乎？”刘邦听后深受启发而欣然采纳，于是命陆贾著书论述秦失天下的原因，以资借鉴。他命萧何重新制定律令，即“汉律九章”。在经济上，刘邦采纳群臣良策，废除秦朝苛法，减轻田租，释放奴婢，裁减军队。让大量士兵复员归家，鼓励生育，扩增劳动力。还接受了娄敬的强干弱枝的建议，把关东六国的强宗大族和豪杰名家10余万口迁徙到关中定居。使百姓得以休养生息，民心得以凝聚，国家得以巩固。

24. 躬修节俭，“文景之治”

——西汉两任皇帝的勤俭接力

西汉文帝、景帝时期，以农为本，“轻徭薄赋”“约法省禁”，使生产得到恢复和发展，史称“文景之治”。而两个主角汉文帝刘恒（前202年—前157年）和汉景帝刘启（前188年—前141年），除了有不少正确的治国策略外，其“躬修节俭”是重要原因之一。

汉文帝治吏，重在戒奢倡廉。如文帝十三年（前 167 年），他曾下诏说："吏坐受赇枉法，守县官财物而即盗之，已论命，复有笞罪者，皆弃市。"意思是说，官吏无论是贪赃枉法，还是收受贿赂，都要处以死刑。他还规定，官员不准利用公款大吃大喝，不准接受下级官吏的宴请。否则，即使只吃了一顿饭，也要被免职。他还禁止地方官员购买黄金、珠玉等贵重物品，违者以盗窃罪论处。有一次他的舅舅薄昭杀了人，他决心依法严惩。但碍于母亲的面子，不好直接下手，于是他派了几个大臣到薄昭家里喝酒，让大臣在酒席上劝薄昭自杀。薄昭不从，他又派大臣穿上丧服，到薄昭家去"吊孝"。薄昭见实在混不下去了，只好自杀伏法。

汉文帝要求官吏清正廉洁，他自己首先做出样子，在位 23 年，宫室、苑囿、狗马及各种装饰器物都没有增添，曾屡次下诏禁止郡国贡献奇珍异宝。他常穿的是粗糙的黑色绸料衣，穿了多年的龙袍上还打着补丁，帷帐不准用带有绣花的贵重丝织品。他宠幸慎夫人，但不准她穿拖到地面上的长衣，以免带起奢侈浮华的风气。为了减少开支，他还裁减侍卫人员。对地方官员贡献的奢侈物品，他也一概拒收。有一次，他想在骊山建一座供宴游用的露台，但找来工匠一算，需要一百金。他听后摇摇头说："一百金相当于十户中等人家的财产。我住在先帝的宫殿里已经很不错了，还有什么理由花这么多钱建造凉台呢？”于是打消了建造凉台的念头。北宋初著名诗人王禹偁《读汉文纪》诗云：

西汉十二帝，孝文最称贤。百金惜人力，露台草芊眠。

文帝提倡以农为本，多次发布诏令劝农，以发展封建农业经济。公元前 167 年 7 月，文帝下诏“除田之租税”。公元前 156 年 6 月，景帝“令田半租”，即三十税一，并成为汉朝的定制。文景时还减少地方的徭役、卫卒，停止郡国岁贡，开放山泽禁苑给贫民耕种；并颁布了赈贷鳏寡孤独的法令。这些措施的施行，减轻了农民的负担。文景之时，“流民既归，户口亦息”，粮价也大大降低，“谷至石数十钱”。后世对景帝的评价是“清静恭俭”：“清”，是为政少事；“静”，是安定百姓；“恭”，是善待臣民；“俭”，是节省汰用。他本人和整个后宫都衣着朴素。

文景两代皇帝个人勤俭，贵族官僚们也不敢奢侈，国家的财政开支得到了节制和缩减，在一定程度上减轻了人民的负担。

25. 劳民伤财，“轮台罪己”

——汉武帝对“所为狂悖”的反思

汉武帝刘彻（前 156 年—前 87 年），汉朝的第七位皇帝，杰出的政治家、战略家。7 岁时被册立为皇太子，16 岁登基，从公元前 141 年至前 87 年共在位 54 年。

在中国历史上，汉武帝与秦始皇齐名，他们雄才大略，励精图治，对封建统一国家的确立和巩固起了很大的作用。但两人因为对神仙的迷恋和向往，也干了不少的荒唐事，结果是误国误民，所不同的是秦始皇迷恋神仙至死不悟，而武帝晚年则觉察到神仙的虚幻，放弃了对神仙和长生不老的追求。

汉武帝迷恋神仙，执迷于方士的胡言乱语，大兴土木，大建宫观，加重了百姓的负担。他听信方士公孙卿“仙人好楼居”的胡说，下令在长安建蜚廉桂观，甘泉建益延寿观，使公孙卿持节设具而候神，又建通天径台，在甘泉置前殿，拓广宫室。又建建章宫，其东则凤阙，高二十余丈，其西则唐中，数十里虎圈，其北开凿大池，有渐台高二十余丈，命为太液池，中有蓬莱、方丈、瀛洲、壶梁，像海中神山龟鱼之属，其南有玉堂、璧门；又立神明台、井干楼，高五十丈。这些建筑工程浩大，耗费的民脂民膏不计其数；加上征战及其他各种挥霍，使国家的财政状况迅速恶化。

征和四年（前 84 年），已是风烛残年的汉武帝，虑及自己杀戮太过，求仙不成，又因巫蛊之祸造成父子相残、太子刘据自杀，而对自己过去的所作所为进行反思，颇有悔意。大鸿胪田千秋请求罢斥遣散方士候神人者，他欣然接受了这一建议。在登泰山、祀明堂之后，武帝下《轮台罪己诏》说：

朕即位以来，所为狂悖，使天下愁苦，不可追悔。自今事有伤害百姓，糜费天下者，悉罢之！

即令停止一切劳民伤财的事情。这份诏书，是中国历史上第一份帝王罪己诏。从而使天下逐渐归于和谐，为昭宣中兴的盛世奠定了基础。

26. 两任宽简，“昭宣中兴”

——汉昭帝和汉宣帝“正能量”的延续

汉昭帝刘弗（前94年—前74年），原名刘弗陵，汉武帝少子，西汉第八位皇帝。汉宣帝刘询（前91年—前48年），本名刘病已，字次卿，西汉第十位皇帝，汉武帝嫡曾孙。

昭帝在位期间，延续了武帝末期“与民休息”的政策，确定和实行轻徭薄赋方针，多次下令减轻人民负担，削减“不急之官”，减轻或减免田租、口赋及其他赋税。因武帝实行盐铁专卖引起天下议论，昭帝于始元六年（前81年）召开“盐铁会议”，经过争论，取消了酒的专卖，而保留盐铁专卖，使得武帝后期遗留的矛盾基本得到了控制，西汉王朝衰退趋势得以扭转。《汉书》赞曰：“百姓充实，四夷宾服。”

宣帝刘询少遭不幸，流落民间，察知民间疾苦，继位之后，能躬行节俭，多次下令节省开支，改革吏治，稳定社会局势。他深知吏治好坏直接关系到百姓的生存发展与社会的和谐稳定。他说：“吏不廉平则治道衰。”所以，他继位后亲自过问政事，还特别重视地方官吏的选拔和考核，并下大力气整饬吏治，建立了一套对官吏的考核与奖惩制度。他多次下诏对二千石（郡守级官吏）实行五日一听事制度；并不定期派使者巡行郡国，对二千石官员的工作进行考查。根据考核结果，信赏必罚。他颁布诏令说："有功不赏，有罪不课，虽唐虞犹不能化天下。"在他当政时，一大批因政绩突出的官员受到了奖励，或以玺书勉励，增秩赐金，或爵关内侯，升任九卿或三公。对那些不称职或有罪的官吏，则严惩不贷。一些地位很高的、腐朽贪污的官员都相继被诛杀。大司农田延年在尊立汉宣帝时有大功，但因修建昭帝墓圹，趁雇用牛车运沙之机，贪污账款 3000 万而被告发。有大臣为他说情，认为"春秋之义，以功覆过"，但刘询没有同意，派使者"召田延年诣廷尉"受审，拟以重罚，致使田延年畏罪自杀。

宣帝继续奉行昭帝时期的轻徭薄赋方针。公元前 73 年，他继位不久，就免除了当年租税。后又对遭受旱灾、地震、疾病的地区，免除三年的租赋。公元前 67 年，他下令降低一直很高的盐价，减轻老百姓过重的负担。公元前 55 年，他下令减少天下口钱。公元前 52 年，又下令减收全国百姓算赋钱，1 算减 30 钱。公元前 51 年，又再次诏令免除当年田租。在徭役方面，也尽量俭省。当时，漕运所消耗的人力很多，仅从关东向京师运谷 400 万斛，每年就需用 6 万人的劳力。他采纳大司农中丞耿寿昌的建议后，在三辅、弘农、河东、上党、太原等郡买粮，供给京师所用，一下就俭省了关东多半的漕卒。

此时，曾一度风雨飘摇的西汉王朝又兴盛起来，经济繁荣，政治稳固，文化昌盛，科技发达，综合国力为世界第一。史称“昭宣中兴”。

27. 温柔乡是盛世冢

——汉成帝耽于酒色断送盛世

汉成帝刘骜（前 51 年—前 7 年），字太孙，西汉第十二位皇帝，公元前 33 年至前 7 年在位。

成帝开始尚“好经书，宽博谨慎”，但很快就“耽于酒色”。刘骜曾有一个男宠名叫张放，平日里与他同卧同起，“宠爱殊绝”，还将其提拔为中郎将，后来迫于压力才将其放逐。从继位起，刘骜就花了大量金钱，建造霄游宫、飞行殿和云雷宫供自己淫乐。他最初宠爱许皇后，皇后色衰后宠爱班婕妤。一次，他“微行”经过阳阿公主家，公主盛宴款待，唤出几名美女歌舞助兴。其中一歌女因体轻善舞，故号“飞燕”。成帝便带回宫去，不久又把其妹妹赵合德收进后宫，称赵合德为“温柔乡”。赵飞燕姐妹入宫后争宠成功，赵飞燕登上了皇后宝座，赵合德为昭仪。为了取悦新皇后，他令工匠在皇宫太液池建造了一艘华丽的御船，叫“合宫舟”，成帝终日不理朝政，泛舟赏景，歌舞淫乐。成帝宠信赵合德，为她建造了昭阳宫，以黄金为饰，白玉为阶，其豪华程度，后宫从未有之。

赵氏姐妹自己不能生育，也不许别的妃嫔生育。汉成帝与其他妃嫔的子女均被赵飞燕姐妹残害杀死，史称“燕啄皇孙”。当时有童谣道：“燕燕，尾涎涎，张公子，时相见。木门仓琅根，燕飞来，啄皇孙。皇孙死，燕啄矢。”由于“酒色侵骨”，汉成帝最后竟死在“温柔乡”赵合德房中。由于他生前长期不理朝政，为外戚王氏集团的兴起提供了条件，致使国事日非，“昭宣中兴”的盛世在他手里玩完了。《汉书》对成帝二十余年的统治有八个字的评价：“赵氏乱内，外戚擅朝。”

28. “断袖之癖”，断掉西汉

——汉哀帝纵欲狂奢的悲哀

汉哀帝刘欣（前 25 年—前 1 年），西汉第十三位皇帝，在位 7 年。刘欣少年时原本不好声色，继位后也曾想有一番作为。但他是中国历史上最早最有名的同性恋者，他宠信一位男宠董贤，先后封他为董门郎、驸马都尉侍中、大司马。据《汉书·董贤传》载，董贤“出则参乘，入御左右，旬月间赏赐巨万，贵震朝廷”。刘欣赏赐给他的钱财高达亿万，还专门命人为董贤修建豪华奢丽的住宅，土木工程达到当时最先进、最高档的水准。这个宅子分为前殿、后殿，高大的殿门连绵不绝，轩阑、殿柱上甚至包裹以绫罗绸缎，规模和华丽的程度丝毫不逊色于皇宫。当时，地方郡国、塞外蛮夷都要定期向朝廷进献珍宝、美食和服饰，朝廷将这些贡品分为不同的档次，高档的用于皇帝本人享用，中低档用于赏赐臣属。而刘欣把高档的贡品都赏赐给了董贤。两人形影不离，同床共枕。据《汉书·佞幸传》记载，刘欣与董贤共寝，清晨刘欣醒后见董贤睡得正熟，不忍惊醒他，于是挥刀断袖。此即为“断袖之癖”之典故出处，后泛指男同性恋。刘欣甚至设想，自己在死后依旧能与董贤长相厮守。在修建陵寝时，他命人在自己的陵墓旁边为这位“挚爱”修建了规模宏伟的冢茔，其墓道宽阔，墓室巨大，墓外是数里长的祭祀专用大道，大道上的门阙、屏风高大靡丽；与冢茔配套的葬具更是令人瞠目，刘欣命人按照天子和诸侯王的丧葬等级为董贤特制了棺椁和金缕玉衣，这在刘氏的朝堂中实为一个不可思议的举动。刘欣还封董贤的父亲为霸陵令，迁光禄大夫，就连董贤的妹妹、董贤妻子的家人亦获任官职，甚至连董贤家的僮仆也受到哀帝不同程度的赏赐。在封赏董贤和其家人时，全然不顾其他大臣的劝谏和反对，一意孤行，在封董贤为侯时，丞相王嘉坚决反对，说："往古以来，贵臣未尝有此，流闻四方，皆同怨之。"王嘉认为董贤的行为应该"千人所指，无病而死"。听了王嘉的辱骂，刘欣怒从心起，全不顾这个忠心耿耿的丞相的苦心好意，命人把王嘉送进了监狱。王嘉在狱中伤心裂肺，绝食二十余日，呕血而死。

元寿二年六月，二十六岁的刘欣因纵欲过度而病死。不久，外戚王莽先是立 9 岁的刘衎为汉平帝，6 年后篡汉建立新朝，西汉灭亡。刘欣成了西汉王朝实际上的亡国之君。而他的"同志"董贤在他死后不久也自尽而死，年仅 22 岁。

29. 勤劳不怠，光武盛治

——东汉缔造者的辛劳

刘秀（前 6 年—57 年），字文叔，南阳郡蔡阳县人，东汉的建立者，庙号世祖，谥号光武皇帝。

刘秀在重建刘汉封建政权中，鉴于西汉后期吏治败坏、官僚奢侈腐化的积弊，他带头躬行节俭。

一是生活俭朴。他在位几十年，从不恣意放纵自己，追求豪华奢侈。“身不穿华丽之服，耳不听妖冶之音，手不持珠玉之玩，宫室无偏爱，左右无偏爱。”不好饮酒，不喜欢歌舞音乐，不喜欢佩戴珠宝玉器，他对郡国奉献的珍馐美味，不仅自己不享受，而且要求部下也不要接受，对远方异国进贡的名马宝剑，也都赐给骑士。公元37年，外国使者向光武帝进献一匹可行千里的名马和一柄宝剑，光武帝接受后，把这匹千里马送去驾鼓车，把宝剑赐给骑士。他不慕虚名，不喜谀辞，明确规定，如有官员拍马屁，称颂他的美德，就要处以髡刑（古代削去男人头发的一种刑罚），罚其屯田。刘秀的后宫嫔妃是比较少的，西汉自武帝后，后宫掖庭人数达到三千多人，除皇后外，有爵秩品级的就分婕妤、容华、充衣等十四个等级。刘秀继位后，后宫只有皇后、贵人有爵秩，贵人的待遇只有谷数十斛，此外有美人、宫人、采女三等，均无爵秩和额外的待遇，这就为国家节省了大量开支。刘秀在世时吩咐为他所造陵墓不要太大，不要起高坟，低洼处只要做到不积水就可以了，不要随葬珠玉金银。死时还留下遗诏，说他无益百姓，丧葬等一切要像孝文皇帝那样，务必节俭从事。

二是勤于政务。《后汉书·光武帝纪下》记载：汉光武帝

“身济大业，兢兢如不及”。“帝每旦视朝，日仄乃罢。数引公卿、郎、将讲论经理，夜分乃寐。皇太子见帝勤劳不怠，承闲谏曰：‘陛下有禹汤之明，而失黄老养性之福，原颐爱精神，优游自宁。’帝曰：‘我自乐此，不为疲也。’”这段话的意思是：光武帝刘秀当上皇帝后，勤于治理朝政，每日上朝理政，日落才罢，晚上同大臣探讨经理，半夜才睡。他的勤奋工作，感动了文武大臣，也感动了他的儿子。有一次，皇太子怕这样下去会影响父亲的健康，便劝道：陛下，你像夏禹、商汤一样英明，却不能像黄帝、老子那样善于养身之道。我们希望你注意身体健康，抽出时间安静地休息一下。刘秀道：我自已乐于这样做，并不感到疲劳啊！根据这个故事，人们从刘秀的话中引申出了“乐此不疲”这个成语。

三是吝惜民力。他一方面颁布政令，解放奴婢。建武十一年下诏书宣布：“天地之性人为贵。其杀奴掉，不得减罪”；敢于用火烧烫奴婢的，按法律论罪；对被烧被烫的奴婢，恢复其平民身份；废除奴婢射伤人判死刑的法律。建武二年诏书宣布：被卖的妻、子愿回到父母身边去的，听其自便；敢拘留者，按法律论罪；建武十二年、十三年、十四年一再下诏宣布：自建武八年以来被迫当了奴婢的，一律恢复其平民身份；自卖的，不再交还赎金；敢拘留者，按《略人法》（针对当时青州、徐州一带豪强势力抢逼弱民为自己当奴婢的法律）从事。另一方面减刑轻税。建武七年，下令京都地区及各郡、国释放囚犯，犯死罪的一律不再追究，现有徒刑犯一律免罪恢复平民身份；应判两年徒刑而在逃的罪犯，由地方官吏发布文告公布姓名，免治其罪，使其放心回家。这两项措施的施行，对于缓解东汉初年因战争造成的劳动力缺乏具有很大的作用。

四是奖励廉洁，选拔贤能，对地方官吏严格要求，赏罚严明。

由于刘秀的勤劳不怠，举措得当，国家出现社会安定、经济繁荣，人民安居乐业、富强昌盛的局面，史称“光武中兴”。

30. 力戒奢侈，安定汉室

——邓太后倡俭戒奢的“硬措施”

在我国东汉时期，出了一位倡俭戒奢的皇太后邓绥（81年—121年）。

邓绥被册封为皇后之后，汉和帝因病去世。邓绥立三个月大的刘隆为汉殇帝，她成为太后，主持朝政。邓太后虽出身于贵族之家，但一贯倡俭戒奢。她主政后下诏，削减太官、导官、尚方、内署的各种御用衣服车马、珍馐美味和各色奢靡富丽精巧难成的物品。除非供奉皇陵祠庙，否则稻谷粱米不得加工精选，每日早晚只吃一次肉食。以往太官、汤官的费用每年将近二万万钱，减为数千万钱。连同各郡、各封国的贡物，都削减一半以上。将上林苑的猎鹰、猎犬全部卖掉。各地行宫、别馆所储备的存米、干粮、薪柴、木炭，也一律下令减少。她带头节俭，规定自己的膳食为每餐一个肉菜一样主食。她见宫中祭祀花费很大，于是下令凡是不符合典籍的祭祀一律免除。按照惯例，每年年底皇宫之中都要举行驱逐瘟疫的仪式，这种仪式规模巨大、耗费惊人。109 年，由于邓太后刚刚大病痊愈，有大臣要求扩大祭祀规模。邓太后说："今年气候不好，庄稼收成也不好，又发生几次边界战争，国家耗费巨大。今年的祭祀规模不仅不要扩大，还要缩小，不再设戏奏乐。"有一次，邓太后晚上吃饭时，太监端上一盘雏雉（小野鸡）肉炒韭黄。邓太后问："现在已是腊月，冰天雪地，雏雉应早就长大，韭黄也应冻枯，何来雏雉与韭黄呢？"太监回答："这是洛阳令特向太后进贡的。雏雉与韭黄都是采取特殊方法培育的。"邓太后说："各地贡献的食物，多数不是按节令生长，而是强制培育的，为了盘中一点菜肴，不知要耗费多少钱。"便下令禁止各地官员进贡强制培育的食材。

邓太后执掌朝政之时，东汉王朝连续十年遭到旱涝灾害，边疆少数民族也不断反叛，内忧外患，但她能选贤任能，发展生产，倡导俭朴，力戒奢侈，勤于国事，督察各地官吏救济灾民，并减少百姓的徭役兵役负担，从而巩固了东汉王朝的统治。当时有位大臣在一份奏疏中说：太后奉行节约，杜绝奢侈，安定汉室，政治清明，执法宽大，振兴国家，功德巍巍。

31. 穷奢极侈，桓灵衰国

——两代奢主衰亡东汉

汉桓帝刘志（132 年—167 年），是东汉第十位皇帝，147 年至 168 年在位。汉灵帝刘宏（156 年—189 年），东汉第十一位皇帝，168 年至 189 年在位。东汉王朝经此二帝，江河日下，濒于灭亡。诸葛亮的《出师表》中就有蜀汉开国皇帝刘备“叹息痛恨于桓灵”的陈述。

汉桓帝一生崇尚佛、道，沉湎女色。在位期间到处搜集美女，后宫藏佳丽上万。他嗜酒成性，有时喝到酣畅时，自己起身擂鼓，然后跳舞，直至筋疲力尽。有时他脱光了衣服，乱叫乱闹。有时他披头散发，到街上挥刀舞剑。有时又随意乱走，到大臣或勋戚家乱闹一通，搅得人人胆战心惊。三伏天，他赤身裸体躺在地上晒太阳；三九天，他在风雪中光着身子跑来跑去。他不但自己发狂，还让随从们也仿效他，弄得随从苦不堪言。他穷奢极侈，致使国库枯竭，便“卖官鬻爵”，不问才学品德，只要有钱就可以买官来做。贿赂上台的官吏一上任，就开始疯狂野蛮地搜刮老百姓，以把他们买官的钱加倍地夺回来。东汉各级官吏一时间横征暴敛，贪赃枉法，奢侈糜烂，穷凶极恶。延熹十年（167 年），桓帝因长期腐朽生活而虚弱的身体一病不起，死于洛阳宫中的德阳前殿，年仅 36 岁。

汉灵帝 168 年继位后把大权委任给亲信宦官，自己专心玩乐享受。他下令在宫内建造一座拥有一千余间样式别致、布设奢华的裸泳馆，每逢盛夏，汉灵帝就在裸游馆避暑，带上宫女昼夜作游，裸体饮酒，一喝就是一夜。他感叹说：“假如一万年都如此，就是天上的神仙了。”灵帝又在裸游馆北侧修建了一座鸡鸣堂，里面放养着许多只鸡，灵帝每当连夜饮宴纵欲醉了以后，往往到天亮时还在醉梦中醒不过来。这时候内监们便争相学鸡叫，以假乱真来唤醒灵帝。

内宫无驴，一善于逢迎的小黄门从外地精心选了四头驴进宫。灵帝见后，爱如至宝，每天驾一小车在宫内游玩。起初还找一驭者驾车，几天后，索性亲自操持。皇帝驾驴车的消息传出内宫，京城许多官僚士大夫竞相模仿，以为时尚，一时民间驴价陡涨。灵帝对驴车失去兴趣后，又有宦官别出心裁，将狗打扮一番，戴进贤冠、穿朝服、佩绶带，摇摇摆摆上了朝。待灵帝认出乃一狗时，不禁拍掌大笑，赞道："好一个狗官。"灵帝还在后宫仿造街市、市场、各种商店、摊贩，让宫女嫔妃一部分扮成各种商人叫卖，另一部分扮成买东西的客人，还有的扮成卖唱的、耍猴的等。而他自己则穿上商人的衣服，在这人造的集市上走来走去，或在酒店中饮酒作乐，或与店主、顾客相互吵嘴、打架、厮斗，不亦乐乎。汉灵帝变本加厉地卖官鬻爵，在西园开办了官吏交易所，明码标价，公开卖官。卖官所得钱款都流入了汉灵帝自己的腰包。汉灵帝亲自制定卖官的规定：地方官比朝官价格高一倍，县官则价格不一；官吏的升迁也必须按价纳钱。当时，"崔烈买官"的故事盛传一时。崔烈出身于北方的名门望族，历任郡守及朝廷卿职。中平二年（185年）三月，崔烈花了500万钱买了个司徒。到册拜之日，宫廷举行隆重的封拜仪式，灵帝亲临殿前，百官肃立阶下。望着崔烈春风得意的样子，灵帝突然觉得他这司徒一职来得太便宜了，忍不住惋惜地对随从亲信嘟哝："悔不少靳，可至千万"，就是说这个官卖亏了，本来该要他一千万的。事后，崔烈问儿子崔钧："吾居三公，于议者何如？"崔钧据实相告："论者嫌其铜臭。"这就是"铜臭"一词的来历。

184年，黄巾大起义爆发，给了腐朽的东汉政权沉重打击。189年，年方34岁的汉灵帝一命呜呼。东汉王朝就这样埋葬在荒淫皇帝自挖的深坑之中。

32. "内戒"反奢，逐鹿群雄

——曹操《内戒令》胜十万雄兵

曹操（155年—220年），字孟德，一名吉利，小字阿瞒，沛国谯（今安徽亳州）人，三国曹魏政权的缔造者。其子曹丕称帝后，追尊其为魏武帝。

史书中称曹操"雅性节俭，不好华丽，后宫衣不锦绣，侍御履不二采，帷帐屏风，坏则补纳，茵蓐取温，无有缘饰"。意思是，他的衣服没有花里胡哨，鞋子不曾雕花绣彩，帷帐屏风落满补丁，床榻被褥"败絮其中"。

曹操在《度关山》一诗中说："侈恶之大，俭为共德。"即认为奢侈是最大的罪恶，俭朴是公认的美德。他曾颁布《内戒令》，对自己的吃、穿、用作了严格的规定。他在南北征战中随身携带的“严具”（用来盛放梳篦、毛刷等日常生活用品的箱子）“如吴小人”，即与吴国普通老百姓所用的差不多。即使是在生病的情况下也带头厉行节俭。他在《内戒令》里说：“孤有逆气病，常储水卧头。”逆气病是一种气向上冲而引起的头痛，大概就是华佗给他用针灸治过的头风病。为缓解发病时的痛苦，曹操常要准备一盆冷水浸头。他用铜器盛水，放久了会有铜臭气；后来改用银制的小方器，但又怕人们不理解说他喜欢银制品，因此干脆改用木器盛水。

同样，曹操对家人的要求也很严厉。他在《内戒令》里说：“昔天下初定，吾便禁家内不得熏香。”他所说的“天下初定”，指平定河北之后，从那时起，他就不准家中熏香，即使把香放在衣内或带在身上也不允许。如果房内不清洁，可以烧枫树脂和蕙草。曹操对嫁娶的奢侈之风深为不满，他的三个女儿出嫁时所用之物都很简单，用的帷帐都是黑色的，随从的穿着更加简朴。

曹操《内戒令》的制定和实施，一时间在朝野形成了俭朴节约的风气，使他的宏图大业日臻昌盛。后来，他终于在军阀混战、群雄逐鹿中统一了北部中国，为曹魏王朝留下了一笔丰厚的遗产。

33.“增广声乐”，乐不思蜀

——扶不起的“玩阿斗”

“乐不思蜀”这个成语的故事出自刘禅。刘禅（207 年—271 年），字公嗣，又字升之，小名阿斗，刘备之子，三国时期蜀汉后主，223 年至 263 年在位。

刘备去世后，刘禅在继位之初还想有所作为，自 234 年诸葛亮在北伐途中积劳成疾，病逝于五丈原（今陕西岐山）后，他失去了主心骨，便逐渐贪图享乐起来，“颇出游观，增广声乐”，经常带领宫人外出游玩，疏理朝政。他嫌后宫嫔妃少，几次想采择美女以充后宫，大臣董允劝阻，他固执不听，反而记恨董允。宦官黄皓逢迎他而深得他信任，黄皓乘机取宠弄权，结党营私，朝政日非。

263 年，魏国大军伐蜀，蜀国大将军姜维秉承诸葛亮的遗训欲北拒曹兵，刘禅对姜维的策略置之不理，只相信宦官黄皓的胡说八道，对魏军毫不防备。结果，魏国大将邓艾突出奇兵，长驱直入，直取成都。刘禅贪生怕死，率太子刘璇及文武百官，自缚双手，抬着棺材到邓艾军营中投降。司马昭以魏帝名义封其为“安乐乡公”。

刘禅作为亡国之君，受辱敌国，却怡然自得，没有一点羞耻和难过的样子。一次，司马昭请刘禅饮酒，席间特意为他安排了蜀国的歌舞表演羞辱他。在场的蜀国旧臣看了不禁生出亡国之恨，有的甚至掩面而泣。只有刘禅坐在椅子上，看得津津有味，谈笑风生，没有一点亡国伤感之意。司马昭见他如此，对一位大臣说：“有这样的人做国君，即使诸葛亮还活着，也保不住他的江山！”歌舞完毕，司马昭问刘禅：“你想念蜀国吗？”刘禅回答：“我在这里很快乐，不思念蜀国。”271 年，刘禅在魏国过了将近十年寄人篱下、形同囚徒的屈辱生活后，稀里糊涂死于洛阳。从此，他的“乐不思蜀”成了“忘本”的代名词，“阿斗”也成为人们对昏庸无能、不可救药之辈的称呼。“扶不起的阿斗”，实际上是因为阿斗过于贪玩。

34. 王气黯然收，降幡出石头

——吴主孙皓奢靡残暴的结局

孙皓（242 年—284 年），字元宗，一名彭祖，字皓宗。三国时期吴国末代皇帝，264 年至 280 年在位。吴大帝孙权之孙、孙和之子。吴主孙皓在位初期虽施行过一小段时间的明政，但不久即沉湎于酒色，昏庸暴虐。他每次大宴群臣，座客至少得饮酒七升；饮不够就要问罪。他的后宫美女已逾五千，仍不满足，下令朝中大臣的女儿年至十五六岁，都要经他过目挑选，看中者纳入后宫，看不中的才准许出嫁。他残忍地杀死敢于劝谏的大臣，以割舌、挖眼、剥脸皮和砍掉双脚等手段杀人取乐。孙皓的荒淫残暴失掉人心，政局混乱，吴国遂被司马炎趁机灭掉。

唐代大诗人刘禹锡《西塞山怀古》写道：

王濬楼船下益州，金陵王气黯然收。千寻铁锁沉江底，一片降幡出石头。

这首诗写的就是 280 年西晋司马炎灭吴的故事。龙骧将军王濬沿江东下攻破金陵，吴主孙皓举“降幡”投降。

当时的东吴，并非兵不多，将不广，城不固，地不险，只因孙皓不修内政，荒淫残暴，使“上下离心，莫为皓尽力”，而致“铁锁沉”“降幡出”，国灭人亡。

35. 羊车向何方，去到途穷处

——晋武帝奢靡造成西晋快速衰败

晋武帝司马炎（236 年—290 年），字安世，河内温县（今河南焦作温县）人，晋朝开国君主，265 年至 290 年在位。司马懿之孙，司马昭嫡长子。司马懿父子经过 16 年的打拼，到 265 年正式建立晋朝，司马炎继承父祖功业，把魏国皇帝赶下了台，成为西晋的开国皇帝。司马炎此时 30 岁，开始还崇尚俭约，坐的牛车缰绳都用麻来代替丝绸绳子。但灭吴之后，晋朝统一了中国，他觉得从此天下太平了，便下达了一道“罢兵诏”，命令将全国各州郡（除了边境地区以外）的军队全部解散，只在大城市保留一百人、小城市保留五十人维持治安。终日沉溺淫乐，安于享受。

从魏国明帝时开始，社会逐渐蔓延奢侈之风。司马炎在奢侈风气中又起了带头作用。司马炎在女婿王济家吃饭时，王济给他上了一道乳猪菜，乳猪用人的乳汁喂养大，做的时候又用人的乳汁烹制。他帮另一个女婿王恺与人斗富，赏赐给他珊瑚树，高有二尺，世所罕见。

司马炎将吴主孙皓的五千嫔妃悉数据为已有，还三番五次地派人在全国增选美女。咸宁二年，河南、荆州等地屡遭洪灾，他仍下诏广选美女入宫。他每次选美之前，禁止全国人包括公卿大臣之女婚嫁，直到各路使者完成他下达的选美指标，才解除禁婚令，后来又下诏“取良家及小将吏女五千人入宫选之”，以至于“母子号哭于宫中，声闻于外”，使后宫的妃嫔宫女达一万数千人。他下令翻盖了很多漂亮的宫殿，把这些女子分派到各个宫殿里居住。美女太多，无所适从，他叫人做了一辆大车，车上装满了佳肴美酒，用绵羊来拉车，每天下朝以后，就坐着这羊车在后宫四处乱逛。羊车停到哪里，武帝就在哪里过夜。聪明的宫女就把羊爱吃的竹叶和食盐撒在自己门前引诱绵羊，后来所有的宫女都学会了这一招，于是后宫到处是竹叶，遍地是食盐，洛阳城里的竹子和食盐的价格暴涨了起来。司马炎穷奢极欲，需要大量的金钱做保障，为此他还疯狂地卖官鬻爵，致使社会风气败坏，西晋快速衰败。司马炎之后的三个皇帝个个短命，总共26年，就完全葬送了大晋帝国。唐代诗人张籍《永嘉行》曾描述：晋家天子作降虏，公卿奔走如牛羊。

36.“无粟何不食肉糜”

——痴呆皇帝司马衷留下的千古笑料

司马衷（259 年—307 年），字正度，司马炎第二子，西晋的第二代皇帝，是为晋惠帝。司马衷于 267 年被立为皇太子，他从小不爱读书，只懂玩乐。有一次，司马炎为了测验一下司马衷的思维能力，特意出了几道问题考他，并限他三天之内交卷。司马衷拿到题目以后，茫然不知如何作答。他的妻子贾南风请来几位有学问的老先生为司马衷解答问题，只让他抄写了答卷送给司马炎。司马炎看了答卷后，以为儿子的思维还是很清楚的，放心让其接班。他于 290 年继位，改元永熙，290 年至 307 年在位。

但本性痴呆的司马衷继位后仍只会在宫中吃喝享乐，不问民间疾苦，不晓世事。有一年夏天，司马衷与随从到华林园去玩。他们走到一个池塘边，听见里面传出咕咕的青蛙叫声。他觉得很奇怪，于是便问随从：“此鸣者为官乎，私乎？”即问这些咕呱乱叫的东西，是为官，还是为私？随从也无法回答，随机对曰：“在官地为官，在私地为私。”即在官家里叫的，就是官家的；若在私家里叫的，就是私人的。又有一年闹灾荒，老百姓没饭吃，到处都有饿死的人。有大臣把情况报告给司马衷，他却对报告情况的大臣说："何不食肉糜？"即没有粮食吃，他们为什么不吃肉粥呢？向他报告情况的大臣听了哭笑不得，灾民们连粗粮都吃不上，哪里来的肉粥呢？

痴呆皇帝司马衷不能正常处理朝政，初由太傅杨骏辅政，后皇后贾南风杀害杨骏，掌握大权。在"八王之乱"中，赵王司马伦篡夺了帝位，将司马衷囚禁于金墉城。齐王司马冏与成都王司马颖起兵灭司马伦，迎司马衷复位，辗转挟持，形同傀儡。306年，东海王司马越将其迎归洛阳，307年又将其毒死，结束了其荒唐误国的十几年君主生涯。

37. 色魔淫鬼毁后赵

——后赵武帝石虎的亡国暴行

石虎（295年—349年），字季龙，五胡十六国羯民族政权后赵的第三位皇帝，后赵开国君主石勒的侄儿。庙号太祖，谥号武帝。

333年，石勒驾崩，其皇位由儿子石弘继承。翌年，石虎废杀石弘，自立为帝。石虎在位期间极其荒淫残暴。他曾一举选民女万余人入后宫，后来又下令“大发民女二十以下，十三以上三万余人”。各郡县官吏为了完成选美指标，只要瞅见美女，不管她是否成婚，都要强迫其入宫，结果“夺人妇者九千余人。民妻有美色，豪势因而胁之，率多自杀”。这些被夺走妻子的丈夫，有的被杀，有的自杀，死者达 3000 余人。太子和公卿见皇帝这么干，也借皇帝的名义私自下令从民间广选美女，供自己淫乐，人数多达万余。石虎在位期间，先后掠夺美女 10 万余人，使后赵变成了色魔淫鬼的天下。由于美女太多，后宫爆满，石虎又“增女官二十四等，东宫十二等”，以加强管理。石虎为安置掠来的美女，大兴土木，先在襄国建造太武殿，又在邺城建造东、西二宫，还营建洛阳、长安二处宫室。太武殿台基高二丈八尺，长六十五步，宽七十五步，全用有纹理的石块砌成。殿下有地下宫室，安置卫士五百名。用漆涂饰屋瓦，用金子装饰瓦当，用银装饰楹柱，珠帘玉壁，巧夺天工。宫殿内安放白玉床，挂着流苏帐，造金莲花覆盖于帐顶。石虎又宣称要进攻晋，下令征兵，家有三个男人的征两人入营，制造盔甲的工匠就有 50 余万人，制造船舰的工匠也有 17 万人。这些工匠有三分之二在征调途中被水淹死，或被因田亩荒凉而出没无常的野兽所吞食。士兵比工匠更苦，朝廷不但不供应粮食，每五个士兵还要献出一辆牛车、两头牛和十五斗米。他在首都邺城（河北临漳）以南开辟了世界上最大的狩猎围场，任何人都不许向野兽掷一块石头，否则就是“犯兽”，要处死刑。官员们遂用“犯兽”作为敲诈勒索的工具，一个人如果被指控“犯兽”，就会被杀或破产。

348 年，太子石宣谋反，石虎将石宣的妻子及所有姬妾儿女全部处斩。此后他一病不起，次年死去。儿子石世登基 33 天，被其兄弟石遵杀掉。石遵登基 183 天，又被另一个兄弟石鉴杀掉。石鉴登基 103 天，又被他的大将冉闵杀掉。冉闵屠杀羯民族 20 万人，致羯民族从此消失。

38. 苻生长醉，两年亡身

——苻秦二世的醉亡短跑

苻生（335 年—357 年），字长生，五胡十六国氐族政权前秦的开国君主苻健的第三子，前秦第二代皇帝，355 年至 357 年在位。

苻生自幼酗酒，继位后常常酒醉，群臣上朝很少见到苻生，连群臣的上奏都因苻生长醉而被搁在一边。他偶尔上朝时，经常带着醉意发怒，每当发怒即杀人，他的父亲苻健为他设的八名辅政大臣全都被杀，最终造成“宗室、勋旧、亲戚、忠良杀害殆尽，王公在位者悉以告归，人情危骇，道路以目”的状况。有一次，大臣上奏说，最近天象不妙，要他修德消灾，他听后认为自己和皇后同为天下最尊贵者，天象示意有灾祸，只要皇后一死，自己就安然无恙了，便持刀进入内宫，杀死了梁皇后。

356 年 3 月，正是春耕春播季节，苻生却命令三辅地区的老百姓放弃农耕去修建渭河桥。光禄大夫程肱上疏进谏，说现在这个季节正是农耕之时，请把修桥的日子往后推一下。苻生闻言勃然大怒，立即下令杀了程肱，坚持不顾农时动用大量人力物力修桥。

苻生接连诛杀后妃、大臣、近侍五百多人，后欲杀其堂弟苻坚，被苻坚先发制人，乘其酒醉时入宫擒拿。苻生酒醒后才知自己已经失去帝位和自由，只好继续酗酒解闷。不久，苻坚称帝，派人逼苻生自杀，他还喝酒数斗，醉得不省人事，被力士活活勒死。昏庸的苻生在位仅两年就丢了性命，前秦也因他而衰落。

39.“常居内”，速败萎

——成汉国末代君主的四年狂享

李势（？—361 年），字子仁，五胡十六国巴氐李氏建立的成汉国第四任（最后一任）皇帝，343 年至 347 年在位。

李势“常居内，少见公卿”，每天只顾在后宫享乐，很少与大臣们见面，更不去宫外和各地了解什么政事。他还“亲任左右小人”，弄得上下离心。他荒淫好色，肆无忌惮，偶尔出宫去，就是为了探访美女。只要看上了，就带回宫去，即使有夫之妇也不放过。而且看上谁的妻子，就“杀人而取其妻”，弄得朝中上下无不惶恐，谁都不知何时会灾难临头，大臣们无心履行职责，朝政一片混乱。

347 年，东晋大将桓温挥师西指，水陆并进，势如破竹，很快打到成汉都城成都。李势见大势已去，便“送降文于温”，自比“穷池之鱼”，而“待命漏刻”。李势“舆榇面缚军门”，用车拉着棺材，绑着自己到城门受降，成汉自此灭亡。自 304 年李雄称成都王，至李势 347 年出城投降，成汉国共存世 44 年，而李势只在位 4 年即亡国。

40. 因宠而奢，因奢而亡

——后燕国慕容熙的七年败亡之路

慕容熙（385年—407年），字道文，小字长生，五胡十六国鲜卑人政权后燕国第四位君主。16岁继位，401年至407年在位。

402年，慕容熙召苻氏姐妹苻娀娥、苻训英入宫，百般宠爱。后立苻训英为皇后，苻娀娥为昭仪。慕容熙因对苻氏姐妹的宠爱而奢侈无度，大兴土木修造宫殿，以供他与苻氏姐妹纵情淫乐。皇后苻训英喜欢旅游，慕容熙便全程陪护她，“北登白鹿山，东过青岭，南临沧海”，兴师动众，所到之处“百姓苦之”，而“士卒为豺狼所害及冻死者五千余人”。苻皇后好美食，“季夏思冻鱼脍，仲冬须生地黄”（三伏天要吃冻鱼，三九天要吃鲜地黄），慕容熙便令官员去寻取，取不来即被斩首。元始五年（405年）攻高句丽辽东城，原本城将攻陷，慕容熙只为了与苻皇后一同坐辇车进城，而命军暂缓登城，以致延误战机，不能攻下辽东。次年（406年），攻契丹未果而回师，又为了满足苻皇后想要观战的愿望，而临时抛弃辎重转而偷袭高句丽，致使士卒马匹饥寒疲累，沿路死亡不可胜数。建元元年（407 年）七月，苻皇后死，慕容熙下令全国家家户户都要参与建造苻皇后陵墓的工程，将国家财政挥霍一空。

中卫将军冯跋与其弟曾因事获罪于慕容熙，慕容熙一直有杀冯跋兄弟之意，冯跋兄弟于是趁慕容熙送葬苻皇后时起事，将慕容熙生擒后斩首。慕容熙在位方 7 年，年仅 23 岁，后燕国亦与慕容熙一起，就此从中国历史上消失。

41. 南渡偏安，豪奢依旧

——东晋末期皇帝一代不如一代

316 年，西晋末代皇帝司马邺被俘，宣告了西晋的灭亡。317 年，司马睿在南渡过江的中原氏族与江南氏族的拥护下，在建康称帝，国号仍为晋，因其继西晋之后偏安于江南，故史家称之为东晋。

司马世族南渡偏安，无视国破家亡、物资匮乏、人民困苦的现状，仍沉溺于旧习，耽于游宴，豪奢之风未变。“过江诸人，每至美日，辄相邀新亭，藉卉饮宴。”狂饮滥醉之风盛极一时。从第八位皇帝简文帝（320 年—372 年，371 年至 372 年在位 2 年）开始，更是一代不如一代。简文帝“见田稻，不识，问是何草”。第九任皇帝孝武帝司马曜（361 年—396 年，372 年至 396 年在位）嗜酒如命，每天狂饮不止，常为彻夜之饮。皇宫里彻夜灯红酒绿，直至喝得烂醉如泥，昏睡不醒，成为名副其实的“醉皇帝”。在华林园（今南京市鸡鸣山南古台城内）甚至对着划空而过的太白金星，举酒祝之曰：“长星，劝汝一杯酒，自古何有万岁天子邪！”他久居深宫，不谙世事，还闹出过猪驴不辨的笑话。一次丞相谢安问他：“陛下猜一下，驴子像什么？”武帝掩口而笑，信口答道：“它的头大约像猪吧？”皇帝尚且如此，朝臣们更是以有幸陪皇帝饮宴为能事。一次著作郎伏滔应邀参加宫宴回府，车到门口尚未停稳就迫不及待、非常欣喜地对儿子高声喊道：“百把人的盛宴，天子先问伏滔在座没有，你父亲多么荣耀啊！”

东晋太元二十一年（396 年）九月，司马曜在宫内清暑殿中与宠爱的张贵人一起饮酒，半真半假地发起了酒疯：“你当年是因为美貌才被封贵人，如今你年近三十，美色已大不如前，又没生孩子，白白占着一个贵人的名位，明天我就废了你，另选新人。”随即沉沉睡去。张贵人认为皇帝“酒后吐真言”，顿时起了杀心，召来心腹宫女，搬了几床大被子，又用石头压住，把还在睡梦中的司马皇帝给活活捂死了。

司马曜死后，皇太子司马德宗（382 年—419 年，397 年至 419 年在位）登上皇位，史称晋安帝，是东晋的第十位皇帝。他从小又痴又哑，“虽寒暑之变，无以辨也”。继位后不理朝政，只管在宫中吃喝玩乐，朝廷大权竟全落入他的叔父司马道手里，朝政一塌糊涂。在屡经战乱之后，这位白痴皇帝 37 岁时去世。418 年刘裕改立司马德文为皇帝，不到两年，司马德文被迫禅位于刘裕，东晋自此灭亡。

东晋末期的三任皇帝昏庸，第八任简文帝不识稻与草，第九位孝武帝不知猪与驴，第十位晋安帝不辨寒与暑，而只知享乐，不亡何哉！

42. 二百人大轿抬入坟墓

——“五个月桓楚皇帝”的疯狂

桓玄（369 年—404 年），字敬道，一名灵宝，谯国龙亢（今安徽怀远）人，东晋晚期权臣。元兴二年（403 年），他带兵消灭掌握朝政之司马道子父子，掌握朝权，后篡位建立桓楚，改元“永始”。

桓玄篡位以后，骄奢荒侈，游猎无道，游乐从夜至昼。他性格贪鄙，极爱书画和奇珍异宝，珠玉宝物时刻不离手。别人有好书画或佳园田宅，都要巧取豪夺。他派下属四处迁移果树美竹收归己有，数千里内好的果树和竹子都被一扫而空。刚建14年的宏大的冶城寺，被他下令拆毁，在宫城近旁修建了满是亭台楼阁的别苑（在今南京朝天宫一带），作为私人游乐场所。他身体肥胖，乘马不便，于是别出心裁地设计了有二百人在前后左右抬着走的巨型抬轿，轿中还设计了“徘徊舆”“施转关”，坐在轿内可随意回转，浏览四方。他游猎成嗜，每次外出游猎时，五六十里范围内旌旗漫野，猎骑如飞。凡随猎将士让猎物逃脱的，一律捆绑起来处置。

桓玄的恶行很快引起广泛不满，反桓玄势力以刘裕为核心集结起来。元兴三年（404年）二月，刘裕等人正式举兵反抗桓玄，桓玄不敌而逃奔江陵重整军力，遭西讨义军击败，五月在入蜀途中被杀。从他上年十二月登基算起，总共做了五个月的皇帝，即被“二百人大轿”抬入坟墓。

43. 俭如平民，定乱代兴

——刘宋王朝开创者的节俭

刘裕（363年—422年），字德舆，小名寄奴。南北朝时期刘宋开国之君，史称武帝。执政期间，吸取前朝士族豪强挟主专横的教训，抑制豪强兼并，实施土断，整顿吏治，重用寒门，轻徭薄赋，废除苛法，改善了政治和社会状况，为“元嘉之治”打下了坚实的基础，被誉为“定乱代兴之君”。

刘裕一贯提倡节俭，反对奢侈浪费。他于420年登上皇帝宝座，仍保持清心寡欲，不耽宫中逸乐，大臣殷仲文劝他蓄伎取乐，他说：“我不懂声色之妙。”殷仲文怂恿他说：“只要你养一批美妙的歌伎，自然会懂。”他说：“我不敢懂、不愿懂。”他的居室、衣服、日常用具“俭如平民”，与普通百姓差不多。为了不妨碍农业生产，他很少出去游猎；为了节省开支，他很少举办宴会。后宫的妃、嫔和宫女，也比其他各代的皇帝要少得多。他以天下为家，个人没有私财。他女儿出嫁时，在陪嫁的物品中没有一件锦绣之类的高级丝织品。他住的房屋，床头土砌屏障，墙上挂的是纸糊的灯笼和麻绳搓的拂尘。

在他的带动下，朝中官员都比较俭朴，上下和谐，国家稳定。

刘裕在位两年后于永初三年（422 年）去世，他的长子刘义符继位，是为少帝。刘义符好为游狎之事，经常坐龙舟水上玩乐。仅一年多，徐羡之、檀道济等人带兵入宫，将酣睡中的刘义符带到岸上，收取了他的印玺，废其为营阳王，不久被杀，时年仅 18 岁。后立刘裕三子刘义隆为帝，刘义隆在位 30 年，励精图治，国家经济恢复，遂有“元嘉之治”。

44. 疯狂奢暴毁刘宋

——南朝刘宋末期几任君主的狂奢糟害

453 年，南朝刘宋文帝刘义隆的长子刘劭杀父篡位，仅 3 个月即被率兵讨逆的武陵王刘骏（430 年—464 年）所击溃，被俘后遭处斩。刘骏即位，是为宋孝武帝，刘宋连续几任皇帝的疯狂奢侈自此开始。

刘骏即位后拆毁了祖父刘裕简朴的宫殿，在原址上修建了豪华的“玉烛”新宫。新宫未盖之前，刘骏和群臣一起去观看他祖父刘裕生前住的简陋房屋。大臣们盛赞刘裕的俭素和美德，他却轻蔑地说：“他本来就是个‘田舍公’（乡巴佬），能混到这步就算不错了！”

宋孝武帝刘骏464年死后，长子刘子业（449年—465年）即位，史称前废帝。他的后宫充斥嫔妃万人，下令宫女赤身裸体与他在宫中奔跑嬉戏，不从者即杀死。还滥杀无辜，不仅狂杀自己同姓骨肉，还杀了许多大臣将军、近臣密戚，搞得人心惶惶。泰始元年（465年）十一月，将军柳光世、寿寂之等合谋将刘子业杀死，立刘彧（439年—472年）为帝，史称明帝。

宋明帝刘彧是刘子业的叔父，其侄儿刘子业还在当皇帝时，曾把肥胖的刘彧关到竹笼里去，封为“猪王”，每顿饭都把他的衣服剥光，叫他像猪一样用嘴吞食木槽里的食物，并随意拖行殴打。刘彧在受过无穷折磨后登上皇位，突然得到无限权力，使他人性大变。他把兄长刘骏（刘子业之父）的28个儿子全部杀掉，再把同他一起在刘子业手下共患难的弟兄也全部杀掉。他残暴无度，肆意挥霍国库，使得民不聊生，天下载怨。

472年，宋明帝死后，刘昱（463年—477年）即帝位，史称后废帝。刘昱个性残虐，沉湎于游戏，喜怒无常，左右稍有不合心意，就拳脚相向。他常常亲手杀人，并常到街巷中扰民，杀人成瘾，一日不杀人，就闷闷不乐。有一年夏天，刘昱暗暗闯入将军萧道成府邸。此时萧道成正袒胸露腹地躺在床上熟睡。刘昱见他的脐孔很大，说："好一个箭靶子！"他命令萧道成起立，在墙边站直，又用笔在萧道成的肚子上画个箭靶，引弓瞄准欲射。萧道成吓得动也不敢动，连叫"老臣无罪！"多亏护卫队长王天恩在一旁劝说道："萧将军腹部硕大，实在是一个好靶子，但是，今天一箭将他射死，日后就没有这么好的靶子了。不如用假箭练习，免得损伤靶子。"刘昱换上一支假箭，一发正中肚脐，投弓大笑。后来刘昱在 477 年 7 月被卫士杨玉夫等人杀害，死时年仅 15 岁。

刘昱死后，刘准（469 年—479 年）在萧道成拥立下继位，是为宋顺帝，但实际权力都被萧道成掌握。两年后禅位于萧道成，刘宋灭亡。

45. 以身作则，勤俭兴邦

——南齐前两代君主的清明

萧道成（427 年—482 年），字绍伯，小名斗将，汉族，南朝齐建立者，史称齐高帝，在位四年。

479 年，萧道成建南齐政权。他崇尚节俭，反对奢靡，并以身作则，将宫殿、御用仪仗等凡用金、铜制作的器具全部改用铁器替代，衣服上的玉佩、挂饰等统统取消。他说："使我治天下十年，当使黄金与土同价。"他任用出身贫寒的官员掌管权要之事，推行检籍法，严令整顿户籍，提倡节俭，减轻人民负担。

482 年 3 月，萧道成去世，临终前，他嘱咐太子萧赜（440 年—493 年）要警惕晋朝及刘宋皇室手足相残的教训，保持国家政治稳定。萧赜继位，史称齐武帝，482 年至 493 年在位共 11 年。他恪守其父遗嘱，关心百姓疾苦，继位后即下诏说："比岁未稔，贫穷不少，京师二岸，多有其弊。遣中书舍人优量赈恤。"不久，再次下诏说："水雨频降，潮流荐满，二岸居民，多所淹渍。遣中书舍人与两县官长优量赈恤。"他还专门下诏对鳏寡和贫穷之人加以特别赈济。他提倡并奖励农桑，灾年时还减免租税。在位第四年，他下诏说："扬、南徐二州，今年户租三分二取见布，一分取钱。来岁以后，远近诸州输钱处，并减布直，匹准四百，依旧折半，以为永制。"他为政宽纾，在位期间，使人民得到十多年休养生息的时机。他还下令多办学校，挑选有学问之人任教，以培育人们的德行。他以富国为先，提倡节俭，不喜游宴、奢靡之事，下令举办婚礼时不得奢侈。萧齐这两任皇帝的清明统治，是江南经济发展、社会安定的一个重要时期。

46. 八年奢乱破南齐

——南齐不肖子孙的亡国侈行

493 年，南齐第二任君主萧赜去世，其孙萧昭业（473 年—494 年）继位，为南齐第三任皇帝。自此，南齐进入动乱时期。萧昭业在位仅一年，即被辅政宗室萧鸾杀死，时年 21 岁。萧鸾先是扶立萧昭文即帝位，又很快将他废黜，自己篡位称帝。5 年后（499 年）病死，传位于第二子萧宝卷（483 年—501 年）。萧宝卷继位时 16 岁，在位 4 年被杀，后被追贬为东昏侯。

萧昭业和萧宝卷在位虽然分别只有一年和四年，但均奢靡无度。萧昭业登基后，任意赏赐左右群小，一赏就数十万甚至百万。御库中有钱八亿之巨，金银布帛不可胜数。他即位不到一年即挥霍大半。他以将宫中宝器抛掷击碎为乐，还常在宫内穿五彩锦绣衣服斗鸡走马。

萧鸾篡位称帝，临死之时对继位的儿子萧宝卷说："做事不可在人后！"萧宝卷生母早亡，年少时不喜读书，以捕老鼠为乐，更喜欢玩担幢游戏，即把七丈余长的大木幢顶在双肩上甚至牙齿上玩耍，乐此不疲。他继位后，对朝政大事毫无兴趣，常常彻夜狂欢，五更就寝，到午后三时才起床。群臣朝见之日，他总是在傍晚时分才懒洋洋地到来，有时甚至不知去向。大臣们上的奏章一去就不见回音，在台阁上越堆越多，被宦官们用来做了食品包装纸，拿去包肉包菜。他还经常到宫外出游，每次出游，道路两边都要用锦缎做成高高的帐幔，号称“屏除”，屏除之内有护卫的军队，还有乐队演奏。到了晚上点起火把，照得四周明如白昼。每次出游都一定要驱逐居民甚至拆毁民居。他到处修建射雉场，共有 296 处之多。而且把场地装饰得华丽无比，用红绿锦缎做成帷帐及步障。所用的弓箭也十分华贵，都用金银玳瑁之类的珍宝加以装饰。他还在宫里设立市场，让太监杀猪宰羊，宫女沽酒卖肉，让他宠爱的潘妃充当市令，自己担任潘妃的副手，遇有争执，即交付潘妃裁决。有时他亲自持刀卖肉，让潘妃在一边当垆卖酒，经营“夫妻店”作乐。后宫失火被焚，他下令大兴土木，建起芳乐、芳德、仙华、大兴、含德、清曜、安寿等宫殿，又特别为潘妃修建了神仙、永寿、玉寿三殿。每座宫殿都极尽奢华之能事，以黄金白玉装点。其中给潘妃住的玉寿殿还特地做了一顶“飞仙帐”，四面织锦铺绣，窗间画满了神仙飞舞飘荡的图样，其中描绘的灵兽神禽都用金银装饰。在宫殿的檐角还悬挂着各式各样的铃佩，命人把庄严寺的“玉九子铃”都弄来装点潘妃的宫殿。他命令工匠用黄金凿成莲花的形状，一朵一朵地贴在地板上，让潘妃行走其上，赞叹为“步步金莲”。501 年，镇守雍州（永寿）的梁王萧衍发兵攻至京城外围，萧宝卷还穿着大红袍登上景阳楼眺望观赏城外的敌兵。他披上用金银做的铠甲，以羽毛、宝石装饰，给他的马也穿上了银制铠甲，遍身插满孔雀毛，发给卫士金玉做的兵器，让他们互相乱打，有人假装被打死，就用门板抬出去，作为“厌胜”，打算用这种装神弄鬼的办法让敌人退兵。军士们看到皇帝如此荒唐，谁也不愿替他打仗。萧衍攻入皇宫的那一夜，他还在含德殿歌舞作乐，遂在动乱中被杀。第二年，萧衍废掉齐和帝萧宝融，建立梁朝，是为梁武帝。至此，南齐共历七帝、二十四年（齐武帝萧赜死后仅八年）灭亡。

47. 先俭后奢，南梁衰落

——南梁开创者的得与失

萧衍（464 年—549 年），字叔达，小字练儿。南兰陵（今江苏省常州市新北区孟河镇万绥村）人。南梁政权的建立者，庙号高祖。原是南齐的官员，502 年建立南梁（又称萧梁）取代南齐。在位时间达 48 年，史称武帝，在位时间之长在南朝皇帝中列第一位。

梁武帝萧衍吸取了萧齐灭亡的教训，当政早期勤于政务，不分冬夏春秋，总是五更天起床，批改公文奏章，在冬天甚至把手冻裂，不辞劳苦。他十分节俭，每天只吃一顿饭，太忙、太饿的时候就喝点粥充饥。“正餐”也是蔬菜和豆类，不用鱼肉，不喝酒。他不讲究吃穿，穿的是布衣服，用的是木棉黑帐，衣服是洗过好几次的。史书上说他“一冠三年，一被二年”，即帽子要戴三年，被子要盖两年。他规定后宫妇女从贵妃以下皆衣不曳地，傍无锦绮。他不听乐声，非宗庙祭祀不许奏乐，还下令七庙与二郊的祭祀改用蔬果代替原来的牺牲。

萧衍很重视对官吏的选拔任用，他要求地方的长官一定要清廉，经常亲自召见他们，训导他们遵守为国为民之道，清正廉明。为了推行他的思想，萧衍还下诏书到全国，如果有小的县令政绩突出，可以升迁到大县里做县令。大县令有政绩就提拔到郡做太守。他为了广泛地纳谏，听取众人的意见，最大限度地用好人才，下令在门前设立两个“函”（盒子），一为“肺石函”，一为“谤木函”。如果功臣和有才之人未能受到赏赐和提拔，可投书到“肺石函”里；一般百姓想要给国家提批评建议，可往“谤木函”里投书。这一时期，萧梁的吏治状况得到改善，社会稳定，经济得到发展。

萧梁盛世的出现得益于轻徭薄赋与节俭风气，而后来衰败的主要原因之一则是赋役繁重、奢侈盛行。梁武帝统治后期，由于他面对太平繁荣的局面而产生的骄傲自满，他对自身及皇室生活要求的放松，以及他处理朝政日益出现的昏庸，社会上的奢侈风气日益盛行，浪费掉大量物质财富，加重了百姓的负担，激化了社会矛盾。梁武帝晚年爆发“侯景之乱”，都城陷落，他被侯景囚禁而死。后经短暂的七年动乱，557 年，陈霸先废掉他拥立的梁敬帝萧方智，自己称帝，建立陈朝。至此，南梁历 55 年而亡。

48. 奢侈无度，毁国亡身

——北魏胡太后由“听政”到毁政

胡太后（？—528 年），北魏宣武灵皇后，名失考（《北史演义》称胡仙真，史书多称之灵太后），安定临泾人。曾临朝听政 13 年，武艺高强，好射箭，爱登山。临朝听政初期，颇有政绩。后期荒淫奢侈无度，导致国败身死。

胡太后崇佛，耗资巨万广建寺院，开凿石窟，其建筑规模之宏大，属历代之最。洛阳龙门山、伊阙山石窟等皆为当时开始凿建。她在皇宫旁修建永宁寺，其中一座浮图塔高 90 丈，塔上立柱高 10 丈，离开京城百里之遥犹能见之。寺内僧房多达千间，其中铸丈八金佛像 1 尊，中等金佛像 10 尊，玉佛像 2 尊。佛刹上有金宝瓶，瓶下有容露盘 30 重，周围皆垂以金铎。浮图塔四面窗扉上缀满金钉。宝铎和鸣，声闻十余里。永宁寺的僧房多至一千余间。永宁寺后来毁于大火，着火之时，朝廷派了一千多羽林军来救火都未能扑灭。这一时期，北魏国内寺庙激增至三万余所，有僧尼两百余万，占到北魏编户人口的十五分之一。

胡太后又极爱饮宴游乐，高兴之余，常常赏赐亲信大量财物。一次，她驾幸嵩山，随从多达数百人。她经常传令大开府库，命王公、嫔妃、公主们随意攫取，结果，使大量绢帛散入私家。有一次她去盛放绢布的仓库巡查，面对堆积如山的布匹一时高兴，让随行的王公贵族一百多人依力气随意取绢，能拿多少拿多少。那些人竞相拿取，陈留公李崇、章武王元融背的绢布过重，压趴在地，一人扭了腰，一人崴了脚，在民间引为笑谈。

上行下效，流风所及，北魏达官贵人竞奢夸富。如首富高阳王元雍家里的僮仆便有六千余人，歌妓五百，府邸可与皇宫媲美。他一出门，所带的仪仗队经常要引起交通堵塞；一回到家中，便夜夜笙歌，醉生梦死，一顿饭便要吃掉数万钱。

另一位宗室王爷元琛，家里养的是波斯进口的纯种马，马槽用银子打成，锁环以金子铸成。他家中的一口水井用玉石做井栏，金罐做吊桶，五色丝线做井绳。

就在胡太后和群臣花天酒地、穷奢极欲时，北魏各地反抗的怒火已经像火山一样喷发。正光四年（523 年）六镇起义爆发，各方纷纷起兵。胡太后又在武泰元年与奸人杀死 19 岁的孝明帝，立 3 岁的元钊为帝，天下哗然。528 年，尔朱荣进军洛阳，在河阴溺死胡太后及幼主，使北魏政权名存实亡。

49. “玉树流光照后庭，花开花落不长久”

——陈后主的亡国之音和亡国之举

陈后主（553 年—604 年），即陈叔宝，南朝陈朝皇帝，582 年至 589 年在位。陈朝是南北朝时期南朝的最后一个朝代，陈霸先所创建，陈叔宝在位时为隋文帝所灭，共历 5 帝、33 年（557 年—589 年）。

陈叔宝继位之初，亦曾大赦天下，给文武大臣加官晋爵以及劝谕农桑，但不久便奢侈淫逸。南陈自陈霸先开国以来，内廷陈设很简朴，后主嫌其居处简陋，在临光殿的前面，起临春、结绮、望仙三阁。阁高数十丈，袤延数十间，穷土木之奇，极人工之巧。窗牖墙壁栏槛，都以沉檀木制作，以金玉珠翠装饰。门口垂着珍珠帘，里面设有宝床宝帐。阁下积石为山，引水为池，植以奇树名花。微风吹过，香闻十里。后主自居临春阁，他宠爱的张贵妃居结绮阁，龚、孔二贵嫔居望仙阁，其中有复道连接。

陈叔宝宠爱贵妃张丽华，国家大事“置张贵妃于膝上共决之”。一批朝廷命官不理政治，天天与陈叔宝一起饮酒作诗听曲。陈叔宝还将十几个才色兼备、通翰墨会诗歌的宫女任命为“女学士”，每次宴会，诸妃嫔及女学士、狎客杂坐联吟，互相赠答，飞觞醉月。君臣酣歌，连夕达旦，并以此为常。所有军国政事，皆置不问。陈后主曾作许多艳词，如《三妇艳词》十一首之一：“大妇年十五，中妇当春户。小妇正横陈，含娇情未吐。所愁晓漏促，不恨灯销炷。”此词赤裸裸地表现了他彻夜荒淫的场景，他所作《玉树后庭花》中，“玉树流光照后庭，花开花落不长久”成为有名的亡国之音。

南陈君臣生活穷奢极欲，国力逐渐衰弱。隋文帝乘机伐陈，下诏数后主二十大罪，散写诏书二十万纸，遍谕江外。陈叔宝却深居高阁，整日里花天酒地，不闻外事。他下令建大皇寺，内造七级浮图，工尚未竣，为火所焚。沿边州郡将隋兵入侵的消息飞报入朝，陈叔宝依旧奏乐喝酒，赋诗不辍。南陈上下离心，沿江守将望风尽走，晋王杨广带兵 50 万，直击建康城，入朱雀门，陈朝大臣作鸟兽散，陈叔宝与张丽华、孔贵嫔三人一起藏匿于枯井中。隋兵搜他不见，向枯井中叫喊，仍无回音，有人提议往井中扔石头，里面发出求饶的声音。士兵们把一箩筐放入井中，向上拉时觉得很沉，拽上来发现三个人抱在一起。陈叔宝束手就擒，后死于隋大兴城。

二百多年后，唐人杜牧有感于陈后主事，作《泊秦淮》诗云：

烟笼寒水月笼沙，夜泊秦淮近酒家。商女不知亡国恨，隔江犹唱后庭花。

50. 醉酒狂人乱北齐

——高洋时期北齐的昏天黑日

高洋（529 年—559 年），字子进，因生于晋阳，一名晋阳乐。南北朝时期北齐首任皇帝，550 年至 559 年在位，史称文宣皇帝。

高洋的父亲高欢是东魏权臣，是北齐的实际创建者。高欢当政时比较留意农桑，关心民间疾苦，先后沟通了卫水、漳水，开通了天平渠，还曾多次治理黄河水患，但对勋贵有所放纵，留下后患。高洋在位前期尚勤于政事，后来变得神智昏乱，纸醉金迷。他在都城邺（今河北临漳）修筑三台宫殿，动用了十万民夫，奢侈至极。高洋在位后期更加暴虐无度，使北齐成为一个黑暗无比的“人间地狱”。他饮酒无度，在金銮殿上设一口锅和一把锯，喝醉了酒就以沸水锅煮人或以锯子杀人。他每天从早到晚都在醉酒状态，宫女、宦官每天都有人惨死在他的醉刀之下。宫中的人杀多了，由司法部门把判决死刑的囚犯送到皇宫，供高洋杀人时用。死囚不够供应，就把拘留所里正在审讯中的被告充数，称为“供御囚”，供他杀戮。他认为宰相高隆之过去对他曾有不尊，便下令把高隆之及其儿子全部杀掉。他凶性发作时甚至对亲娘也一样，有一次大发脾气，宣称要把母亲嫁给鲜卑家奴。高洋到岳母家，一箭射中岳母的面颊，吼叫说：“我喝醉了连亲娘都不认识，你算什么！”再把已满脸是血的岳母打一百鞭。高洋把平日经常规劝他的两个弟弟高浚和高涣，囚到地窖铁笼之中，又亲自带人去，用铁矛将他们刺成一团肉酱，最后连同铁笼一齐烧毁。他还把北魏的元姓皇族全部屠杀，婴儿们则抛到空中，用铁矛承接，一一刺穿。

到了30岁，高洋已经不能吃饭了，每天只靠几碗酒度日。北齐天保十年（559年），高洋死在昏醉之中，时年仅31岁。他的狂暴行径，为北齐王朝造就了一个极坏的开端。

51.“无愁天子”无下场

——北齐后主玩完北齐

高纬（556年—577年），字仁纲，南北朝时期北齐第五位皇帝（565年—577年在位），史称后主。

高纬好文学，但言语涩讷，无志度，不喜见朝士。尽管是三公、尚书令、录尚书事等大官向他奏事，都不能抬头看他，只是简要地说一些大概情形，便惊恐地离去。他荒淫无道，终日与后妃、宫女在一起吃喝玩乐，十天半个月不上一次朝。哪个大臣劝他勤于政事，轻则被罢官、重则被杀头。那些阿谀奉承的人，有的四处为他物色美女，有的为他修建富丽堂皇的宫殿，他在位不到十年，豪华宫殿建了十几处。除在邺都大兴土木工程外，又在晋阳建造十二座宫殿，丹青雕刻，巧夺天工，比邺城更为华丽。宫内的珍宝往往是早上爱不释手，晚上便视如敝履，随意扔弃。高纬曾在晋阳的两座山上凿两座大佛，叫工匠们夜以继日，晚上则用油作燃料，一夜之间数万盒油同时燃烧，几十里内光照如昼。他随意封官授爵，把宫中500个宫女都封为郡官，每个宫女都赏赐给一条价值万金的裙子和价值连城的镜台。高纬的牛马狗鸡的地位和大臣们一样，他的爱马封为赤彪仪同、逍遥郡君、凌霄郡君，斗鸡的爵号有开府斗鸡、郡君斗鸡等。经过他这样几年的折腾，北齐已是朝纲紊乱、民力凋尽、徭役繁重、国力空殚。但他根本不把这一切放在心上，他喜欢谱曲和弹琵琶，还谱成名叫《无愁》的乐曲，边弹琵琶边领唱，宫内近千名太监、奴婢一起伴唱，整个皇宫歌声缭绕，一片太平盛世景象。他得意忘形地自称为“无愁天子”。

武平七年（576年）十月，北周武帝亲自率领三路大军，向北齐进攻。第一个目标是军事重镇晋州（今山西临汾）。晋州陷落后高纬派遣大将安吐根率军收复，安吐根命部下在城外深挖地道通向晋州城，地道挖通后，高纬竟然下令暂且停止进攻，原来是他宠爱的冯淑妃想进地道玩玩，高纬就让军队等候。结果这位妃子在自己房内涂脂抹粉整整花了一个时辰，使战机丧失。高纬一看大势已去，匆匆禅位给他8岁的长子高恒，自称太上皇。高纬禅让皇位没几日，北周攻入邺城，高纬父子逃往青州后被俘。6 个月之后，周武帝借口高纬父子想和北齐残余乱党谋叛，把高纬、高恒等全部杀死。

在当时鼎足而立的北齐、北周和南朝陈国三个政权中，北齐统治的关东地区最为富庶，直到灭亡之时，其统治的人口仍要多于北周和陈国人口的总和，其兵力数量亦不在北周之下，但在“无愁天子”的糟害下土崩瓦解毁于一旦。

52. 两年狂奢葬北周

——北周宣帝宇文赟的快速败亡

宇文赟（559 年—580 年），字乾伯，鲜卑族，南北朝北周第四代皇帝，史称宣帝。

宇文赟的父亲武帝宇文邕（543 年—578 年），崇尚节俭，平时身穿布袍，寝布被，全身上下没有金银宝玉装饰，并对那些雕文刻镂的宫室、锦绣衣物，全都一概禁止。前朝宫殿有恢宏华绮的装饰，他严命撤毁，改为土阶数尺，务为俭朴。但 578 年在北伐路上忽遇暴疾，死在兵车之上，终年 36 岁。传位给太子宇文赟，这位不到 20 岁的儿子，就是史书上所称的“周天元”周宣帝，一两年时间便把武帝辛辛苦苦打下来的大好河山糟蹋殆尽。

史称："宣帝初立，即逞奢欲。"宇文赟在父亲死后，面无哀戚，抚摸着脚上被打的杖痕，大声对着武帝的棺材喊道："死得太晚了！"古人父母死后，起码要居丧三年，不能听音乐，不可嬉笑，还要穿朴素无装饰的衣服。宇文赟全然不顾这些丧仪。他天天在殿前观看歌舞表演，其宠臣郑译又把被周国灭掉的北齐末帝高纬的歌舞班子重新组织起来，招至殿前，号称"鱼龙百戏"，包括舞龙、侏儒搞笑、山车攻战、巨象游巡、拔河表演、杀马、剥驴皮等奇异怪端，夜以继日，忙个不停。他沉湎于酒色，封了五位皇后，并在后宫聚集无数美女，增置了千奇百怪的嫔妃位号。他整日整月在宫内嬉乐，大臣奏事都由宦官处置；又大肆装饰宫殿，奢华无度；且经常派亲信监视大臣言行，乱施刑罚，滥杀无辜。

继位不到一年，他为了过一过当"太上皇"的瘾，便传位给 8 岁的儿子宇文衍，他自称"天元皇帝"，所居住的宫殿称"天台"。他又戴上有二十四旒的冠冕，车服旗鼓比古代帝王都多加一倍。他对臣下讲话时不称"朕"，自称"天"，吃饭时用典籍中记载的樽、彝、珪、瓒等古怪的东西装载饮食。他自己还戴个高高的"通天冠"，加上金蝉做的饰物，斜佩大绶带。大臣见他之前，都被要求斋戒三日，清身一日，浑身上下里里外外干干净净才能上殿。他令人精工制作了一尊大佛像，一尊天尊像，他自己坐在两像的中间，南向而坐，并派人在面前的广场上大演杂戏，让长安的市民纵观。他特别喜欢军队盛大的排场，常常一身上下甲胄齐全，骑着高头大马四处乱逛，最盛大的一次是他在大壮观（皇家佛寺）阅兵，十万多马步兵列阵于玄武湖边，五百多艘大型楼船战舰缓缓驶出瓜步江口，旌旗蔽日。他去同州巡幸，命为前驱的导行士官有三百六十重，数十里之间幡旗大举，乐声震天。

大象二年（580 年）五月，宇文赟巡幸洛阳，亲自驾着驿马，风驰电掣。因游戏过度，加上寒热不节，回宫后重病不起，在几天后撒手西归，亡年 22 岁。次年，杨坚废北周静帝宇文阐自立，改国号为隋，北周灭亡。

53. 勤政励精，开皇之治

——“励精之主”隋文帝的治国之道

杨坚（541 年—604 年），弘农郡华阴（今属陕西）人。其父杨忠在北周官居柱国大将军，受爵隋国公，杨坚继承了这一爵位。581 年，杨坚迫周静帝禅让，即位称帝建立隋朝。589

年灭陈，统一天下。581 年至 604 年在位 24 年。后人评其“勤劳思政”，是“励精之主”。

杨坚感到自己代北周而有天下，得国容易，恐人心不服，常存警戒之心。他为政勤勉，每日清晨上朝听政直到下午，不知疲倦。他注重发展经济，581 年他一即位就下诏书，将五千头官牛赐给没有耕牛的贫苦农民使用。他注意让百姓休养生息，对徭役制度进行改革，规定 50 岁以上的男子可以免役收庸。他还经常轻车简从到各地巡视，了解下情。在途中如遇有投书告状的，他就停下马车亲自询问。有时他还派手下人微服私访，了解社会情况。每遇自然灾害，他都派人前去对灾民进行赈恤。开皇十四年（594 年）陕西关中饥荒，他派身边官员去那里看看老百姓吃些什么。有一个官员把百姓吃的豆屑杂糠送来，杨坚流着泪把这些东西拿给大臣们看，并深深地怪罪责备自己，为此他很久不吃酒肉。并亲自率领灾民到洛阳就食，遇扶老携幼人群，自引马避路，并好言抚慰；遇道路难走处，即令卫士扶助挑担之人。他不恋虚名，灭陈战争胜利后，功绩显赫的大将贺若弼将灭陈经过撰写成书，取名《御授平陈七策》。杨坚看罢说：“你这是帮我扬名啊。我不求名，还是写上你自己的名字传给后人吧。”他曾对太子杨勇说：“自古帝王没有喜好奢侈而能长久的，一定要崇尚节俭。”他身体力行，在位期间穿的衣服多用布帛制成，很少穿绫罗绮缎，他的车、服、日用东西破了，随时修补，不做新的，不用金银玉器做各种装饰品。并诏告太子杨勇："吾昔日衣服，各留一物，时复观之以自警戒。"

针对北周时期刑政苛酷的现象，杨坚重视健全法令制度。591年，他下令在对犯人定死罪时，各地方官不得自行处置，一律由负责刑狱的大理寺审理，以避免在量刑时可能出现的偏差。

由于隋文帝躬行节俭，上行下效，朝廷内外形成了一种简朴的风气。当时士人衣服多用布帛，饰带只用铜铁骨角，不用金玉。从而，国家富饶，仓廪充实，人口滋多，国家安定，史称"开皇之治"。

54. 荒淫残暴，隋朝速亡

——隋炀帝杨广的狂奢驱驰

杨广（569年—618年），隋文帝杨坚的第二个儿子，隋朝第二个皇帝，604年至618年在位14年，史称隋炀帝。

杨广因战功取得父亲杨坚信任，遂下决心取代太子杨勇进而即皇帝位。为此，他一方面把美妾藏于密室，穿上粗布衣服以示节俭；另一方面大肆网罗党羽，以扩大自己的势力。而太子杨勇则因行为不检渐被杨坚疏远，终于废杨勇而立杨广为太子。其实杨广一直都热衷于声色犬马，身边每天都有许多美妾服侍。他虽然妻妾成群，还不时让手下到各地寻找年轻美貌的女子供其玩弄。他不仅随意霸占大臣的妻女，甚至连其父亲杨坚的嫔妃也不能幸免。杨坚晚年卧病在床，杨广常以问病请安为名，探视杨坚，借机调戏污辱他的两个宠妃。杨坚气得大骂杨广并要重立杨勇为太子，杨广即将亲生父亲杀死在病榻上而篡位登基。

杨广继位后，立刻下令大兴土木，广建宫殿、苑囿，并几次下密诏让江南的地方官为自己察寻民间美女，还把宫中的嫔妃按其容貌分为若干等级，仅五品以上的嫔妃，在册的就有124人。大业八年（612年）十一月，江淮及山东等地大旱，瘟疫流行，杨广仍“密诏江、淮南诸郡阅视民间童女，姿质端丽者，每岁贡之”。全国各地几十处行宫里，每一处都养有许多嫔妃，有的行宫中设房百余间，每一房内都住有美女，供他淫乐。他年年出外游乐，曾三游扬州，两巡塞北，一游河右，三至涿郡，还在长安、洛阳间频繁往还。每次出游都大造离宫。南游时每次船队多达5000艘，首尾200余里，浩浩荡荡，仅纤夫就用了 8 万人，在运河两岸护卫的骑兵有 20 万。“所过州县，五百里以内皆令献食”，哪个地方官进献的食物精美，杨广就提升他，否则就交刑部治罪。结果各地方官为取悦杨广，大力搜刮百姓，许多食物吃不完，就在第二天临行前把这些珍肴倒掉。他为了开掘长堑拱卫洛阳，调发今山西、河南几十万农民；次年营建东都洛阳，每月役使丁男多达 200 万人；自大业元年至六年，开发各段运河，先后调发河南、淮北、淮南、河北、江南诸郡的农民和士兵 300 多万人；大业三年和四年在榆林（今内蒙古托克托西南）以东修长城，两次调发男丁 120 万，役死者过半。总计十余年间被征发扰动的农民不下 1000 万人次，平均每户就役者一人以上，造成“天下死于役”的惨象。杨广还好大喜功，三次发动对高丽的战争。他征调了 100 多万军队，而负责运送粮草的民夫要多达 300 余万。又令莱州等地的工匠日夜打造船只。由于工匠整天都站在齐腰深的水中干活，许多人腰部溃烂，长满了蛆虫，死亡无数。杨广对反抗他的人更是残暴，杨玄感反隋被镇压后，杨广下令将跟随他起兵的 3 万人全部诛杀，凡接受过杨玄感赈米的百姓，也一律活埋。

多行不义必自毙。各地人民不断起义反抗杨广的残暴统治。618 年 4 月，杨广在江都的一次宫廷政变中，被他的爱将宇文化及用一条丝带结束了他罪恶的一生。一代良主杨坚创立的大一统隋朝，仅实际存在29年，便在奢侈残暴的杨广手上灭亡了。

55. 去奢省费，开创盛世

——“贞观之治”的成功开创

李世民（599年—649年），陇西成纪人，唐朝第二位皇帝，庙号太宗。626年至649年在位23年，享年50岁。早年随父亲李渊进军长安，于618年6月建立唐朝，他率部征战天下，每战身先士卒，不避艰险，不畏劳苦，人不解甲，马不卸鞍，东征西讨，千里转战，为大唐统一立下汗马功劳，被封为秦王、天策上将。626年玄武门之变夺位登基后，开创了著名的“贞观之治”。

唐太宗登基后提倡戒奢崇简，并以身作则。他所住宫殿是隋朝建造的，大都已经破旧。他患有气疾，不适合居住在潮湿的旧宫殿，但他依然在旧宫殿里住了很久。很多大臣提议将旧宫殿予以修缮，但为了节省开支，唐太宗一直都不允许。他还严厉禁止厚葬，并要求五品以上的官员和勋亲贵族都要遵照执行。对于官员的奢侈行为，也予以严厉禁止。因此，贞观初年，形成了一种崇尚节俭的风气，对减轻国家和人民的负担、促进经济的恢复和发展起到了积极作用。他充分吸取隋朝灭亡的历史教训，非常重视老百姓的生活。他强调以民为本，常说："民，水也；君，舟也。水能载舟，亦能覆舟。"在大力提倡戒奢崇简的同时，倡行轻徭薄赋，与民休息，促进农业生产的恢复和发展。为了增强抵抗自然灾害的能力，他还大力倡导兴修水利。贞观初年，关中、河南等地原有的渠道都相继修复，并新修了大量的排水和引水工程。这些水利工程的修建，对防旱排涝，尽快地恢复和发展农业生产起了重要的作用。从贞观三年开始，全国连续大丰收，粮价由原来一匹绢换一斗粮食，下跌到一匹绢换数十斗粮食。社会秩序迅速安定，以往成群结队的流浪灾民不见了，人民开始过上了安居乐业的生活。贞观初年，全国劳动力普遍缺乏，为了增加人口，唐太宗下诏规定：民间男 20 岁、女 15 岁结婚，以繁殖人口，到贞观二十三年（649），全国户数增加到了 380 万户，比唐高祖时代增加了 180 万户，全国出现人丁兴旺、牛马遍野、丰衣足食、夜不闭户、道不拾遗的升平景象。由此，唐太宗为唐朝近三百年的江山奠定了基础，并使唐朝成为当时世界上最为强盛的国家。

司马光《资治通鉴》记载，唐太宗与群臣谈论如何制止偷盗行为时说："民之所以为盗者，由赋繁役重，官吏贪求，饥寒切身，故不暇顾廉耻耳。朕当去奢省费，轻徭薄赋，选用廉吏，使民衣食有余，则自不为盗。"这里所说"去奢省费，轻徭薄赋，选用廉吏"，确为盛世之道。

56. 俭德掌后宫，盛世堪辅佐

——长孙皇后节俭无私"母仪天下"

长孙皇后（601 年—636 年），河南洛阳人，从小爱好读书，通达礼仪，十三岁时嫁给李世民为妻。李世民登基后被立为皇后。贞观十年（636 年）六月去世，年仅 36 岁。

长孙皇后母仪天下，生性节俭。不仅她的服饰饰物非常简朴，而且她所使用的一切物品，都以够用为限，从不铺张。就是对自己的儿子，也同样提出克制物欲的要求。当时太子李承乾的乳母遂安夫人奏请增加东宫什器，长孙皇后便直截了当地予以拒绝。她与唐太宗的掌上明珠长乐公主出嫁，唐太宗开始想将嫁妆比永嘉公主的加倍。永嘉公主是唐太宗的姐姐，出嫁时正逢唐初百业待兴之际，因而嫁妆比较简朴；而长乐公主出嫁时已是贞观盛世，国力强盛，增添些嫁妆本不过分，但魏徵听说此事后认为长乐公主之礼若过于永嘉公主，于情于理皆不合。唐太宗对魏徵的意见不以为然，就随口告诉了妻子。长孙皇后不以为怒，反以为喜，赞叹道："妾亟闻陛下称重魏徵，不知其故，今观其引礼义以抑人主之情，乃知真社稷之臣也！"然后又巧妙地补充道："妾与陛下结发为夫妇，情深义重，仍恐陛下高位，每言必先察陛下颜色，不敢轻易冒犯；魏徵以人臣之疏远，能抗言如此，实为难得，陛下不可不从啊。"后来，长孙皇后还派人赐给魏徵绢四百匹、钱四百缗，并温言勉励他。

作为后宫统帅，长孙皇后以贤淑无私的德行以身作则。她搜集了古代妇女的事例，亲自编撰了一本《女则》，共十篇。她写这本书的目的只是为了"自检"，并没有留传后世的意思。等她去世后，这本书才被呈奉给皇上，唐太宗看后感慨万分，痛哭不已。

当初，李世民预备起用妻兄长孙无忌来辅政的时候，长孙皇后坚决地表示反对。因为她认为这样会重蹈汉代吕、霍的覆辙，使朝廷和自己的家族都卷入本可避免的政治漩涡里。后来，在她病情渐有不起之势时，太子李承乾建议奏请大赦囚徒，度人入道，为母后祈福。可她坚持不许。在弥留之际，她尚殷殷嘱咐唐太宗善待贤臣，不要让外戚位居显要，并请求死后薄葬，一切从简。长孙皇后匆匆地走完了36年的人生历程，虽然短暂，但在朝野上下留下一片赞声，都认为她对“贞观之治”起到了重要的辅佐作用。

57. “永徽之治”，功由勤勉

——唐高宗“贞观遗风”开新治

李治（628年—683年），字为善，唐太宗李世民第九子，其母为长孙皇后。唐朝第三任皇帝，史称高宗。贞观十七年（643年）被册立为皇太子。贞观二十三年（649年）继位，至683年在位34年，开创了被后人誉为“贞观遗风”的“永徽之治”（永徽为其前六年号）。

李治继位之初，牢记太宗遗训，奉行不渝。太宗训令纳谏、爱民，高宗继位时即对群臣宣布“事有不便于百姓者，悉宜陈，不尽者更封奏”；太宗训令崇俭，高宗即召令“自京官及外州有献鹰隼及犬马者罪之”。李世民自贞观十三年（639）十月以后至贞观二十三年（649）病重以前，每三日一临朝，而李治继位后每天都临朝理政，直至显庆二年（657）

五月，在宰相奏称天下无事，要求改为隔日上朝理事的情况下，才改为两日一临朝。显庆元年（656）二月，有人上疏称：“去年庄稼歉收，百姓有吃糟糠的。”李治听后，马上派人实地查看，得知所言非虚后大惊失色，立即下诏减掉自己日常饮食的三分之二，一直持续到三月天降大雨后才在群臣的强烈要求下恢复了常膳。总章二年（669）七月，四川大旱，19 个州 40 万户农民绝粮，李治派人员前往慰问，并加赈贷。上元三年（676）八月，青州（今山东青州）遭风灾，损毁民房 5000 多家；齐（今山东历城）、淄（今山东淄博）等 7 州遭水灾，李治下诏，赈济贫乏，赐死难者家属财物，并替受灾者建造房屋。

李治曾派宦官至长江沿岸采办异竹，准备移植于园圃之中。不料，这名宦官乘机作威作福，所到之处，横征暴敛，滋扰百姓。后来，荆州大都督府长史苏良嗣将他囚禁起来，并上奏朝廷。李治看到奏疏后，当众赞扬了苏良嗣的忠直，并立即让人把采得的竹子抛入江中。

因李治及群臣的勤勉，这一时期经济得到了发展，人丁增加很多，粮食连年丰收，一斗米卖五个钱，百姓安居乐业。

58. 先俭后奢，由盛转衰

——“开元之治”的成与败

李隆基（685 年—762 年），唐朝第九位皇帝，史称唐明皇。712 年至 756 年在位 44 年，前三十年“开元之治”为唐朝极盛之世，但后期由于怠政和政策失误，导致了长达八年的安史之乱，为唐朝中衰埋下伏笔。

李隆基继位之初即采取有效措施整治吏治：第一，精简机构，裁减多余官员，把自武则天以来的许多无用的官员一律裁撤，提高工作效率，节省政府支出；第二，确立严格的考核制度，每年的十月派按察使到各地巡查民情，纠举违法官吏；第三，重新将谏官和史官参加宰相会议的制度予以恢复，以监督朝政；第四，重视县令的任免。他认为郡县官员处于国家治理的最前沿，和百姓直接打交道，关系到朝廷形象，所以他经常亲自出题对县官进行考核，考核优秀者提拔重用，名不副实者予以罢黜。

但自 736 年李隆基宠爱的妃子武惠妃病逝，他将儿媳杨玉环纳进后宫以后，便开始怠政奢侈。正如后来白居易《长恨歌》

所描述：“春宵苦短日高起，从此君王不早朝。”为了迎合杨贵妃喜欢服装打扮的心理，有七百多人专门为她做衣服；为了让她吃上喜欢的荔枝，玄宗还下令开辟了从岭南到京城长安的几千里贡道，以快马倒替运到长安。一些大臣、贵族、宗室为了巴结皇帝，投贵妃所好，也争献美味佳肴、珍异珠宝。李林甫等权臣饰巧求媚，建议专置“琼林”“大盈”两个内库，专门储存各地贡物，供皇帝私享。上行下效，奢靡成风。李隆基和杨贵妃吃的山珍海味，一餐的费用就等于一户中等人家的全部家产。高力士、杨国忠及杨氏家族、安禄山等宠臣也都穷奢极欲，朝风大坏。

天宝十四年十一月初九（755 年 12 月 16 日），身兼范阳、平卢、河东三节度使的安禄山趁唐朝内部空虚腐败，联合同罗、奚、契丹、室韦、突厥等少数民族，组成共 15 万士兵（号称 20 万）造反。次年六月，都城失陷在即，李隆基逃离长安，至马嵬坡，将士饥疲，六军不发，龙武大将军陈玄礼请杀杨国忠父子和杨贵妃。杨国忠被乱刀砍死，玄宗命令高力士缢死杨贵妃。长达八年的“安史之乱”，把繁荣昌盛的唐王朝推向了割据、动荡的深渊。

59.“打夜狐”而死的青年皇帝

——唐敬宗在位三年玩死

李湛（809 年—826 年），唐朝第十三位皇帝，824 年至 826 年在位。史称敬宗。继位时 16 岁，仅在位不到 3 年，18 岁被杀身死。

李湛继位后，心无国事，奢侈荒淫。他整日沉迷于蹴踘（马球）、游宴，常常一天到中和殿击球，一天又转到飞龙院击球，第三天又在中和殿大摆筵宴，如此轮流尽欢。他自己喜欢打马球，还要禁军将士、三宫内人都参加。宝历二年（826 年）六月，他在宫中举行了一次体育盛会，马球、摔跤、散打、搏击、杂戏等无所不有，他还令人骑着驴打马球，一直折腾到深夜方罢。清晨，群臣来到朝堂准备入阁议事，可是敬宗一直到日上三竿还没有上朝。大臣劝谏，反而变本加厉，后来甚至发展为一个月也难得上朝两三次。他还喜好大兴土木，继位以后，从春天到寒冬，兴作相继，各级官员和匠役之人都怨声载道。他喜欢到鱼藻宫观龙舟竞渡，有一天突然给盐铁使下诏，要造竞渡船 20 艘，要求把木材运到京师修造。这一项的花费总计要用去当年国家转运经费的一半，谏议大夫张仲方等力谏，他才答应减去一半。

李湛近乎疯狂的游乐，在宫中引发了一系列的突发事件。他继位不久，就有位叫徐忠信的平民百姓闯入了浴堂门，引起了一场虚惊。四月，又发生了染坊役夫张韶与卜者苏玄明联络数百染工杀入右银台门的事件。当时李湛正在清思殿打马球，听到喊杀声狼狈逃到左神策军避难。八月秋夜，又发生了妖贼马文忠与品官季文德等一千多人图谋不轨的事件。大臣认为这些事件都是因为敬宗一味沉湎于游乐，经常不在宫中，而给了不法之徒以可乘之机。他当面承认大臣们的说法有道理，但是自己的玩乐却变本加厉，花样翻新。他又喜好上了打猎，白天玩不够，就深夜带人捕狐狸以取乐，宫中称之为“打夜狐”。

宝历二年（826年）十二月初八，敬宗又一次出去“打夜狐”，还宫后兴致未减，又与宦官刘克明、田务澄、许文端以及击球军将苏佐明、王嘉宪、石定宽等28人击球饮酒。敬宗酒酣耳热，入室更衣，此时大殿上灯烛忽然熄灭，刘克明与苏佐明等同谋将敬宗害死，其时年仅18岁。

60. 以俭治吏，“大中之治”

——唐宣宗李忱以勤俭扭转颓势

李忱（810 年—859 年），唐朝第十八位皇帝，公元 847 年至 859 年在位 13 年。史称宣宗。

李忱恭谨节俭，惠民爱物，平易近人。宫中的侍役，他都能叫得上名字，知道干什么差事。宫中有人生病，宣宗知道后，不但派御医前往诊视，而且还亲自前往探望，并赏赐病人一些物品作为安慰。平时和大臣们在一起，宣宗总是恭恭敬敬，如同对待客人一样，听大臣们奏事时，则严肃认真，从未显出烦躁和怠惰的神情。同时，他又十分重视吏治，鉴于以前出现的晋升高官太滥的现象，对高官人数严格控制。对鱼肉百姓、作威作福的官员，一经发现，必予制裁。有个奉旨外出办事的使者，途经砍石（今河南三门峡东南），投宿驿站，见所食之饼黑，竟然鞭打驿吏出血。唐宣宗斥责使者：“砍石为深山所围，此饼岂是容易得来！”并将这个使者发配到恭陵守墓。淮南大饥，民众流亡，带宰相衔的节度使杜棕沉湎于游宴，李忱知道后，将其调为虚职。他重视地方最高长官刺史的任命，认为这些官员的政绩关系到民心向背，规定刺史必须到京接受他的当面考察，以定可否。

他不喜奢侈，注意节俭，平时在宫中经常穿着洗过的衣服，待上朝召见大臣时，才换上比较齐整的衣服，有时甚至穿着洗过几次的衣服上朝，他每天的饭菜也比较简单。以前皇帝出行要先用龙脑、郁金铺撒地面，宣宗认为这太奢侈浪费，诏令撤掉。由于他自身节俭的影响和严于吏治，大臣们大都注意节俭，官场中形成了一种崇尚节俭的风气。

李忱堪称唐代中后期一代明君，他的作为，使中唐以来所遗留下来的诸多社会问题有所解决，使本已衰败的朝政呈现出中兴局面，被称为“大中之治”。

61. 骄残“九破”，败坏唐朝

——唐懿宗倒行逆施国破民苦

李漼（833 年—873 年），是唐朝倒数第四个皇帝。859 年 27 岁时父亲宣宗病逝后，被宦官迎立为帝，改号咸通，史称懿宗。

李漼继宣宗“四海承平”之基业，却一反宣宗的勤勉，对宴会、乐舞和游玩的兴致远远高出国家政事，在宫中每日一小宴，三日一大宴，每个月在宫里总要大摆宴席十几次。除了饮酒，就是观看乐工优伶演出，宫中供养的乐工有500人之多，只要他高兴，就会对这些人大加赏赐，动不动就是上千贯钱。他在宫中腻烦了，就随时到长安郊外的行宫别馆。由于他来去不定，行宫负责接待的官员随时都要备好食宿和乐工。每次出行，宫廷内外的随从多达十余万人，费用开支之大难以计算。

李漼肆意挥霍赏赐，同昌公主是他宠爱的郭淑妃所生，下嫁之日，倾宫中珍玩以为资送，还在京师的广化里赐给公主一处宅院，门窗均用珠宝装饰，井栏、药臼、槽柜等都是金银制作，连笊篱箕筐都是用金缕编织而成，床用水晶、玳瑁、琉璃等制作，床腿的支架雕饰也是金龟银鹿，其他如鹧鸪枕、翡翠匣、玉如意、火蚕绵、九玉钗等均来自异域。另外赐钱500万贯，其他金银珠宝不计其数。不久，同昌公主病卒。送葬又是一番排场，“出内库金玉驼马凤凰麒麟各高数尺”，“异刻木为楼阁宫殿龙凤花木人畜之像者，不可胜计”。送葬队伍，“繁华辉焕，殆二十余里”。又赐给送葬的役夫100斛酒和30头骆驼满驮二尺宽的大饼，作为饭食。他宠爱伶官李可及，李可及的儿子娶妻，赐予二瓶“银樽酒”，其实里面不是酒，而是“金翠”。

李漼倾情奢玩，将朝政委于宰相路岩。宰相腐败弄权，地方官苛政谋私，整个官场弥漫着穷奢极欲、醉生梦死的风气。他在位短短十余年，弄得“国破民苦”。翰林学士刘允章当时写《直谏书》指出：“国有九破，陛下知之乎！终年聚兵，一破也；蛮夷炽兴，二破也；权豪奢僭，三破也；大将不朝，四破也；广造佛寺，五破也；贿赂公行，六破也；长吏残暴，七破也；赋役不等，八破也；食禄人多，输税人少，九破也……天下百姓，哀号于道路，逃窜于山泽，夫妻不相活，父子不相救。百姓有冤，诉于州县，州县不理；诉于宰相，宰相不理；诉于陛下，陛下不理，何以归哉！”

咸通十四年（873 年）七月，41 岁的懿宗结束了他骄奢淫逸的一生，而他造成的“九破”，也奏响了大唐帝国末世的挽歌。

62. 父子无耻，后梁速亡

——后梁朱温父子三人的自取灭亡

朱温（852 年—912 年），宋州砀山（今安徽省砀山县）人。曾参加黄巢军反抗朝廷，后叛变降唐，赐名朱全忠，开平元年

（907年）废唐哀帝，自行称帝，改名为晃，建“大梁”，史称“后梁”，称其为梁太祖。自此结束唐朝289年的统治，中国进入了五代十国时期。

朱温是流氓出身，性情暴躁残忍，夫人在世时尚能劝止，夫人死后则荒淫无度。晚年由于战事不利，猜忌之心日重，除了肆无忌惮地杀戮外，便是纵欲宣淫。河南尹张全义，在恢复中原地区的社会生产方面贡献颇大，朱全忠连年征伐，所需的军需物资全赖其支持。而朱温巡幸洛阳时，住在张全义家中，将其女儿、媳妇一一奸淫。尤为荒唐的是，朱温肆意乱伦，对自己的儿媳无论是养子或是亲子之媳，逐一召见侍寝。朱温的亲子朱友珪和养子朱友文之间为了争夺继承皇位大打出手，他们对父亲的乱伦不但不愤恨，反而恬不知耻地利用妻子在父亲床前争宠，以求将来继承皇位。

乾化二年（912年），朱温兵败，又病势垂危，打算将朱友文从汴梁召来嘱咐后事。朱友珪闻讯顿起杀机，于是买通禁军将校，引兵入宫，将朱温杀死，用破毡裹其尸首埋在皇宫地下，又杀了朱友文及其妻子，在洛阳自立为帝。朱友珪登帝位后大量赏赐将兵以图收买人心，本人亦荒淫无度，因此怨声沸腾。次年二月，朱温第三子朱友贞发动洛阳禁军兵变，友珪自杀，友贞在开封称帝。史称梁末帝。因其依靠禁军将校拥戴夺取皇位，所以继位之后，大肆赏赐，花费了巨额钱财。加之连年征战，军费开支浩大，使后梁财政日趋紧张。为了满足需要，末帝任用贪吏，搜刮民财，任意加重百姓的负担，社会矛盾激化，后梁统治迅速走到穷途末路。龙德三年（公元 923 年）十月，后唐庄宗李存勖乘后梁衰虚攻入开封，末帝自杀。后梁作为五代的第一个朝代，共历父子兄弟三帝，前后 17 年而亡。

63. 大帽巡游丧前蜀

——前蜀后主王衍的荒唐行径

王衍（899 年—926 年），本名王宗衍，许州舞阳（今河南舞钢）人，是前蜀第二代也是末代皇帝，918 年至 925 年在位 7 年，史称前蜀后主。

王衍年少荒淫，迷恋酒色，对朝事不闻不问，委朝政于宦者宋光嗣、宋光葆等，又养了韩昭、潘在迎等一批狎客，整日游戏玩乐。他不顾国力，大肆营建宫殿，先后修建了宣华苑和重光、太清、延昌、会真诸殿，清和、迎仙之宫，降真、蓬莱、丹霞之亭，飞鸾之阁，瑞兽之门；又建怡神亭，每日与诸狎客、妇人消受其中，看春宫图、写艳诗、对酒当歌。他还在宫中修了一条水渠，使宫人执蜡炬千余条照亮水面，他与诸狎客、妇人乘画船游乐。王衍喜好戴一顶大帽子私访民间，游山玩水，巡扰诸郡，人们一见大帽子就知道是他来了。因此，国中大帽子流行一时。有时他又在头上裹一条尖尖的像锥子一样的头巾，很滑稽地在街上游走。而跟随他出游的后宫随从都戴着金莲花冠，有的穿道士服，面上重施朱粉，名曰“醉妆”，国中之人亦皆效仿之。王衍还自作《甘州曲》，自己领唱，宫人和唱。在他腐朽生活的示范下，太后、太妃卖官鬻爵，臣僚贿赂成风，朝政大坏。

同光三年（925 年），后唐庄宗李存勖遣魏王李继岌、郭崇韬发兵攻蜀，王衍面缚舆榇，出降，前蜀灭亡。后不久李存勖将王衍及其亲族一起杀害，王衍死时仅 28 岁。

64.“李天下”戏丢天下

——后唐庄宗李存勖的致命玩嬉

李存勖（885 年—926 年），神武川之新城（今山西雁门）人，五代时期后唐政权的建立者，史称后唐庄宗。

891 年，唐朝封李克用为晋王；923 年，其子李存勖称帝，国号“唐”，史称后唐；同年年底灭后梁，925 年灭前蜀，实现了对中国北方的统一，成为五代十国时疆域最大的国家。此时，李存勖认为敌人已灭，父仇已报，中原已定，便不再进取，开始享乐。他自幼喜欢看戏、演戏，做了皇帝又捡起这一癖好，常常面涂粉墨，身穿戏装，登台表演，不理朝政，并自取艺名为“李天下”。有一次上台演戏，他连喊两声“李天下”，一个伶人上去扇了他个耳光，周围人都吓得出了一身冷汗。李存勖问为什么打他，伶人阿谀地说：“李天下只有你一人，你叫了两声，还有一人是谁呢？”李存勖听了不仅没有责罚，反而予以赏赐。伶人受到皇帝宠幸，可以自由出入皇宫与皇帝打打闹闹，甚至侮辱戏弄朝臣，群臣敢怒而不敢言。有的朝官和藩镇为了求他们在皇帝面前美言几句，还争着送礼巴结。李存勖还用伶人做耳目，去刺探群臣的言行。他置身经百战的将士于不顾，而要封两个伶人当刺史。有人劝阻他说：“现在新朝刚建立，跟陛下一起身经百战的将士还没得到封赏，反倒让伶人当刺史，只怕大家不服。”唐庄宗根本不理这些话，照样让伶人当了官。此外，李存勖还下令召集在各地的原唐宫太监，把他们作为心腹，担任宫中各执事和诸镇的监军。将领们受到宦官的监视、侮辱，读书人也断了进身之路。同时，李存勖又派伶人、宦官抢民女入宫，有一次，竟抢了驻守魏州将士们的妻女1000多人，搞得众叛亲离，怨声四起。不久，大将郭崇韬无辜被害，另一个大将李嗣源（867年—933年，李克用养子）也被猜忌，差点丧命。926年，李嗣源在将士的拥戴下，决定推翻李存勖，带兵打进汴京。李存勖的亲军指挥使郭从谦原来也是个伶人，曾认郭崇韬做叔父，郭崇韬被杀后他早就怀恨在心，趁这个机会，就发动亲军叛变，攻进皇宫。李存勖被一支流箭射中，丧了性命。

李嗣源入洛阳称帝，史称明宗。继位后杀宦官，废苛法，政局小安。但他也猜忌大臣，又年老多病。长兴四年（933年）十一月，明宗病，子从荣疑明宗已死，领兵入宫，事败被杀。不久明宗死，子从厚继位，是为闵帝。934年，河东节度使李从珂（李嗣源养子）起兵杀从厚，自立为帝，是为末帝。937年，李嗣源的女婿石敬瑭勾结契丹攻入洛阳，从珂自杀。石敬瑭建立后晋。后唐经四帝，14年而亡。

65. 造城运动毁掉的“海东盛国”

——渤海国好大喜功自吞恶果

渤海国及其前身震国，自698年建国至926年被辽所灭，前后二百余年，是我国唐代东北地区的一个地方民族政权和属国。曾在 9 世纪中叶以后进入全盛时代，被誉为“海东盛国”，时有“五京、十五府、六十二州”。

926 年 3 月，契丹军包围渤海国王都忽汗城，其最高统治者率众出城投降，渤海国灭亡。这一结局，与渤海国统治者奢侈腐化，好大喜功，大兴土木，广建城池、宫殿、宅邸、府库，导致百姓负担沉重、社会矛盾突出有直接的关系。据《辽史·地理志》载：契丹“东并渤海，得城邑之居百有三”，即占领了渤海的大小城池 103 座。渤海国当时建设城市一百几十个之多，其最大城市上京龙泉府忽汗城周长达 16 公里，其规模虽小于长安、洛阳，但远远超过了同时期日本、新罗的京城而成为在东北亚地区屈指可数的大都会之一。其城墙的基址一般都在十多米，这样推算仅外城垣的土方即在一二百万立方米左右。上京龙泉府宫城第二殿址的规模竟然超过了唐朝长安最大宫殿之一的乾元殿，东西长度为 93.5 米，南北宽度为 22.4 米。这种奢华建筑，连同大小一二百个城池的建筑所需的人力、物力与财力，对于一个仅有二百多万人口的小国来说，无疑是难以承担的天文数字。

66. 非五十只鸡炖的汤不喝

——兄弟奢王玩衰南楚

马希声（898 年—932 年），字若讷，是楚王马殷的次子；其弟马希范（899 年—947 年），字宝规，是楚王马殷的四子。930 年马殷去世，马希声继立，两年后马希声去世，马希范继位，称文昭王，在位 16 年病死。

五代十国时期的楚国（史称南楚），系由马殷（852 年—930 年）通过战争，消灭了湖南境内的割据势力，实现了湖南的统一后建立的，在湖南历史上产生了重要影响。马殷政权时期，采取兴修水利、奖励农桑、发展茶业、提倡纺织、通商中原等措施，使社会经济得到了较快的发展。

称雄一方的马殷在 930 年 11 月病死于长沙，死时遗命诸子兄弟相继，结果诸子兄弟皆奢侈之辈并相互残杀。首先继位的次子马希声，听说梁太祖朱全忠喜欢吃鸡，很是羡慕，服丧期间没有任何哀伤，马殷下葬时他还吃了好几盘鸡肉。继位后，他令人每天杀 50 只鸡炖汤做菜，不足 50 只或多于 50 只鸡炖出的汤他都不喝。有一次，他手下的人没有凑足 50 只鸡，用 48 只鸡给他炖了一锅汤马希声立即下令将厨子绑在马上活活拖死。再继位的马希范会作诗，但同样奢侈残暴。其妻彭夫人去世后，他更加纵情声色，饮宴无度。马希范大兴土木，长沙城西北建“天策府”，内建五座殿堂、一十六座楼，极栋宇之盛，门户槛杆都用金玉装饰，连涂抹墙壁的丹砂也用了数十万斤，常与子弟及部属在内游玩宴会。又建造“九龙殿”，刻沉香为人龙，饰以金银珠宝，各长百尺，抱柱相向。还建“会春园”“嘉宴堂”“金华殿”，耗资巨万。在无节制的挥霍下，国库空虚，只好向人民加税，赋税苛重；又卖官鬻爵，规定捐钱可赎罪刑。人民困苦不堪，学士拓跋恒上书劝谏，说“足寒伤心，民怨伤国”，建议减轻赋税。马希范大怒，斥退拓跋恒，变本加厉。马希声、马希范这哥俩把南楚拖向了衰败。947 年马希范死后 4 年南楚即被南唐所灭，马殷创立的楚国 56 年而亡。其中他本人当政 34 年，他之后的五任君主总共 22 年，马希范之后的马希广在位 3 年、马希萼在位 9 个月、马希崇在位仅 1 个月。

67.“俭约天子”兴后周

——后周太祖郭威反对“厚自奉养”

郭威（904年—954年），邢州尧山（今河北隆尧县）人，五代后周的建立者，史称后周太祖。

郭威出身于贫苦人家，知道民间疾苦，又经五代初期战乱年代，他称帝以后，对宰相王峻说：“我出身于寒微，备尝艰苦，遭时丧乱，一旦为帝王，岂敢厚自奉养以害百姓！”他提倡节俭，反对奢侈浪费，自称“俭约天子”。在位三年期间，“宫中用品力求朴素，乘舆服饰力戒华丽”。他下诏禁止各地进奉美食及地方土特产品，更不许进奉宝物入宫，还让人将前朝宫中的珠宝玉器以及用金银装饰的豪华床凳、用金银制作的饮食用具一共几十件，当众打碎在殿廷之上。对侍臣说：“那些帝王，怎么能用这种东西！”他又对大臣们说：“我生长于军旅，不曾从师学问，未知治天下之道，文武官员有益国利民办法，写来告我。不过文字要简洁、切实，不要冗长、修饰。”果然，臣下提出的不少好建议，他都能虚心接受、采纳。他又能留心搜罗人才，所任用的魏仁浦、李毂、王溥、范质等人都能忠于职守，遵守法度，君臣合力，逐渐改革了一些弊政，如他采取的废除“营田务”措施，将原来百姓使用的田地房屋和牛及其他农具都赐给他们永久使用。其间，有人建议将一些好的营田卖掉，可以得到数十万缗钱来充实国库，郭威却说：“让百姓得利，就像国家得利一样，朕要这些钱干什么？”由于他崇尚节俭，革除弊政，使百姓负担减轻，经济、政治形势得到好转，北周初期即出现兴旺景象。

954 年正月，郭威病重。他自己知道难以恢复，便嘱咐养子柴荣说：“你赶快替我修建陵墓，不要让灵柩留在宫中太久。陵墓务必从简，别去扰害百姓，不要用许多工匠，不要派宫人守陵，也用不着在陵墓前立上石人石兽，只要用纸衣装殓，用瓦棺做椁就可以了。”又告诫柴荣说：“我从前西征时，见到唐朝帝王的陵寝被人发掘，这都是由于陵墓里藏着许多金银财宝的缘故，而汉文帝因为一贯节俭，简单地安葬在霸陵原上，陵墓到今天还完好无损。你不要往我的陵墓里埋金银财宝，到了每年的寒食节可以派人来扫我的墓，如果不派人来，在京城里遥祭也可以。”

68. “拓天下、养百姓、致太平”

——后周世宗柴荣的勤俭治国经

柴荣（921 年—959 年），邢州尧山柴家庄（今河北省隆尧县）人，周太祖郭威的内侄和养子，五代时期后周第二位皇帝，954 年至 959 年在位 6 年，史称后周世宗。

柴荣自幼生活在社会底层，深知民间疾苦，继位后，决心遵照养父的遗愿，干出一番大事业，提出“十年开拓天下，十年养百姓，十年致太平”的宏伟目标。他凡事率先垂范，先后五次领兵出征，每次都亲力亲为，坚持战斗在第一线。为实现“养百姓”，他了解民间疾苦，下令罢黜正税之外的一切税收，禁止地方官吏和豪绅将自己的赋税转嫁到百姓身上。他鼓励开荒，将无主荒地分配给逃亡人户耕种，颁发均田图均定赋税，就连历代享受优待的曲阜孔氏也被取消特权。他还指挥浚卞口，导河流，通舟楫，采取了一系列恢复和发展经济的措施。当时佛教广为流行，许多人为逃避徭役和赋税纷纷“出家”，大量金属被用来铸造佛像，致使铜价上涨，钱币奇缺。为了增加劳动力和兵源，柴荣于显德二年（955 年）五月下诏限制寺院的发展，严格规定出家为僧尼的条件，禁止私自剃度出家，废寺院30336所，保留2694所。他大力整顿吏治，并且破格任用贤才，使一批有真才实学的人受到朝廷重用。他力肃贪污之风，严厉惩处贪官污吏毫不手软，就连亲生父亲的故友犯法也不徇私情。他严格考核官吏，有几个官员借奉命出使之机游山玩水，也被他贬了官。

年复一年的日夜操劳摧残了柴荣的身体，959年6月29日，积劳成疾的柴荣，带着他的抱负和遗憾离开了人世。然而他在位5年半的文治武功，为结束割据、开创新局奠定了基础，史评他“神武雄略，乃一代之英主”。

69. 骄奢淫逸，后蜀速灭

——后蜀二世孟昶奢玩匪夷所思

孟昶（919年—965年），初名仁赞，字保元，祖籍邢州龙岗（今河北邢台沙河孟石岗村），出生于晋阳城（今山西太原西南）。五代后蜀第二代也是末代皇帝，934年至965年在位共31年。

孟昶继位初年，兴修水利，注重农桑，国势强盛。鉴于前朝腐败而亡国的教训，他曾于广政四年（941 年）撰写一“官箴”，其中“尔俸尔禄，民膏民脂；下民易虐，上天难欺”这十六个字对官吏训诫极深，后来北宋诗人、书法家黄庭坚曾受朝廷命令将此十六字书写碑文，颁发到各州县，并刻成石碑，叫做“戒石”，立于官署衙门的大堂上，警示官员们清正廉洁，克己爱民。

但是，孟昶在位后期，沉湎酒色，不思国政，生活荒淫，奢侈无度。他下令在全国挑选 13 岁以上、20 岁以下的民间美女入宫。结果许多百姓害怕自己的女儿被选中，急忙四处奔走托人说媒，匆忙让女儿出嫁，人们称之为“惊婚”。当时后宫已有宫女三千多人，孟昶天天颠倒在宫女群里，时而将数千侍丽召至御前，亲自点选，拣身材婀娜、姿容俊秀的加封位号，轮流进御，其品秩比于公卿士大夫，每月香粉之资，皆由内监专司，谓之“月头”。到了支给俸金之时，孟昶亲自监视，逐人唱名发给，每人于御床之前亲手领取，名为支给“买花钱”。

孟昶最宠爱“花蕊夫人”费贵妃。花蕊夫人爱牡丹花，孟昶即命官民人家大量种植牡丹，派人前往各地选购优良品种，在宫中开辟“牡丹苑”，召集群臣，开筵大赏牡丹。孟昶日日饮宴，觉得肴馔都是陈旧之物，花蕊夫人便别出心裁，用净白羊头，以红姜煮之，紧紧卷起，用石头镇压，以酒腌之，使酒味入骨，然后切如纸薄，把来进御，号称“绯羊首”。孟昶遇着月旦，必用素食，且喜薯药，花蕊夫人便将薯药切片，用莲粉拌匀，加用五味，清香扑鼻，又洁白如银，望之如月，号称“月一盘”。

孟昶怕热，每遇炎暑天气难于就枕，于是在摩珂池上建筑水晶宫殿，其中三间大殿都用楠木为柱，沉香作栋，珊瑚嵌窗，碧玉为户，四周墙壁不用砖石，尽用数丈开阔的琉璃镶嵌，内外通明，再将后宫中的明月珠移来，夜间也光明透澈。水晶宫里备鲛绡帐、青玉枕，暑期与花蕊夫人夜夜在此逍遥。孟昶外出乘坐车辇四角饰以香袋，香气飘逸。甚至他自己用的便壶也都是用纯金制成，上面还镶有各种宝石，华丽无比，号称“七宝御壶”。

在孟昶的恶劣影响下，大臣纷纷效法，聚敛民财、挥霍享乐。知枢密使事王昭远倚仗职权之便任意取用国库中的金银绢帛，孟昶却连问也不问。宰相欧阳炯不理政事，却好吹笛，整日与孟昶在一起填词奏曲，沉溺于声乐之中。后蜀被宋朝灭掉后，宋太祖赵匡胤听手下人说后蜀宰相最善吹笛，起初不信，后来把他召进宫中当场让他吹奏一曲，遂感叹道：“孟昶君臣溺于声乐，欧阳炯身为宰相却尚习此种伎人之技，所以被我所擒。”

孟昶荒淫正甚之时，中原地区赵匡胤新建的北宋王朝整军经武，南征北伐，目标逐渐指向后蜀。孟昶总认为蜀地山川险阻，不足为虑。在 964 年，宋师两路伐蜀，剑门关一战，蜀军精兵被全歼，进而包围成都府，孟昶投降，次年他郁郁而终，死时 47 岁。孟知祥 934 年创立后蜀后当年死去，交班儿子孟昶，就这样在孟昶一任即灭亡了。

70. 被身边人杀死的“睡王”

——辽穆宗耶律璟的醉与狂

耶律璟（931 年—969 年），五代北宋时期以契丹族为主体建立的北部封建王朝辽国第四任皇帝，史称辽穆宗。

辽天禄五年（951 年）九月火神淀之乱，辽世宗耶律阮被害，耶律璟借镇压叛乱，夺取帝位。耶律璟继位后，常常晚上喝酒作乐直到次日早晨，然后白天就大睡其觉，因此得了个“睡王”的称号。《辽史》记载其“宴饮达旦”“昼寝夜饮”，朝政大权全部交给大臣耶律屋质和耶律挞烈，自己则一门心思喝酒玩乐。他听说哪个大臣家里有好酒，便会上门畅饮，喝高兴了就滥加赏赐，以至于“左右授官者甚众”。有时还换上老百姓服装到市井中买酒喝，“以银百两市酒，命群臣亦市酒，纵饮三夕”。他喜欢游猎，不管是寒冬还是盛夏，只要高兴便去游猎。游猎时以野味下酒，每次游猎喝酒都要长达七昼夜才肯结束。酒喝得最长的一次，从立春（正月十一日）一直喝到月终。他终日喝得酩酊大醉，酒醉后就找茬杀人，视人命如草芥。从应历十年（960 年）至十九年，无辜死于他刀下的近侍就有百余人。一个近侍伤了驯养的獐子，即被杖杀，另一名叫东儿的近侍未及时献上匕首，又被处死。他不仅杀近侍，有时还杀他们的家属，一个名叫喜哥的近侍私自回家，辽穆宗便派人杀死了他的妻子。他还经常亲手杀人，应历十年，他亲手击杀近侍古哥，应历十七年他亲手杀死厨人海里，还把海里切成肉片。

近侍们恨不得早日除去这个魔鬼。应历十九年（969 年）二月的一天，耶律璟到怀州打猎，打到一头熊，又狂饮大醉，回到行宫酣睡。半夜醒来要食物吃，一时没人答应，他又大怒，要杀厨人和卫士。近侍小哥、厨人辛古等六人联合将他杀掉，时年 39 岁。

耶律璟在位的 18 年是辽国政治的黑暗时期，给当时辽国的经济和社会造成了恶劣影响。

71.“无限江山，别时容易见时难”

——南唐后主李煜的悔与泪

五代十国的南唐（937 年—975 年），定都金陵，最盛时辖有 35 州，大约地跨今江西全省及安徽、江苏、福建和湖北、湖南等省的一部分，人口约 500 万。传三主，历 39 年。开国国主李昪重农桑，除苛政，举贤才，短短几年使南唐成为十国中国土较大、人口较多的国家。经中主李璟执政 19 年再传至后主李煜，便每况愈下，国是日非。

李煜（937 年—978 年），初名从嘉，字重光。他善于作词，又擅长书法、绘画，精通音律。但怠于政事、无视民瘼。他的宫廷生活十分奢侈，宫里的亭台楼榭张灯结彩，画凤雕龙；又造销金红罗幕壁，镶嵌着白金、玳瑁、珍珠、玛瑙，四周饰有异草奇葩，赐名为“锦洞天”。他有两个皇后，均为老臣周宗之女。大周后娇而艳丽，能歌善舞，通音律，会谱曲；小周后美而妩媚。又有宫女窅娘金莲三寸，李煜特意为她做了一朵六尺高的金莲花，让她凌空起舞。

面对日益强盛、虎视眈眈的北宋王朝，李煜梦想维持偏安的小朝廷，情愿向宋太祖上表称臣，每年向“天朝”贡献数以万计的财物，并主动将南唐国主易名为江南国主，取消了独立的国号。但雄心勃勃的宋太祖赵匡胤却说：“卧榻之侧，岂容他人鼾睡！”开宝八年（975年），宋军兵临金陵城下，李煜一面派大臣徐铉去宋营哀求撤兵，一面祈求佛祖保祐。十一月，都城陷落，李煜及其后妃、臣僚数百人都被押解北去。后在汴京（今河南开封）被拘留三年。时宋太祖赵匡胤去世，宋太宗赵光义继位，知李煜妻小周后貌美，即宣至后宫，多次强行奸污。李煜“日夕以泪洗面”，用泪水在词作中倾泻亡国之痛。如其所作《浪淘沙》：

帘外雨潺潺，春意阑珊。罗衾不耐五更寒。梦里不知身是客，一晌贪欢。

独自莫凭栏，无限江山。别时容易见时难。流水落花春去也，天上人间！

赵光义看了他的词，认为他发牢骚，便传令用毒酒害死了他，死时年仅42岁。

72. “消闲大夫”丧南汉

——南汉后主刘鋹的“消闲”与国家的消殒

南汉（917 年—971 年）是五代十国时期的地方政权之一，位于现广东、广西两省及越南北部，都番禺（今广州）。历五主，共 67 年，于 971 年为北宋所灭。

刘鋹（942 年—980 年），原名刘继兴，于 958 年继位，改名刘鋹，史称南汉后主。在位期间昏庸荒淫，尤其荒唐的是，他认为有家有室、有妻儿老小的人肯定不能对皇上尽忠，所以他只信任宦官。有才能的人，或者读书的士子中了进士、状元，皆要先行阉割，然后进用。于是南汉几乎成为阉人之国，一度宦官高达 2 万人之多。刘鋹自称“消闲大夫”，不理政事，政事皆委于宦官龚澄枢及女侍中卢琼仙等人，事事都唯内宫之言是从。

刘鋹受妖人蛊惑，自以为是玉皇大帝的太子降凡，愈加暴虐。他制定了烧、煮、剥、剔、剑树、刀山等各种残酷的刑罚。只要臣民稍有过错，就用毒刑处置。他在后苑内养了许多虎豹之类的猛兽，将“罪犯”的衣服剥去，驱入苑中，让其赤身与虎、豹、犀、象角斗。刘鋹领后宫侍妾在楼上观看，每听到惨叫的声音，他就拍手大笑，并以此为乐。内侍监李托有两个养女，都生得如花似玉，选入宫中，长者封为贵妃，次者封为才人。他每夜与李氏姊妹饮酒歌舞，酒后以观看“罪犯”被猛兽撕咬为乐。他心情不好时便将平日讨厌的大臣捉来，或是烧煮，或是剥剔，或上剑树，或上刀山，文武大臣整日栗栗危惧。他经常微服外出，有时带一两个内侍，有时独自一人至街市中乱闯。酒店、饭馆、花街柳巷，无处不到。百姓遇见他，偶有一两句言语得罪了他，顿时便命卫士捉进宫去斗虎抵象，令其活活送命。因此，当时南汉百姓偶然见到陌生人都不敢说话。

刘鋹挥金如土，继位之初即大兴土木，仅装饰万政殿中的一根柱子，就用银三千两。他命人入海采珍珠，以珍珠装饰宫殿。并在合浦置媚川都，置兵八千专以采珠为事。还下令沿海居民下海采珠，充作贡赋，珠民采珠时，将石头系在珠民的脚上，深入海里七百尺，溺死者无数。刘鋹喜游览，在游过的每一处风景好的地方，都要建造豪华无比的行宫。他在位的三年中，营造宫殿数十处，使府藏空虚，刘鋹便增加赋税，凡邑民进城的，每人须输纳一钱。琼州地方，斗米税至四五钱。还巧取豪夺，名曰收租一斗，实则一斗八升。平民百姓无不叫苦连天。

谗臣陈延寿劝刘鋹除去本姓诸王以免后患，于是刘氏宗族被屠戮殆尽，旧臣宿将非诛即逃，以致朝堂上官员一空。971年，宋朝军队前来讨伐，刘鋹毫不知情。当宋兵距贺州只有三十里路时才得知消息，但此时南汉掌兵的人都是些宦官，再加上城壕都设为宫观池沼，兵械腐败，宋兵势如破竹，刘鋹欲跑未及，只好素服白马到宋军营前躬身乞降，于是南汉灭亡。几年后刘鋹带着满身劣迹悄悄离开人世，时年 39 岁。

73. 以奢为鉴，以俭为宝

——宋太祖赵匡胤以勤俭开创“建隆之治”

赵匡胤（927 年—976 年），宋朝的开国帝王，庙号太祖，祖籍涿州（今河北省涿州市），生于洛阳夹马营（今河南省洛阳市瀍河回族区东关）。建隆元年（960 年），他领兵出征，发动陈桥兵变，黄袍加身，代周称帝，建立宋朝，定都开封。于开宝九年（976 年）十一月暴毙，时年 49 岁。

唐末五代时期，奢靡之风繁盛，从五代十国的战乱中走出来，赵匡胤深知帝王奢靡和官吏贪腐对于国家的严重危害，他继位之后，决心倡俭戒奢。平定后蜀之后，后蜀的亡国之君孟昶进献给赵匡胤一个精美绝伦的尿壶，上面装饰着七彩珠宝。赵匡胤把它摔到地上，让侍卫把它砸碎，并声色俱厉地对孟昶说：“一个尿壶竟然如此奢华，那你用什么东西来贮藏食物？你如此骄奢淫逸，怎能不亡国？”还对两旁的大臣说：“人人都应记取这个教训，千万不要有奢靡的行为。”满朝文武都深受教育。南汉后主刘鋹被俘至京师后，曾用珠子编织了一副鞍勒，图形如戏龙之状，极其精妙，献给赵匡胤。赵匡胤让宫廷工匠来观看这副鞍勒，工匠们都自叹不如。赵匡胤对左右臣属说：“刘鋹好工巧，习以成性，若能以此工巧治国，国还能灭亡吗！”江南吴越王钱俶来开封朝拜赵匡胤，献上一条罕见的超级犀角腰带。赵匡胤婉言拒绝了，并说：“朕已有了三条宝带了，这条还是你留着用吧。”钱俶想看看这三条宝带，赵匡胤说：“这三条宝带，一条是汴河，一条是惠民河，一条是五丈河。”钱俶听了十分惭愧。

赵匡胤提倡俭朴的生活，在衣食住行诸多方面率先垂范。他打了很多胜仗，却从未搞过一次大庆。从建隆元年到乾德和开宝年间，三次更改年号，从未搞过一次庆典。他的衣服穿得很旧了也不更换，睡的宫殿里只挂着青布和苇帘，用的丝织品都没有绣图案。他的御轿已经修理过好几次了，且无装饰。皇后问他：“陛下既做天子，怎么不坐一个好的轿子，并用金银装饰一下呢？”赵匡胤说：“我以四海之富而富我，别说轿子，整个宫殿用金银装饰也用之不尽。但国家之财是天下百姓之财，我不能随便用。以一人治天下，不可以天下奉一人。如果以天下奉一人，不仅天下人要背离我，而且亡国之日也为期不远了！”赵匡胤的皇宫里起初有320个太监和宫女，后来遣走了50人。赵匡胤还要求子女生活节俭。七夕节的时候，开封城里非常热闹，赵匡胤只是送给自己的母亲和妻子几吊钱作为节日礼物。有一次，他的女儿长公主穿了一件用翠鸟羽毛做装饰的短上衣入宫，他看到后很不高兴，对公主说：“你把这件衣服给我，以后不要再用翠鸟羽毛做装饰。”公主不以为意，赵匡胤严肃地说：“你身为公主，你一穿此衣，宫内宫外都会仿效，翠羽的价格便会升高，商贾为了追求利润，也会转价贩卖，伤生害民，这都是由你所造成的。你生于皇室，自当珍惜，岂能开此恶端？”赵匡胤的节俭，对当时的社会产生了极大影响，整个社会逐渐由五代末期的奢侈之风转向节俭之风。当时的州县官去上任，大多是穿着草鞋拄杖而行，骑驴已经算是奢侈的事情了。

赵匡胤通过兵变夺得政权，他非常重视帝王与百姓之间的关系，继位后实行休养生息的政策，他下诏宣布诸道运送上供钱帛的车船，一律由官府提供，不许从民间征调，骚扰百姓。

还诏命各州，凡是丝棉、绣绢、麻布、香药、毛翎、箭头、皮革、筋角等，够两年支出的，就不要再去征收。这些做法，直接或间接地减轻了百姓负担。他当政时期是北宋王朝历史上最强盛的时期，史称“建隆之治”（建隆为960年至963年年号）。

74. 严明吏治，“咸平之治”

——宋真宗赵恒的《文武七条》

赵恒（968年—1022年），宋朝第三位皇帝，997年继位，1022年驾崩，享年55岁，在位25年，史称宋真宗。真宗咸平时期，政绩有声有色，社会一片繁盛景象，后世称为“咸平之治”（咸平为赵恒继位后前6年的年号）。

“咸平之治”的缔造，得益于赵恒卓有成效的反腐倡廉的举措，特别是他制定和颁布了告诫百官的《文武七条》：一是清心，要平心待物，不为自己的喜怒爱憎而左右政事；二是奉公，要公平正直，自身廉洁；三是修德，要以德服人，而不是以势压人；四是务实，不要贪图虚名；五是明察，要勤于体察民情，不要苛捐杂税和刑罚不公；六是勤课，要勤于政事和农桑之务；七是革弊，要努力革除各种弊端。这《文武七条》均是廉政之举，是统治者苦心孤诣的安排，也是百姓们的热切期望。

在颁布《文武七条》的同时，赵恒建立起一套严谨有效的官员选拔任用制度。规定：试用官员转正，要有若干名正式官员保举，但不允许保举有贪污行为的官员；在职官员参加科举考试，考中者可提前转正或越级提拔，但曾犯贪污罪者不许参加；凡是重要职务和接触钱财的职务，一律不允许曾犯贪污罪者担任。一个官员若犯贪污罪，其上司、曾荐举过他的官员都要受到处罚。吏部建立了官员档案，凡犯贪污罪者都记录在案。这使得上司很注意防范下属犯贪污罪，荐举者很关心被荐举者的德行，官员的贪污行为相应减少。当时宋朝还建立了一套监察官员选拔和渎职惩处制度，监察官员（御史）的选拔有严格的标准，要“鲠亮敢言”，廉洁无私，纠弹不避权贵，要有较高的文化素质和从政的实践经验，还特别规定，宰相不得荐举御史，与宰相有亲嫌、同乡关系或为其属官者也不得任御史，以防御史与宰相结党营私。这些廉政举措，创造了一个政治相对清明的局面。当时铁制工具制作进步，土地耕作面积扩大，农作物产量倍增，纺织、染色、造纸、制瓷等手工业、商业蓬勃发展。可惜到赵恒统治后期，他热衷于封禅之事，致使朝政衰落，社会矛盾激化，宋王朝“内忧外患”又趋严重。

75. 恭行节俭，变法图治

——宋神宗赵顼为振兴宋朝做出的努力

赵顼（1048 年—1085 年），宋朝第六位皇帝，于 1067 年至 1085 年在位 18 年，史称宋神宗。

宋治平四年（1067）正月，宋英宗逝世，其时年不满 19 岁的长子赵顼继位。当时，北宋建国已有百余年，国家陷于内外交困的状况。赵顼急切希望扭转困局，重建盛世。他做的第一件大事，就是提倡节俭之风，并且从皇帝家开始，率先实行，以表率天下。在营修英宗陵墓问题上，赵顼下诏书说，国家多难，府库空竭，民力凋敝，正当扶危拯溺之际，事须节省，从而减少了很多开支。治平四年四月，赵顼又下令天下诸州，自今不得再向皇帝贡献土特产品。同时，释出宫女数十人，减省后苑工匠，宫中服饰车辆也都降低标准、减少数量。史载，赵顼在位 18 年“不治宫室，不事游幸”，即没有修建新的宫殿，很少出外游山玩水。且赵顼不图虚名，当时有谏官建议将这些事迹记载下来，以颂皇帝美德，他没有批准。其在位期间，群臣屡次奉上尊号，全被赵顼驳回，认为尊号是虚文繁礼，决意终身不受尊号。

赵顼力主减轻百姓负担，与民休息。鉴于差役之法对农民损害很大，降诏令群臣和庶民议论差役利害。在其继位的第二年，即熙宁元年（1068 年），开始筹谋旨在富国强兵的一系列改革。首先，针对“用度太奢，赏赐不节，宗室繁多，官职冗滥，军旅不精”这五个弊端，设立裁减国用局，讨论如何裁减浮费。他又力排众议，起用主张改革的王安石为参知政事（副宰相），委王安石主持变法。时过四个月，就颁布了“均输法”，以求实现从豪商富贾手里“稍收轻重敛散之权归于公上，而制其有无”，“便转输，省劳费”，“去重敛，宽农民”。同年秋季，制定了“青苗法”。在灾荒期或青黄不接时，由各级政府出钱贷给农民，只有二三分的低息，以使农民免遭高利贷的盘剥。十一月，又颁降了“农田水利约束”，在全国范围内大搞水利建设，以振兴农业。十二月，又制定了“免役法”草案，于第二年冬季先在开封地区试行，经过完善、充实后，于熙宁四年（1071 年）十月颁行全国。民户按田产数量多寡交纳免役钱，政府用这些钱雇人充役，以使百姓免遭破家之害。熙宁五年（1072）三月，公布了“市易法”。凡商旅、民间货物滞销而不售者，官府出钱以平价收购，以促进流通，抑制富商大贾对市场的操纵。同年八月，又公布“方田均税法”，查田亩数量，辨土质肥瘠，明产权归属，定税赋多寡，清除“诡名挟佃”“隐产漏税”和“产去税存”等弊端，以保证国家的赋税征敛。元丰三年（1080年）至五年，赵顼又亲自主持了官制改革，对唐末、五代以来形成的一套政治体制进行了全面调整，政府体制恢复了三省六部制；在任官制度上，建立了一套较为完备的官、职、差体制。

元丰八年（1085年）三月，赵顼在即将满37岁的时候，过早地结束了他忙碌的一生。他在位期间的举措，对拯救赵宋王朝起了极为重要的作用。但是，由于他用人不专，两次罢免主张改革的王安石，使得他的政绩未能达到应有的高度。在他死后新法被废。

76. 耽酒嗜音，因“舞”祸国

——辽国末代皇帝的荒唐

耶律延禧（1075年—1128年），字延宁，小字阿果。辽朝末代皇帝。寿隆七年（1101年）正月道宗耶律洪基病死后继位，群臣奉尊号天祚皇帝，在位25年。

史载耶律延禧“耽酒嗜音，禽色俱荒。斥逐忠良，任用群小。远近生灵，悉被苛政”。在位期间，信用佞臣，一味游猎，生活荒淫奢侈，不理国政。尤为荒唐的是，他因一场宴会上的跳舞而失去了江山和生命。1111 年，辽国收留了它的联盟女真族的一个叛徒阿疏，女真人多次抗议，都被耶律延禧驳回，女真人十分不满。1112 年农历二月初十，耶律延禧临幸春州混同江钓鱼，依旧例女真各部落酋长在千里以内者，均要前来朝觐。耶律延禧在松花江畔举办了“头鱼宴”。宴会上，女真族完颜部的酋长完颜阿骨打站了出来，要求辽国遣送回阿疏。耶律延禧一笑不答，又趁着酒兴举办“舞林大会”，要求各部落酋长轮流跳舞祝酒助兴。众酋长无奈忍辱一一上前跳舞献技。轮到完颜阿骨打时，他拒绝跳舞，耶律延禧逼他跳，仍以“不会”坚拒。耶律延禧气得七窍生烟，令人将完颜阿骨打推入松花江喂鱼，其他酋长纷纷跪地求情。完颜阿骨打的弟弟吴乞买站出来表演了一场赤手空拳与熊搏斗，耶律延禧方才作罢。

跳舞事件激起了完颜阿骨打的反辽意志。从九月开始完颜阿骨打不再奉诏，耶律延禧多次征召，阿骨打始终称病不肯到京。1114 年春，完颜阿骨打正式起兵反辽。一开始耶律延禧不将阿骨打当做大威胁，但其派去镇压阿骨打的军队全部战败。阿骨打越打仗兵越多，后来连败辽国数十万大军，于 1115 年称帝，定国号大金。后经十年战争，耶律延禧的辽国彻底失败，1125 年 8 月被金兵俘获，解送金上京，不久被金人杀死。另据《大宋宣和遗事》记载，1156 年 6 月，金朝皇帝完颜亮命令被俘的两位皇帝57岁的宋钦宗和81岁的耶律延禧比赛马球，供他观乐。宋钦宗从马上跌下来，被马乱践而死。耶律延禧善骑术，企图纵马冲出重围逃命，结果被乱箭射死。

77. 浮浪失政，国亡身辱

——宋徽宗赵佶的骄奢淫逸

赵佶（1082年—1135年），宋朝第八位皇帝。于1100年至1125年在位25年，史称宋徽宗。

赵佶的诗、书、画都在历史上占有一席之地，但做皇帝却荒淫无道。在位期间，重用蔡京、童贯、高俅、杨戬等奸臣，大肆搜刮，穷奢极欲。他铸九鼎、建明堂、修方泽、立道观、作大乐，大兴土木，广建宫室，挥霍财物如粪土。政和四年（1114年），新建延福宫，其间殿阁亭台相望，嘉花名木、怪石岩壑星罗棋布，文禽奇兽也各有苑囿，幽胜宛如仙宫。又连续花费22年时间，于宣和四年（1123年）建成“艮岳”（又称万岁山）。在这个超级皇家园林中，仿洞庭湖凿筑水池，取天下异石，千叠万复，嵋起峰峦，移南方枇杷、橙柚、橘柑、荔枝等树，茉莉、含笑等草，植养于雕栏曲槛之间。高峰峙立，上修栈道，如蜀道之难。池水清清，凫雁浮泳水面，栖息石间。有数不清的楼、堂、馆、阁、亭、台、轩、厅、山庄、酒肆，错落其间。整个园林就仿佛天造地设，神谋化力一般。当时，宋徽宗评价“艮岳”说：“玩心惬志，与神合契，遂忘尘俗之缤纷，而飘然有凌云之志。”可见，赵佶玩物丧志，已如醉如痴。

赵佶把政务交给一班佞臣办理，本人则经常与几个佞臣以及京师名妓聚在一起，终日相亵。宋徽宗、王黼、蔡攸时常涂抹青红，与倡优侏儒一起登台唱戏，台词多是市井中淫媟谑浪的脏话，互相戏骂以取乐。有一次，宋徽宗扮作一参军登场，蔡攸在一旁喝彩说：“好一个威风的神宗皇帝！”徽宗则以手中杖鞭打蔡攸说：“好一个贪污不才的司马光！”宋徽宗还在宫内列置市肆，让宦官、宫女站柜台，命宰相王黼为市令，玩做买卖的游戏。一日，徽宗佯作发怒责打市令，王黼遂作窘状求饶说：“告尧、舜免一次。”徽宗则笑着回答说：“吾非唐、虞，汝非稷、契也。”他对那些倖臣滥行赏赐，每颗价值二三百万的宝珠，一次就赏给每人六七把，而不计颗数。他轻佻浮浪，好色成性，后宫的三千佳丽玩腻了，听说京城名妓李师师的大名，便经常偷出宫禁，微服出行，留宿于李师师家。

赵佶认为他得皇子当归功于道家，因此对道教极为笃信。他下令各地皆建神霄万寿宫，自称“教主道君皇帝”。常在京城举行道会，令道士林灵素升高正坐，主持传法。赵佶在一旁设一小帐，洗耳恭听。每次用钱，动辄数万缗。凡朝廷官员的任用都要先经过道士推算五行方能授职。

他喜好收集奇花异石，崇宁元年（1102 年）派宦官童贯到苏、杭二州设置造作局，制造各种奇巧之物供奉禁中，“诸牙、角、犀、玉、金、银、竹、藤、装画、糊抹、雕刻、织绣之工，曲尽其巧”。每日役使工匠数千人，而所需材料皆科配百姓交纳。崇宁四年（1105 年），赵佶又下令于苏州设应奉局，专门为他搜罗奇花异石，送往京师，号称“花石纲”。寻得一巨型太湖石，高四丈，载以巨舰，役夫千人，所经州县，有拆水门、桥梁、凿城垣以过者。江南的百姓不堪忍受盘剥，爆发了由方腊领导的农民起义，宋江等人也在山东起义。

金国消灭辽国以后大举南侵，1125 年 10 月逼近汴京。徽宗又怕又急，于 12 月宣布退位，让位于太子赵桓，自称“太上皇”，然后借口烧香逃往蒙城，次年 4 月李纲击退金兵后回到汴京。当年年底，金兵再次南下，于 12 月 15 日攻破汴京，赵佶与赵桓连同后妃、宗室、百官数千人被押送北方，北宋灭亡，史称“靖康之耻”。宋徽宗在被押送途中受尽了凌辱，到金都后，被命令与赵桓一起穿着丧服，谒见阿骨打的庙宇。尔后，被封为“昏德公”，关押于韩州，后又被迁到五国城（今黑龙江省依兰县）囚禁。1135 年 4 月，赵佶死于五国城，8 年后遗骸被运回临安。

78.“山外青山楼外楼，西湖歌舞几时休”

——宋高宗赵构苟且偷安朝欢暮乐

赵构（1107 年—1187 年），字德基，南宋第一任皇帝，史称宋高宗。1127 年（靖康二年）金兵俘徽、钦二宗北去，北宋灭亡，赵构逃到江南，在临安继位，史称南宋。在位 36 年，1162 年禅位于宋孝宗，自称太上皇，1187 年病死。

“靖康之变”，北宋都城东京汴梁被金国攻破。金兵押着徽、钦二帝以及宋朝后妃、皇子、宗室、贵戚等 3000 多人北返。赵构的亲生父亲宋徽宗赵佶被金人折磨致死，他的亲生母亲、妻子和两个幼小的女儿、姐妹都被金军掳掠而去，并曾多次遭到女真贵族的凌辱蹂躏。但赵构和他的南宋小朝廷并没有接受北宋亡国的惨痛教训而发愤图强，赵构不思收复中原失地，只求苟且偏安，与金国达成协议，东沿淮水（今淮河），西以大散关为界分而治之，并每年向金国纳贡银 25 万两、绢 25 万匹，送给金统治者贺正旦、生辰等的礼物“以巨万计”，只要金朝统治者索取，赵构即下令奉去，以祈求仇敌金人让他当“太平皇帝”。对外奴颜婢膝屈辱求和，对内则增加赋税，巧立名目搜括人民，并残酷迫害岳飞等爱国人士。南宋君臣政治上腐败无能，一味纵情声色，寻欢作乐。

赵构自南渡以后大兴土木，在凤凰山建筑了与汴京一样华丽的宫殿，左江右湖，曲尽湖山之美。又点缀名山，敕建多处庙宇。他酷爱西湖之景，遂于湖上聚景园清波门外、玉津园嘉会门外、富景园新门外、集芳园葛岭、屏山园钱湖门外和玉壶园钱塘门外建造多处园亭，极其华丽精致。他经常乘御舟泛游西湖，其御舟四垂珠围锦帘，悬挂七宝珠翠，宫姬女嫔簇拥，俨如神仙下降。赵构经常在皇宫和湖上搞诗酒歌舞活动，与亲信大臣诗酒唱和，朝欢暮乐，箫管之声四时不绝。赵构“洞达音律”，能“自制曲”，一次在慈宁殿欣赏牡丹时，喝得醉醺醺的，命令大臣们以“舞杨花”为词牌，作了许多歌功颂德之词。妃嫔们根据“舞杨花”韵律，载歌载舞，高呼万岁。

当时，诗人林升在临安城一家旅店的墙壁上题写了一首诗，表达了对南宋小朝廷的愤懑：

山外青山楼外楼，西湖歌舞几时休？暖风熏得游人醉，直把杭州作汴州。

79. 肆行淫乱，狂施暴政

——金废帝完颜亮祸国亡身的绝伦狂暴

完颜亮（1122 年—1161 年），名迪古乃，字元功，金代第四位皇帝，史称金废帝。皇统九年（1149 年）十二月弑杀金熙宗，自立为帝，在位 12 年。

完颜亮上台初期对职官制及刑法做了一系列的变革，有过一些作为。但他独断专行，频行征伐，骄奢淫逸，荒淫乱伦。他曾狂妄地对大臣高怀贞说他的志向："吾有三志，国家大事，皆我所出，一也；帅师伐远，执其君长问罪于前，二也；得天下绝色而妻之，三也。"他大肆兴建宫殿，广纳美女，一次就下令选天下良家女子 130 人充实后宫。他为了压制皇族宗室的反抗，大加诛戮，诸叔及其子弟几乎屠杀殆尽，他们的妻子、女儿，或被纳为嫔妃，或被强纳宫中与其淫乐。他做淫乱之事，还要撤掉帏帐，使人奏起音乐，让众人共观。他为所欲为，漂亮女人只要被他看上，便强夺硬索，不惜杀夫取妇，朝廷大臣、宗室贵戚皆不能幸免，连婶婶、外甥女、堂姐妹都不放过，或纳为嫔妃，或予以奸淫。他发现叔父曹国王宗敏的妃子阿懒漂亮，便杀了叔父宗敏，霸占了叔母阿懒。看上外甥女叉察，即纳入后宫占有。宗雄的女儿什古、宗弼的女儿刁撚、宗隽的女儿师古儿，与完颜亮是堂兄妹，都被完颜亮纳入宫中。他有时公开要求臣属把妻子送给他玩乐，有时则把有漂亮妻子的臣属派往外地，而不许他们带家眷，然后轮番把他们的妻子带到宫中奸淫，即使有孕也不能幸免。

完颜亮肆行淫乱，狂施暴政。《金史》称他“欲为君则弑其君，欲伐国则弑其母，欲夺人之妻则使之杀其夫”。为了个人享受，他“毁民庐舍以为材，煮死人膏以为油，殚民力如马牛，费财用如土苴”。他残暴统治期间，金朝政治混乱，吏治废弛，民不聊生。其卑劣行径引起了朝野的极度不满，1161年9月在进攻南宋的瓜州渡江作战时，发生内乱，被部下杀死，时年40岁。祸国亡身，遗臭后世。

80. 反奢崇俭，“大定盛世”

——金世宗完颜雍反“三风”改弊政

完颜雍（1123年—1189年），原名完颜褒，金朝第五位皇帝，1161年至1189年在位29年，终年67岁，庙号世宗。

完颜雍称帝后，下诏列数完颜亮罪恶，废其为庶人。停止侵宋战争，励精图治，革除弊政。他以“反三风”为主要内容整顿吏治：

一是反赌博风。为禁止官员赌博，大定八年（1168 年），世宗制定了《品官犯赌博法》，规定对赌博获赃款不满五十贯的，判处杖刑，但可以用财物赎罪；再犯者不允许赎罪，要执行杖刑。他解释说，杖本来是用来惩治小人的，官吏赌博是没有廉耻的表现，既然他们不知自重，那就只好用惩处小人的手段来惩罚他们了。

二是反说情风。在金代，官官相护、徇私枉法的现象比较普遍。世宗深知此风对统治秩序危害很大，曾多次下令禁止。他规定，凡是为罪犯说情的，不管是谁，一律不准。唐古部族节度使遇刺毛得之子杀其妻而逃，世宗命人捕之。毛得请皇姑梁国公主出面说情，但世宗不为所动。

三是反贪赃风。世宗深知贪污腐败给金朝带来的严重危害，因而十分重视惩贪反腐。他亲自主持制定法令，过问惩贪法令和措施的落实情况。他规定，官员犯了贪污受贿罪，一经发现，立即罢官，日后遇到朝廷大赦，也不能复官。即使他的至亲贪赃枉法，也要依法严惩，绝不姑息。他的大儿子完颜永中偷偷地向南宋倒卖马匹，中饱私囊，又串通四个弟弟利用皇子的身份贪占大片官田。他发现后，立即下令查抄完颜永中等人的非法所得，并加以重罚，还因此废除了完颜永中继承皇位的资格。

完颜雍崇尚节俭，以身作范。他生活简朴，不穿丝织龙袍，平时吃饭只有四五样菜，而且数量不多。有时吃饭时小女儿来到他身边，竟没有多余的饭菜给女儿吃。有的官员对他如此“寒酸”颇不理解，他则解释说：“只要我愿意，每天杀五十只羊为我做菜也很容易。但这笔费用要出在老百姓身上，我于心不忍。”负责东宫（太子府）事务的太子詹事刘仲诲向他请求增加东宫的收入和陈设。他不同意，并且说：“东宫收入已有规定，陈设也都有，为什么还要增加呢？太子生于富贵，容易养成奢侈的习惯，你们应当引导他崇尚俭朴。”对各地进贡的食品，他几次下诏罢止。他听说自己到各地住过的殿堂都封闭起来，不让别人住了，就让有关大臣下诏令，这些房屋仍然可以住人。他经常教育太子、亲王，要他们节俭，并以自己所穿的衣服为例说：“此服已三年未尝更换，尚尔完好，汝等宜识之。”他对臣下说：“前代的君主，享受富贵，不知道耕作艰难的人很多。他们失去天下，都是因为这个原因。”由于他的以身作则，金朝的其他官员也不敢铺张浪费，俭朴之风在朝野生起。

完颜雍还注意恢复和发展农业生产，放免二税户和部分奴婢为平民，减轻农民负担，取消金银矿税，重视教育、文化事业。他在位期间，金国政治局面稳定，社会经济和文化呈现出一时的繁荣，被誉为“大定盛世”，他也被后世誉为“小尧舜”。

81. “性恭俭”，兴“乾淳”

——宋孝宗赵昚的戒奢倡俭之举

赵昚（1127 年—1194 年），名伯琮，后改名瑗，赐名玮，字元永，南宋第二位皇帝，1162 年 7 月至 1189 年 2 月在位 28 年，史称宋孝宗。

绍兴三十二年（1162 年），高宗让位于赵昚。赵昚立志光复中原，为岳飞平反，追封岳飞为鄂国公，肃清秦桧余党，并且命令老将张浚北伐中原，但在符离遭遇金军突袭大败。接着金军乘胜追击，南宋军队损失惨重，此后双方互有胜负，但金无法越过长江，宋亦未能渡黄河。赵昚被迫于隆兴二年（1164 年）和金国金世宗签订《隆兴和议》，次年改元“乾道”，后又改元“淳熙”。

“乾道”以至“淳熙”年间很少战事，赵眘专心理政，一改高宗朝时贪污腐朽的局面。他从整顿内政入手，大力削减冗官，又严格控制荫补任子，取消了官员儿子不经考核即可当官的弊政。对现任官吏也经常考察其实际才能，不合格的予以革职。他注意发展经济，屡次下诏减轻人民负担。如南宋初年以来，经常提前征收本税季的田赋，称为“预催”。淳熙四年（1177 年）赵眘称其“违法病民”，下诏“此后必须按照规定时间收田赋，违者劾奏”。又如地方官常以“羡余”名义进奉钱财，希望得到皇帝的恩宠。淳熙五年，绍兴知府张津将“本府支用剩钱四十万贯”作为羡余进献，宋孝宗诏令将此钱即作为“代纳今年和买、身丁（税钱）之半”，即用此钱抵顶了当地税赋，如有的人户今年已纳，则折算成明年应纳税钱之数，并以之“警厉臣工，风动中外”。

史称赵眘“性恭俭”。他继位之初，就取消了宫廷用乐。他日常生活的花费很少，经常穿旧衣服，不大兴土木。他平时也很少赏赐大臣财物，宫中的收入积蓄多年都没有动用，以至于内库穿钱币的绳索都腐烂了。他说：“我没有其他太大的作为，只是能够节俭。”他经常告诉身边的士大夫：“士大夫是风俗的表率，应该修养自己的德行，以教化风俗。”

由于赵眘整顿吏治，提倡节俭，惩治贪污，发展生产，使百姓富裕安乐，史称“乾淳之治”，给偏安半壁的南宋带来了中兴的局面。

82. 误国的“春夏秋冬四夫人”

——宋度宗赵禥贪淫宠奸毁灭南宋

赵禥（1240年—1274年），初名孟启，又名孜、长源，南宋第六任皇帝，史称宋度宗。宋理宗1264年10月病死，他于同日继位，在位10年。

据史书记载，赵禥“自为太子，以好内闻；既立，耽于酒色。故事，嫔妾进御，晨诣合门谢恩，主者书其月日。及帝之初，一日谢恩者三十余人”。意思是：赵禥做皇太子就以好色出名，当了皇帝后更是沉湎于声色犬马，少有时间和精力打理朝政。根据宫中旧例，如果宫妃在夜里皇帝“召幸”，次日早晨要到合门（皇帝寝宫宫门）前跪拜，感谢皇帝的宠幸之恩，届时主管太监会详细记录下受幸日期。赵禥刚当了皇帝时，有一天到合门前谢恩的宫妃有三十余名。他整天宴坐后宫，与妃嫔们饮酒作乐，连阅批公文也懒得动弹，悉数交给四个最得宠的嫔妃代劳，那四位宠妃号称“春夏秋冬四夫人”。

赵禥封大奸臣贾似道为太师，倍加宠信，将朝政统统委托给他。贾似道则专横跋扈，目无天子，稍不如意就以辞官相要挟，赵禥则经常卑躬屈膝地跪拜在地、流着眼泪挽留。有一天，赵禥正要举行祭祀大礼，突然下起倾盆大雨，他宠爱的胡贵嫔的父亲胡显祖建议他乘小车回宫。过了一会，雨过天晴，贾似道以为皇帝会主持典礼，得知皇帝已经回宫后顿时大发雷霆，装模作样辞职不干。赵禥苦求几日，贾仍不理睬。赵禥只得将胡显祖罢官，把胡贵嫔送到庙里罚作尼姑，贾才作罢。他特授贾似道平章军国重事，许他三日一朝，后来放宽到十日一朝，而且每次退朝，赵禥总要走下他的皇帝宝座，目送贾似道走出大殿，才敢回身坐下。他还为贾似道在西湖葛岭建筑了精美住宅，以供其享乐。

忽必烈夺得蒙古汗位，稳定内部之后，即派兵侵犯南宋四川地区，并沿汉江南下。1268 年包围襄阳，1269 年又围攻樊城。贾似道却隐匿不报，也不派兵增援。后来赵禥知道了，追问贾似道，贾似道仍然隐瞒真相，说：“蒙古兵已经退去，这是谁造的谣？”赵禥回答是一个宫女告诉他的，贾似道就将那宫女杀了。

1273 年正月樊城被元军攻破，贾似道假装率军出征，胆小无能的赵禥拖住贾似道不放。次年（1274年）七月，度宗因酒色过度，死于临安宫中的福宁殿，年仅35岁。两年后，元军攻占临安，继赵禥皇位的5岁小恭宗赵显被俘，南宋灭亡。陆秀夫、文天祥和张世杰等人拥立小皇帝端宗，小朝廷在逃亡中被元军穷追不舍，端宗经香港时病逝；又立8岁幼主，逃至南海一带。文天祥在海丰兵败被俘，张世杰战船沉没，崖山海战失败，陆秀夫背负小皇帝跳海而死。后清代诗人端木国瑚有感而作《登孤屿谒文丞相祠》诗曰：

百战飘零越海东，烟尘满目寄孤篷。欲回天地波涛上，只剩山河涕泪中。

83. 元皇宫里的“废物回收利用”

——察必皇后节俭自奉后德励人

察必皇后（约1227年—1281年），弘吉剌氏，元世祖忽必烈的皇后。

史书记载，察必“生性仁明，随事讽谏，多裨时政”。世祖在位30年，察必始终勤俭自律，事事用心。据传在其所居王宫丹墀前，她亲手栽种了一株从成吉思汗兴业故地带回的青草，名为“誓俭草”，以此告诫皇宫子孙不要忘旧，要保持过去节俭淳朴的风尚。负责元宫廷侍从警卫的官员奏请分割京城外的田地作为牧场，忽必烈已经应允，但察必皇后出面进谏，陈述利害，劝告忽必烈中止了这一骚扰百姓的决定。

察必皇后曾经向主管物资的太府监支取少量的缯帛，忽必烈跟她半认真半开玩笑地埋怨了一句。察必皇后则认真对待，率领宫人展开了一场轰轰烈烈的“废物回收利用”活动。她让宫女收集用旧用坏的弓弦，继而煮之练之，织成绸帛，然后做成衣服，非常坚韧密实。她一天到晚在宫里四处奔走，东翻西拣，寻找可回收再用的废弃物。一天在为皇宫造酒的宣徽院的库房里发现许多旧的羊臑皮弃置无用，于是命人将其搬到后宫，与宫人们洗晒干净，裁剪妥当，然后细细缝合，做成地毯，使得宫廷里“劝俭有节而无弃物”。后有人专门写诗赞扬皇后的这种俭朴美德，诗曰：“深宫簒组夜迟眠，贴地羊皮步欲穿。漫道江南绫绮好，织紬方练旧弓弦。”

1276 年元军攻占南宋都城临安，忽必烈大摆筵宴，庆祝胜利。席间，众人均欢天喜地，只有察必皇后愀然不乐，并告诉忽必烈：自古没有延续千年的国家，应当以宋为鉴，慎重治国，不要使自己的子孙也落到南宋统治者同样的下场。忽必烈将缴获的宋府库诸多宝物在宫廷展览，并让宫人分享，察必皇后又说：“宋人贮蓄以遗其子孙，子孙不能守，而归于我，我何忍取一物！”

察必身为皇后，能节俭自奉，尽心辅佐皇帝，对当时元朝政局起了积极作用。后人评价“其性明敏，达于事机，国家初政，左右匡正，后有力焉”。

84. “上崇节俭，下无奢靡”

——明太祖朱元璋身先率下勤俭兴邦

朱元璋（1328 年—1398 年），字国瑞，明朝开国皇帝，庙号太祖。

朱元璋出身贫苦，幼时曾为地主放牛，饱受压迫剥削，对贪污浪费深恶痛绝。他当上皇帝后，为巩固政权，严酷惩贪。他亲自主持修订的《大明律》规定：受财枉法者，一贯以下杖七十，每五贯加一等，八十贯则处以绞刑。受财不枉法者，一贯以下杖六十，每五贯加一等，至一百二十贯杖一百，流放三千里；后改为受财四十贯就流放。若贪至六十以上白银者，不但枭首示众，还要剥皮实草（将皮剥下来，塞上稻草，挂在公堂旁示众）。他惩贪执法不避亲，即使是皇亲国戚有罪也绝不宽宥。如他的义子朱文正违法乱纪，被他免除了官职。他的驸马都尉欧阳伦出使办事时，贩带私茶，也被他依法处死。不仅对贪污，而且对官员铺张浪费也严格制止。明文规定，官员因公出差，如乘坐公家的牲畜车船，除随身衣物外，携带的私人物品不得超过十斤，否则，每超过五斤打十鞭，超过十斤加一等，最重者杖六十。

朱元璋建立明朝后曾屠戮功臣宿将，有其残暴的一面。但他崇尚节俭，常说，勤俭为治身之本，奢侈为丧家之源，作为人主，当远声色、去奢靡。他打败陈友谅后，看到陈友谅的镂金床，感叹地说："此与孟昶的七宝溺器有什么两样？"即命侍臣毁之。侍臣说："未富而骄，未贵而侈，所以败亡。"朱元璋反驳道："既富岂可骄？既贵岂可侈？有骄侈之心，虽富贵岂能保？处富贵之人，正当抑奢侈，宏俭约，戒嗜欲。"

朱元璋说："俭约非身先之，何以率下？""上能崇节俭，则下无奢糜。"他身体力行，带头节俭。明朝建立后，按计划准备在南京营建宫室，当工程负责人把图样送给他审定，他当即把雕琢考究的部分全去掉了，皇宫没有画梁雕栋。工程竣工后，他要求工匠在墙壁上画了许多触目惊心的历史故事作为装饰，让自己时刻不忘历史教训。有个官员想用好看的石头铺设宫殿的地面，被他当场狠狠地教训了一顿。朱元璋的车舆器具等物，按惯例应用金饰，但他下令以铜代替。他的御床与中产人家的睡床没有多大的区别。他的一日三餐也很平常，大多是一碗玉米粥，几个窝窝头或米饭，再加上点辛辣荤菜，一般没有大鱼大肉和山珍海味。他不让在宫苑种植奇花异草，只让种植蔬菜和果树。他对于嫔妃、子女也从严要求，平时让他们吃粗茶淡饭，衣服未穿破不准丢弃。一个雨天，朱元璋见两个小内史穿着新靴子在雨中行走，斥责道：靴子虽然不值多少钱，但都出自民力，怎么不知爱惜！命左右侍从责打二十大板。一天，朱元璋退朝还宫，太子和诸王随从，路过宫中隙地时说，这里不是不能营造亭台馆榭作为游观之所，实在是不忍重伤民力，不能耗众人之产以为一身之娱。还有一次，他在奉天门见散骑舍人衣饰鲜丽，便问做这件衣服花费多少钱？回答五百贯。他斥责道："农夫寒耕暑耘，早作夜息；蚕妇缫丝缉麻，缕积寸成，竟不能为己有。你受父兄荫庇，生长膏粱纨绮之下，农桑勤苦，毫无闻知。一件衣服就花费五百贯，此乃农民数口之家一年的费用，骄奢若此，岂不暴殄！"

朱元璋吸取元朝灭亡的教训，实行了一系列休养生息、发展农业和工商业生产的措施，使得明朝的经济得到迅速恢复和发展。到洪武二十六年（1393 年），民户达 1605 万户，人口达 6054 万人，垦地面积达 850 万顷，史称“洪武之治”“明初盛世”。

85. 俭朴爱民，懿行辅国

——马皇后沧桑不变的平民品行

马秀英（1327 年—1382 年），安徽宿州人，明太祖朱元璋皇后。

马秀英从朱元璋于危难之中，在朱元璋征战天下、创建帝业的岁月里始终患难与共。在一次朱元璋被困、快要饿死的情况下，她冒着生命危险给朱元璋送饭。朱元璋与陈友谅决战时，她捐助自己所有的首饰财物劳军，并组织妇女为军队缝补衣物。因此，朱元璋当了皇帝后，对马皇后一直非常尊重和感激，对她的建议也往往能认真听取和采纳。朱元璋性情暴烈，为了保住朱家子孙日后的统治地位，不断寻找借口屠戮功臣宿将。对此，马皇后总是婉言规劝，使朱元璋有所节制，保全了许多忠臣良将的性命。她从不为娘家谋私利，朱元璋几次要寻访她的亲族封官加赏，都被她劝止，开创了明朝后宫和外戚不干政的良好风气。

马皇后仁慈、爱民。一次朱元璋视察太学（国子监）回来，马皇后问他太学有多少学生，朱元璋答有数千人。马皇后说："数千太学生，可谓人才济济。太学生虽有生活补贴，可他们的妻子儿女靠什么生活呢？"针对这种情况，马皇后征得朱元璋同意，征集了一笔钱粮，共设置了 20 多个红仓，专门储粮供养太学生的妻子儿女，生徒们颂德不已。

马皇后执掌后宫，善待后宫嫔妃，宫人被幸得孕，她知道后倍加体恤。她不骄不奢，一直保持过去的俭朴作风，平日穿洗过的旧衣服破了也不忍丢弃。她还经常劝告朱元璋不要忘记民间的疾苦，并教导后宫妃嫔不忘蚕桑的艰难，遇到荒年灾月，她带领宫人吃粗劣的菜饭，以此来体察民间疾苦。虽贵为皇后，她每天都亲自操办朱元璋的膳食，连皇子皇孙的饭食穿戴，她也亲自过问，无微不至。

洪武十五年（1382 年），52 岁的马皇后病逝，临终还嘱咐朱元璋"求贤纳谏，慎终如始"，并愿"子孙皆贤，臣民得所"。她的懿行，对"明初盛世"的形成起到了重要作用。

86. 以勤劳创造的“永乐盛世”

——明成祖朱棣的“以小见大”

朱棣（1360 年—1424 年），明朝第三位皇帝。1399 年 7 月发动“靖难之役”，起兵攻打侄儿建文帝，于 1402 年 6 月攻入南京，夺取了皇位，次年改元永乐。永乐二十二年（1424 年），朱棣死于北征回师途中的榆木川（今内蒙古乌珠穆沁），共在位 22 年。庙号太宗，明世宗嘉靖时改称其为成祖。

朱棣夺位后曾残酷诛戮建文帝诸臣，并妄引株连。但他深知皇位得来不易，居安思危，不仅要做一个“恩威莫测”的皇帝，而且要做一个励精图治的创业之君，立志勤政强国。他坚持每日临朝，每天清晨四鼓便起身早朝，之前先静坐沉思，考虑应该处理的事项，考虑好了，上朝时便交付诸臣执行。视朝之暇，也从不休息，总是到便殿去取阅书籍。他有夜读的习惯，每到夜深人静时，便秉烛独坐，披阅州郡图籍，静思熟记。有时睡到半夜，忽然想起一些办理未妥的事，也立即起来，唤人记录下来备忘。永乐七年（1409 年）十月丁亥，鸿胪寺奏免午朝，休息一日。朱棣在退朝时又问群臣：“居家无事时亦不废观书否？”诸臣回答说“有暇亦观书”，朱棣说：“常爱孔子言‘饱食终日，无所用心’，难矣。朕视朝罢，宫中无事，亦恒观书，深有启沃。若等皆年富力强，不可自逸，大禹尚惜寸阴，朕与汝等何可不勉！”

朱棣治国事必躬亲，惟恐有所失误。永乐九年（1411 年）二月的一天，朱棣在右顺门看四方奏牍，精神过度集中，御案上一个镇纸金狮被碰到案边，险些掉到地上，站在旁边的给事中耿通连忙上前将金狮往里边移了移，朱棣发觉后即将国家大事同此事联系起来，说：“一个小小的东西，放在不稳定的地方就危险，放在稳妥的地方就安全。天下是最重要的‘大器’，更应放在安全的地方。即使天下太平，也不可忘了危险。所以在小事上必须谨慎，小事上如果不谨慎，长此以往，就可能招致大的祸患。”他把儒臣送上的《大学正心章讲义》反复读了多遍，特别欣赏其中静心寡欲的道理，认为做皇帝的尤其不能有所好乐，一有好乐，泥而不返，则欲必胜理。为此，他在位时生活很俭朴，有时候上朝穿的内衣都破旧了，甚至衣袖外露，补补还穿。宫室车马服食玩好也无所增加。他曾派宦官去山西五台山采办天花菜（一种蘑菇，唐宋时即被选作宫廷菜），但事后很快便感到此事劳民伤财，立即下令停办了。外国使臣朝贡玉碗，他拒而不受，让礼部赐钞遣还。

从永乐七年开始，规定百官的休息日是每年元宵节前后的正月十一日至正月二十日 10 天时间。此时，午门外设灯火，臣民们聚集到午门外观灯。朱棣则与民同乐。除去每年这短短十天，朱棣几乎没有休息之时，在位 22 年中，有 12 次生日在出巡和征战中度过。直到他晚年多病不起，才不得不依靠太子朱高炽监国理政。他曾五次亲征蒙古，巩固了北部边防，维护了中国版图的统一与完整。多次派郑和下西洋，加强了中外友好往来。他主持编修《永乐大典》，疏浚大运河，1421 年迁都北京，对强化明朝统治起到了重要作用。他在位期间经济繁荣、国力强盛，史称“永乐盛世”。

87. 父子相继，“仁宣之治”

——明宣宗对父亲明仁宗的勤勉承接

朱高炽（1378 年—1425 年），明朝第四位皇帝，永乐二十二年（1424 年）八月登基，次年改元“洪熙”，当年五月暴死，在位仅十个月，终年 47 岁，庙号仁宗。朱瞻基（1398 年—1435 年），明朝第五位皇帝，仁宗长子，洪熙元年（1425 年）继位，年号宣德。在位 10 年，庙号宣宗。

仁宗朱高炽生性端重沉静，言行识度，喜好读书，儒雅仁爱。在位期间，以唐太宗为楷模，修明纲纪，选用贤臣，削汰冗官，任命杨荣、杨士奇、杨溥三位良臣（史称“三杨”）辅政。废除了古代的宫刑，停止了皇家的采办珠宝。仁宗不恋女色，后宫除皇后张氏之外，嫔妃仅谭妃一人。他还下令减免赋税，对于受灾的地区无偿给以赈济，开放一些山泽，供农民渔猎，对于流民一改往常的刑罚，采取妥善安置的做法。朱高炽虽然在位时间短促，但他的政行使得洪熙朝人民得以休养生息，生产力发展，明朝进入稳定、强盛的时期，是“仁宣之治”的开端。

宣宗朱瞻基与其父一样，比较能倾听臣下的意见，君臣关系融洽，经济也稳步发展。在对内的治国之道上，他遵循唐太宗“民能载舟亦能覆舟”的教导，“坐皇宫九重，思田里三农”，实行安民、爱民的仁政。他继续推行洪武朝以来的招人垦荒的政策，发展农业生产。宣德五年（1430 年）三月，宣宗路经农田时，看见路旁有耕作的农民，于是他下马询问农作物的生长情况。他兴致盎然，取来农民耕田的农具，亲自犁地，没推几下，他停下来，回头对身旁的大臣说，我只是推了三下就有不胜劳累的感觉，何况农民终年劳作。说完就命人赏赐农民钱钞。他在制定政策时考虑农民的利益。同年六月，京畿地区发生了蝗灾，宣宗派遣官员前去指挥消灭蝗虫。他仍不放心，特意谕旨户部，告诫他们往年负责捕蝗的官员下去后作威作福，对受灾农民的危害一点也不比蝗灾小，因此要严禁杜绝这种事情的再次发生。还作有一首《捕蝗诗》颁给臣子。

仁宗、宣宗父子在位的 11 年间（1424 年—1435 年），成为明朝历史上少有的吏治清明、经济发展、社会稳定的时期。史载：

“仁宣之治，吏称其职，政得其平，纲纪修明，仓庾充羡，闾阎乐业，岁不能灾。民气渐舒，蒸然有治平之象矣。”

88. “豪华之旅”对“骁悍之师”的应战

——明英宗朱祁镇缘何“土木之变”被俘

朱祁镇（1427 年—1464 年），明朝第六位皇帝。明宣宗长子。9 岁继位，年号正统，史称明英宗。正统十四年（1449 年），蒙古瓦剌部入侵，明英宗听从宦官王振之言亲征，返师途中行至土木堡被蒙古瓦剌部首领也先所败，明军“死者数十万”，英宗被俘虏，王振被乱军所杀，史称“土木之变”。郕王朱祁钰被拥立为帝，改元景泰。元年（1450年），英宗被释回京，软禁于南宫。八年，石亨等发动夺门之变，英宗复位，改元天顺。天顺八年（1464年）正月崩，时年38岁。

“土木之变”，瓦剌军仅有2万人，明朝50万大军全部覆没，皇帝被俘，是明朝开国以来从未有过的惨败，也是中国乃至世界军事史上罕见的惨败战例，明朝因此元气大伤，成为由盛变衰的转折点。其根本原因在于，皇帝怠庸、文恬武嬉、朝政混乱。第一，朱祁镇为政懈怠，崇信宦官。明太祖朱元璋建立大明后，汲取了前代宦官专权的惨痛教训，制定了一系列制度：不许宦官兼任外臣文武衔，不许穿戴外臣衣帽，官阶不得超过四品，月米不超过一石，外臣不许与宦官有公文往来，宦官只负责庭除洒扫，不许识字读书，他还在宫门外立下“内臣不得干预朝政，预者斩”的三尺铁牌。明太祖、成祖、仁宗、宣宗都自操威柄，权不下移，宦官们不敢为非作歹。朱祁镇在位初期由太皇太后张氏辅政，内阁由仁宗当时信任的“三杨”主持，仁宣之治得以延续。正统七年（1442年），张太后卒，“三杨”以年老淡出政坛，形势直转而下，宦官王振开始专权，党羽遍布，百官侧目。正统六年（1441年）十一月一日，奉天、华盖、谨身三大殿修建完毕，英宗摆盛宴与群臣庆贺。英宗派小太监去请王振，下令大开中华门，让王振赴宴。王振来到大门外，群臣望风迎拜。第二，宦官贪婪，通敌卖国。明初以来，蒙古各部虽常常侵扰明朝边境，但他们贪图明朝物种的繁华，仍与明廷保持通贡关系，定期派人去朝见大明天子，贡上马驼等物，明廷也回报以优厚的赏赐。由于明朝在战场上占据上风，蒙古各部尚较服顺。后瓦剌统一蒙古各部，对明廷态度日渐强硬，而王振等一再退让。正统三年（1438 年），明廷在大同开设马市，以大量金银物资换取蒙古的马匹，并发给一些“抚赏”金银，即所谓“款虏”。镇守大同太监郭敬甚至以王振的名义赠送给瓦剌大量钢铁箭镞等违禁物资，通敌卖国，所以瓦剌使者常能公然买回大量急需的钢铁和武器，以增强军队实力，也先也日益狂妄，乃至大规模入侵。第三，以“豪华之旅”对抗“骁悍之师”。英宗自幼生长于深宫，不懂行军作战之事，王振随心所欲，视军事为儿戏，竟要求群臣在两天内聚齐 50 万大军，备齐兵器 80 余万件，准备好出兵的各项事务。军队尚未出动，先赏给包括五军营、神机营、三千营等官兵在内的在京操练的军兵每人白银一两、胖袄一件、胖裤一件、翁鞋两双、炒麦三斗，每三人发给负载辎重的驴子一头，军官自把总以上每人加赐钞 500 贯。如此铺张浪费，前线的物资又极为短缺，供应艰难，使军队毫无斗志。明军从一开始就注定了失败的命运。

89. 以勤勉打造的“弘治中兴”

——明孝宗朱祐樘的“平台召见”和节俭寡欲

朱祐樘（1470 年—1505 年），明朝第九位皇帝，1487 年 9 月即皇帝位，次年改元弘治。弘治十八年（1505 年）五月病逝，享年 36 岁，庙号孝宗。

朱祐樘继位后立志扭转宪宗时朝政腐败的状况，选用贤臣，驱逐奸佞。当时被任用的徐溥、刘健、李东阳、谢迁、王恕、马文升和伦文叙等人，都是正直忠诚的大臣，在弘治一朝发挥了重大作用。由于幼年生活的坎坷，朱祐樘一直身弱多病，但他勤于政事，励精图治，常召阁臣至文华殿，让大家共议大臣的奏章，写出批词后，自己再批改颁发。所以，阁臣李东阳高兴地说：“天顺以来，三十余年间，皇帝召见大臣，都只问上一二句话，而现在却是反复询问，讨论详明，真是前所未有啊！”弘治十三年（1500 年），大学士刘健上奏说，晚朝散归后，天色已黑，各处送来的文件往往积压内阁，来不及处理，如有四方灾情、各边报警等事务，就有耽搁的可能。于是，孝宗除早朝每天必早到外，还增开午朝、晚朝，每日两次在平台召见有关大臣议事。从此出现了“平台召见”这一新的朝参方式，使得大臣有更多的机会协助皇帝办理政务。同时，他又重开了经筵侍讲，向群臣咨询治国之道。孝宗还开辟了文华殿议政，在早朝与午朝之余的时间，与内阁共同切磋治国之道，商议政事。

朱祐樘对臣下宽厚平和。早朝的时候，大臣们要从左右廊庑入门内面君。有的大臣因地滑，行走失仪，孝宗从不问罪，奏本中有错字也不纠问，经筵侍讲时有官失仪，他还宽慰数语，不使其慌恐。有一年冬天，孝宗夜晚坐在宫内，觉得天气寒冷，就问左右内臣：“现在官员有在外办事回家在路途的吗？”左右回答说：“有。”他又说：“如此凛冽且昏黑，倘廉贫之吏，归途无灯火为导，奈何？”遂传下圣旨，命令后遇在京官员夜还，不论职位高低，一律令人执灯传送。

朱祐樘崇尚节俭，不奢声色。他是中国历史上罕见的一贯对女色淡泊的皇帝，一生只是与皇后张氏过着民间恩爱夫妻式的生活，并没有其他宠妃，而且没有册立过一个妃嫔。他不喜宝玩之物，宴时不奏乐，不设杂戏。他曾爱穿用松江府所造大红细布裁制的衣服，而这种织品用工浩繁，名虽为布，实际却用细绒织成。他得知每年要向产地加派上千匹布时说：“用这种布缝制的衣服，抵得上几件锦缎衣服。穿它太浪费了。”遂谢而不用，并下令停止为皇宫织造此布。

朱祐樘虽然英年早逝，但他的勤政得到了回报，弘治朝吏治清明，经济繁荣，百姓富裕，被称为“弘治中兴”。

90. 肆意淫奢，国乱身亡

——明武宗朱厚照的“豹房”和“宣府”

朱厚照（1491 年—1521 年），明朝第十位皇帝，明孝宗长子，1505 年至 1521 年在位，庙号武宗。

弘治十八年（1505），明孝宗朱祐樘病死，15 岁的朱厚照继位。朱厚照生性好动，在登基之初，大臣刘健等人专门给他列了几条规定，请他朝夕省览：一，不要单骑驰驱，轻出宫禁；二，不要赴监局（太监衙门），泛舟海子；三，不要鹰犬弹射，终日游猎；四，不要接受太监们进献的饮食。但这几条规定，朱厚照一条也不愿遵守。与此同时，宫中却又有刘瑾、马永成、谷大用、魏彬、张永、丘聚、高凤、罗祥八人，时称“八虎”，终日引导武宗游乐。于是，明武宗一天天对刘健等大臣感到厌烦，而一天天与太监们亲近，导致了日后的刘瑾专权。

明武宗继位后，各地爆发多起农民起义，河北、山东、河南一带有刘六、刘七起义，四川及湖北有蓝廷瑞、鄢本恕起义，北方和西北少数民族势力也不断内扰。但这些丝毫未能改变武宗的荒怠无度。朱厚照在宫中模仿街市的样子建了许多店铺，让太监扮作老板、百姓，他自己则扮作富商去买货，讨价还价，相争不止，让一些宦官扮作市正调解。或者拥至内侍在永巷的酒肆中，称之为“廊下家”。肆中妇女杂出，牵衣蜂拥而入，喝醉酒便睡到那里。后来又觉得不过瘾，于是又模仿妓院，让许多宫女扮作粉头，他挨家进去听曲、淫乐，把后宫搞得乌烟瘴气。群臣知此荒唐行径纷纷谏奏，朱厚照却支持太监“八虎”惩治谏臣。刘瑾耗银 24 万余两，为朱厚照在皇宫西苑修建了“豹房”，多构密室，有如迷宫，名曰“豹房”，并不仅仅养虎豹，里面番僧、乐户、美女、珍玩，应有尽有，供武宗日夜作乐，武宗玩得更加肆无忌惮，以致迷恋豹房，不肯回宫上朝，终于导致了朝门的一场变故。正德十一年（1516 年）正旦令节，文武百官、四方使臣等着向皇帝庆贺节日，可是从早晨直到傍晚，也不见皇帝临朝，原来是朱厚照吃醉酒，正在豹房大睡，睡醒后与众人草草见了一面，散朝时已是夜晚，百官众使饿了一整天，争先恐后出宫回家，以致朝门大乱，“前仆后踬，互相蹂践。有将军赵郎者，竟死禁门。午门左右，吏觅其官，子呼其父，仆求其主，喧如市街，声彻庭陛。见者失色，闻者寒心”。

朱厚照到处收认义子，多至百余人。其义子之一、佞臣江彬为了与宦官争宠，劝朱厚照外出巡幸，说宣府（今河北宣化）多乐工美妇，尚可观察边镇军事。朱厚照觉得这比在皇宫中更有趣味，便穿上便装，带着江彬等人前往宣府。头一次被守居庸关的御史发现截回，几天后又乘夜外出，终于过了居庸关到达宣府。正德十二年（1517 年）在宣府营建“镇国府”。朱厚照自封“总督军务威武大将军总兵官”，凡往来公文一律以威武大将军钧帖行之，并为自己更名朱寿，后来自己又加封为“镇国公”，令兵部存档，户部发饷，视国事朝政为儿戏。朱厚照非常喜欢宣府的镇国府，甚至称那里为“家里”。正德十三年（1518 年）立春，武宗在宣府举行迎春仪式。以往的迎春仪式中，用竹木扎成架子，上面排放些吉祥图案，进献给皇帝，谓之“进春”。这一次，武宗亲自设计迎春仪式，花样百出。武宗命人准备了数十辆马车，上面满载妇女与和尚。行进之时，妇女手中的彩球就和和尚的光头相互撞击，彩球纷纷落下。朱厚照对自己的“杰作”甚感得意。在江彬鼓动下，武宗下令大肆修缮镇国府，并将豹房内的珍宝、妇女运来，填充其内。他下令大臣一律不许来宣府，只有豹房亲随可以随时出入。在豹房和宣府两处，武宗为所欲为。他在宣府还经常夜入民宅，强取妇女。一次武宗来到一个小店，看上了老板的妹妹凤儿，于是就纳凤儿为妃，并封凤儿的哥哥做官。他又看上了一个乐工（当时的职业演员）刘氏，于是又纳刘氏为妃，而且宠爱至极，后宫都将刘氏称为刘娘娘。

正德十四年，朱厚照在江南庆祝平叛胜利，逗留江南肆意玩乐。一天亲自驾着渔船在江上打鱼，不慎跌入江中，差一点溺死，左右将他救起，由于当时已经是九月天气，江水寒冷，加之武宗已经被女色掏空了身体，自此开始生病。回到京城之后照旧纵情荒淫，身体日益虚亏，在数月之后病死于豹房。他的荒唐一生，给明王朝造成一片混乱。

91. 差点被宫女勒死的“真君”

——二十七年不上朝的嘉靖皇帝

朱厚熜（1507 年—1566 年），明朝第十一位皇帝，于 1521 年至 1566 年在位 45 年。嘉靖四十五年（1566 年）驾崩，终年 60 岁。庙号世宗。

朱厚熜当政初期、后期泾渭分明。初期，朱厚熜大力革除武宗时代的诸多弊政，还土地于民，鼓励农耕，治理水患，为巩固边防大规模修筑长城，抵御外侵，打退了蒙古多次入侵，在东南沿海打击和扑灭了倭寇侵扰和海盗疯狂掠夺行为，一度出现中兴局面。

随着国家形势好转，而朱厚熜日渐腐朽，他滥用民力大事营建。嘉靖七年（1528 年），年仅 22 岁的朱厚熜便开始为自己选择陵址，修造陵墓。他在享受奢侈生活的同时，又奢想长生不老，永享天下至尊的荣华富贵，把精力用于寻求长生不老之术，服食所谓“仙丹”。他在道士和太监们的包围中，想的是长生不老，谈的是灵丹妙药，朝廷大事尽抛于脑后，甚至二十年不理朝政，不见朝臣。他为自己加封了道号，起初称“灵霄上清统雷元阳妙一飞玄真君”，后来又加号“九天弘教普济生灵掌阴阳功过大道恩仁紫极仙翁一阳真人，元虚圆应开化伏魔忠孝帝君”，这还觉得不够，又号称“太上大罗天仙紫极长生圣智昭灵统元证应玉虚总掌五雷大真人，玄都境万寿帝君”。他还分别给他的父母、皇后也都加封了道号。许多大臣纷纷迎合其癖好，竞献丹方，不干正事，朝廷政治日趋腐败，百姓民不聊生，怨声载道，以致人称“嘉靖嘉靖，家家皆尽”。

朱厚熜所服用的“仙丹”，以道士陶仲文进献的红铅丸（又名为“先天丹铅”）为主，其中含秋石、红铅之类。“秋石”即用童男的尿熬炼成如精盐一类的结晶体，“红铅”则是用童女初潮的经血熬炼成辰砂状。为制此丹，朱厚熜下令广选民间10岁至13岁的少女入宫，入宫后均备受侮辱和摧残。明人王世贞在其所作《西城宫词》中慨叹这些童女的命运“两角鸦青双筯红，灵犀一点未曾通。自缘身作延年药，憔悴春风雨露中。”朱厚熜还命令宫女们每天日出时分就去御花园中采集“甘露”，供他饮用。上百名宫女因此累倒、病倒。暴戾的朱厚熜渐渐引起了宫女们的怨恨。紫禁城内朱厚熜的寝宫乾清宫，设有9间房，每间均为有楼梯相通的上下两层，设有三张床，共计有27个床位，皇帝可随意选睡其中任何一张床，因而即便是内眷、近臣也不易弄清皇帝到底睡在哪一间房的哪一张床上。然而，就是在这样严加防范之下，出现了史上罕见的宫女起义，即发生于1542年的“壬寅宫变”。那年春末夏初的一个夜晚，不堪忍受嘉靖折磨的宫女们，合谋要把这个残暴的皇帝勒死。嘉靖正在乾清宫西暖阁熟睡，宫女杨金英领着十几个年轻柔弱的宫女和两个妃子，进入他的寝室，有的蒙面，有的按腿，有的拉胳臂，另几个把绳子套在嘉靖皇帝的脖子上使劲勒。由于一时慌乱，绳子结成死扣，无法勒紧，嘉靖皇帝被勒得气绝但没有死。两个妃子一看事态不妙，就扔下了其他宫女，向皇后报告，想以此得以宽恕。皇后立即带人救下了气息奄奄的嘉靖帝。大为震怒的嘉靖皇帝动了杀机，十几名宫女和那两个向皇后打报告的妃子，都被截断四肢，割断咽喉，凌迟处死，其他牵连致死者一百多人。事后嘉靖帝搬出了乾清宫，住在西苑万寿宫，从此完全退出了朝廷和紫禁城的正常生活，更是一心修玄，日求长生，不问朝政，临死之前才回乾清宫。

朱厚熜在位 45 年，但从嘉靖十八年起，直到他死，竟有 27 年不视朝。

首辅严嵩专国 20 年，吞没军饷，吏治败坏，边事废弛，倭寇频繁侵扰东南沿海地区，造成极大破坏。在长城以北，蒙古鞑靼部首领俺答汗不断寇边，在嘉靖二十九年甚至兵临北京城下，大肆掠夺，而严嵩不管不问，任其烧杀抢掠。户部主事海瑞上《治安疏》，批评朱厚熜不理朝政，信用奸臣、斋醮求仙，朱厚熜觅疏后大怒，将海瑞下狱。他整天吃“长生不老丹药”，结果以“体虚火燥，补救无术”死于方士们的丹药。

92.“正士习、纠官邪、安民生、足国用”

——明穆宗朱载垕的“隆庆新政”

朱载垕（1537 年—1572 年），明朝第十二位皇帝。明世宗第三子，1566 年世宗崩，朱载垕登基，年号隆庆。在位 6 年病崩，终年 36 岁。庙号穆宗。

面对嘉靖为国家留下的内忧外患，朱载垕倚靠高拱、陈以勤、张居正等大臣的鼎力相助，实行“革弊”、“施新”的政策。“革弊”即平反冤狱，宣布“自正德十六年（1521 年）以后，至嘉靖四十五年（1566 年）十二月以前，谏言得罪诸臣”，“存者召用，没者恤录”，为因冤案获罪的勤勉朝臣恢复官职，其中就有海瑞获释出狱，恢复官职。“施新”，即“正士习、纠官邪、安民生、足国用”。“正士习、纠官邪”，即整治吏治。朱载垕加强对官吏的考察，过去一般不予考察的王府官员也在考察之列。对于廉政官员给予奖赏和提拔，对于贪官罢免官职。“安民生、足国用”，即救济灾荒，减少百姓灾后的痛苦；抑止土地兼并，一方面限田，制定了勋戚宗室依世次递减制度，另一方面清田，清查皇室勋戚霸占的田庄。还采取恤商与开关政策，以减轻商人的负担。明朝过去曾多次颁布禁止百姓私自下海的命令，而朱载垕下诏大开关禁，使明朝对外政策发生重大变化，海外贸易也出现了新局面。同时，朱载垕也加强军队的训练，巩固边防，缓解与北方蒙古族的矛盾，开展互市贸易，使北方汉、蒙人民有了安定的生活环境。

朱载垕继位前在宫外藩邸裕王邸生活 13 年，较多地接触到社会生活各方面，所以较为体察民情，了解到明王朝的各种矛盾和危机，对他登基后处理政务有着较大的影响。《明史》说他“端拱寡营，躬行俭约”。他纠正了世宗时期的大兴土木、修斋建醮的弊端，停止宫中道术，罢除一切斋醮（道教仪式，道士们身着金丝银线的道袍，手持各式法器，吟唱着古老的曲调，在坛场里翩翩起舞，俗称“道场”），撤下西苑内大高玄殿、国明等阁、玉熙等宫及诸亭台斋醮所立匾额，停止因斋醮而开征的加派及部分织造、采买。他一改皇室奢侈的作风，一切从简，粗衣素食，起了很大的表率作用，百官相继效仿，以致节俭成风，减轻了农民的负担。虽然在位仅 6 年，但“隆庆新政”使明朝这一时期出现了稳定、发展的情景。

93.“醉梦之期”，前功尽弃

——万历皇帝的前醒后醉

朱翊钧（1563 年—1620 年），明朝第十三位皇帝，明穆宗第三子。隆庆六年（1572 年）穆宗驾崩，10 岁的朱翊钧继位，次年改元万历。至 1620 年去世在位 48 年，是明朝在位时间最长的皇帝。庙号神宗。

朱翊钧登基初期，励精图治，生活节俭，每天治理朝政十余个小时。万历十三年（1585年）时，北京干旱，他曾步行至天坛祈雨。他任用张居正主持万历朝新政，在政治上整顿吏治，实行考成法，对各级官吏进行考察，作为升迁、黜陟的依据。在军事上整饬军备，加强边防，选用能征善战、带兵严格的将领，对蒙古采取安抚睦邻政策，还平定了哱拜叛乱和杨应龙叛乱，对外帮助朝鲜击败了侵朝日军，粉碎了丰臣秀吉攻占朝鲜的梦想。在经济上清丈全国田地，推行一条鞭法，基本内容是赋役合并，化繁为简；统一役法，摊丁入地；田租征银，官收官解。这称得上是我国赋税制度的一次大变革，促进了货币经济的发展。张居正还治理黄河，取得了很好的效果。这些措施使社会矛盾有所缓和，国势渐见中兴。在当时太仓的积粮可支用10年，国库钱财多达400余万，朱明王朝出现了繁荣景象。

朱翊钧在位后期，因陶醉于理政成果和本人过度饮酒、抽鸦片烟、沉迷后宫而导致身体虚弱，进入“醉梦之期”。万历十年（1582年）张居正死后，反对改革的官僚纷纷起来攻击、诬陷张居正。朱翊钧下诏追夺张居正的封号和谥号，还查抄张家，使改革被废止，朝廷又一天天地走向没落。女真在东北迅速崛起，在萨尔浒之战中击败明军，更使明朝国势衰微。朱翊钧却只顾尽情享乐，“怠于临朝，勇于敛财，不郊不庙不朝者三十年，与外廷隔绝”。三十年不上朝，大臣的奏章、他的谕旨，全靠内侍传达。他不仅在世时要享受，还想到死后的安乐，早早筹划自己的陵寝，建造定陵耗时达 6 年之久。他还有一个不择手段亲自敛聚钱财的恶习，提倡官吏向他进奉，把进奉财物的多少作为衡量官吏是否效忠皇上的标准。为了在全国范围内聚敛民财，他派出大批宦官分赴各地充当矿监、税使，肆意搜刮民脂民膏，使得民变纷起，社会动荡不安。统治阶级内部也更加矛盾重重，各派之间互相火并，党争愈演愈烈，明王朝到了崩溃的边缘。万历四十八年（1620 年），朱翊钧在内外交困、风雨飘摇中死去，终年 58 岁。

94. “木匠皇帝”，昏暗天启

——明熹宗朱由校沉浸木工贻误国事

朱由校（1605 年—1627 年），明朝第十五位皇帝，明光宗朱常洛长子，光宗在位仅 29 天因“红丸案”而暴毙，朱由校经过“移宫案”风波，为群臣拥立继位。1620 年至 1627 年在位 7 年，年号天启（1621 年—1627 年）。因嬉乐过度并意外落水成病，于 1627 年服用“仙药”而死，终年 23 岁，庙号熹宗。

万历四十八年（1620年）是明朝宫廷中最为混乱的一年。七月二十一日，神宗朱翊钧病死；八月初一，太子朱常洛带病登基做了皇帝（即明光宗），时仅一月明光宗也因病中误服“红丸”而卒。一月之内连丧二帝，朱由校登基后，文武百官以为国家大事总算有了着落，未想到这位少年天子自登基之始就表现出了十足的庸痴无能和嬉戏怠政。

朱由校自幼有木匠天分，他不仅经常沉迷于刀锯斧凿油漆之类的木匠活之中，而且技巧娴熟，一般的能工巧匠也只能望尘莫及。据说，凡是他所看过的木器用具、亭台楼榭，都能够做出来。他继位时，外有金兵侵扰，内有农民起义，正是内忧外患、国难当头之时，他却不务正业，将国家大事抛在脑后不顾，终日手持斧子、锯子、刨子，制作木器，盖小宫殿，成了名副其实的“木匠皇帝”。凡刀锯斧凿、丹青揉漆之类的木匠活，他都要亲自操作，乐此不疲，甚至废寝忘食。他手造的漆器、床、梳匣等，均装饰五彩，精巧绝伦，出人意料。据史书记载，天启年间匠人所造的床极其笨重，十几个人才能移动，用料多，样式也极普通。明熹宗自己设计图样，亲自锯木钉板，所造之床，床板可以折叠，携带移动都很方便，床架上还雕镂有各种花纹，美观大方，为当时的工匠所叹服。他还善用木材做小玩具，他做的小木人，男女老少，俱有神态，五官四肢，无不备具，动作亦惟妙惟肖。熹宗还派内监拿到市面上去出售，市人都以重价购买，他更加高兴，往往做木工到半夜也不休息，常令身边太监做他的助手。熹宗的漆工活也很在行，从配料到上漆，他都自己动手，并喜欢创造新花样，让身旁太监们欣赏评论。他还喜欢在木制器物上发挥自己的雕镂技艺。在他制作的十座护灯小屏上，雕刻着《寒雀争梅图》，形象逼真。《明宫杂咏》上有诗吟道：御制十灯屏，司农不患贫。沈香刻寒雀，论价十万缗。

熹宗还创制了一种“水傀儡（木偶）戏”，所制傀儡人在人的操动下，可以表演《东方朔偷桃》《三宝太监下西洋》等节目。他亲手制作了喷水机关，能够让水势逆飞，如同瀑布泻下，又直冲而上，如同玉柱，可以凭水势托住整个镀金木球，盘旋不落。

朱由校崇信大太监魏忠贤。魏忠贤引诱他纵情玩乐，使他整日沉浸在木工活之中。魏忠贤常常趁他专心制作木器时启奏要事，这时朱由校总是厌烦地说：“朕知道了，你照章办理即是。”魏忠贤据此滥行赐赏，大施刑罚，造成空前的宦官专政。天启五、六年间，屡兴大狱，诬杀东林党人杨涟、左光斗、魏大中等，并毁天下东林书院。凡正直的大臣，都被以东林党的罪名惨遭横祸。而天启六年（1626年），熹宗还命顾秉谦等人修《三朝要典》，为魏忠贤等歌功颂德。朱由校在位 7 年，连年灾荒，不恤不赈，激起了陕北农民大起义，整个辽东几乎为清（后金）所占，从而敲响了明朝灭亡的丧钟。

95. 一年中两个王朝的灭亡

——大顺农民政权承接明朝末期奢腐的悲剧

1644 年，农历甲申年，中国历史上的两个王朝相继灭亡，一个是朱明王朝，另一个则是李自成领导的大顺王朝。朱明王朝在连续经历了几任昏庸、荒淫、荒唐皇帝的折腾之后，国势衰微。最后一任崇祯皇帝，生性多疑，对于军国大事的处理依赖宦官，朝三暮四，轻信妄断，反复无常，“任察则苛刻寡恩，尚气则急剧失措”。而其官吏则“出仕专为身谋，居官有同贸易”，结果“纵贪横于京几”，吏治败坏到了极点。这样的王朝灭亡，可以说是历史的必然；但是，由李自成领导的农民政权，则是在取得全面胜利的情况下，刚刚建立即宣告败亡，实属惊心动魄。

李自成率农民起义的前十几年，时战时败，连企图自杀都有过好几次。但他“不好酒色，脱粟粗粝，与其下共甘苦”，以致“饥民从自成者数万”。自崇祯十三年（1640 年）后的三年间，李自成军以摧枯拉朽之势，破洛阳、克襄阳、夺西安、入北京，最终推翻了明王朝。但他们在较短的时间内取得巨大胜利后，也在凯歌声中滋长了骄傲的情绪。在打进北京以后，李自成住进了皇宫。他的大臣、大将如牛金星、刘宗敏等，把明室的专制和腐败接收过来，纵声色，夺名利，掠财物，杀功臣，在战略上、组织上、作风上都犯下了严重的错误，终于酿成历史的大悲剧，其起若风起云涌，其败如风卷残云。

李自成军进入北京时，“市民各持香立门，贼过伏迎门上尽贴‘顺民’，大书‘永昌元年，顺天王万万岁’”。进京后，对于近在肘腋的关外大敌，他们似乎全不在意。在山海关仅仅派了几千士兵去镇守，几十万士兵却屯集在京城里面享乐。丞相牛金星忙于筹备登基大典，招揽门生，开科选举。其大轿门棍，洒金扇上贴内阁字，玉带蓝袍圆领，往来拜客，遍请同乡，俨然太平宰相风度。将军刘宗敏忙于拶挟降官，搜刮赃款，严刑杀人，史载其“杀人无虚日”。纷纷然，昏昏然，以为天下就已经太平了一样。刘宗敏闻知吴三桂的爱姬陈圆圆貌美且在京城，便把吴三桂的父亲吴襄绑来，“追求不得，拷掠酷甚”，强令陈圆圆就范，使吴三桂“冲冠一怒为红颜”，种下仇恨。上行下效，起义军军纪迅速废弃，失去控制，兵丁掠抢民财，奸淫妇女，一片混乱，人心尽失。当李自成军受挫于山海关，又在清军的追赶下撤离北京时，百姓已对其“恨入骨髓矣”，“各出床桌等物，窒塞巷口，或以白梃从小巷突出，击贼下马，立杀之”。李自成军自 3 月 19 日进京至 4 月 29 日撤出，仅 40 天即全面溃败。

1944 年 3 月 19 日，郭沫若的《甲申三百年祭》在重庆《新华日报》上发表，连载四天。第二天的报纸上，在郭沫若的文章连载之前，用大字排上了一段毛泽东的话：今天的中国是历史的中国的一个发展，我们是马克思主义的历史主义者，我们不应当割断历史。

96.“蛤蟆天子”，临危淫靡

——弘光小朝廷苟延残喘的纸醉金迷

朱由崧（1607 年—1646 年），“南明”皇帝。李自成攻入北京，崇祯皇帝在景山上吊自杀后，他在南京被拥立为皇帝，定年号“弘光”，国号依旧为“明”，史称“南明”。他在位 2 年被杀，庙号安宗。

朱由崧是万历帝的孙子、老福王朱常洵的儿子。李自成攻下洛阳时，老福王被俘，这个近三百斤的大胖子，被义军拌着鹿肉一起炖了，做成了名为“福禄宴”的下酒菜。败国亡家之际，朱由崧在南京登上帝位后，面对义军和清军咄咄逼人的攻势，不是旰食宵衣地勤于国政，而是歌舞升平地追求声色享受，仍过着纸醉金迷的生活。当时的大书法家王铎为求升官，竟书明人朱存理《野航诗稿》中的名句“万事无如杯在手，一年几见月当头”二句进献。

弘光元年（1644 年）除夕，当清军南下之际，朱由崧突然召见群臣。大家以为是前线有了紧急军情，要研究对策，未料朱由崧说：“朕所忧者，后宫寥落，新春南都无新声，梨园子弟无一佳者，意欲广选良家，以充掖庭”，原来是要选拔一些佳丽，以充实后宫。宫里美女如云，朱由崧纵欲无度，身体虚弱，他还命内官替他捉蛤蟆配制春药，内官们公然打着“奉旨捕蟾”的旗号，督促百姓四处捕捉蛤蟆。南京的百姓叫他“蛤蟆天子”。风雨飘摇的弘光小朝廷内，内讧不断发生，又闹起了一些宫廷疑案，如大悲案、太子案、童妃案等，更加速了其灭亡。而朱由崧身边全是些只会阿谀奉承的奸臣和宦官，如马士英、阮大铖等。

1645 年，清军攻打重镇扬州，史可法率城中百姓抵御清军，清军围困百日，损失惨重。史可法急忙向朝廷求援，而朱由崧却置之不理。最终史可法部因寡不敌众，扬州沦陷，清军对扬州进行 10 天血腥的大屠杀，史称“扬州十日”。接着清军直逼南京，明军守军弹尽粮绝，眼看南京就要沦陷，正在与爱妃饮酒作乐的朱由崧急忙进宫召集大臣商议，那些平时只会阿谀奉承的奸臣无言以对，众叛亲离的弘光帝只好和爱妃逃到芜湖，清军追来，叛将田维乘将其出卖，其被清军押送至北京斩首。南明弘光朝廷只维持了半年时间即告灭亡。

97.“夙夜不遑”，盛世辉煌

——康熙帝的勤政节俭

爱新觉罗·玄烨（1654 年—1722 年），是清朝第四位、入关后的第二位皇帝。年号康熙。史称康熙帝。8 岁登基，14 岁亲政，在位 61 年，是中国历史上在位时间最长的皇帝。

康熙从小受祖母孝庄皇太后的教导，并总结明代奢侈亡国的历史教训，立志勤政爱民。他一生吃穿用度简约，不喜享乐浮华。他登基做皇帝的第二年，一位统兵的将帅从前线派人给他送来一只极为罕见的黄色小鹦鹉，还专门用黄金打制了一个精致的鸟笼子。康熙那年刚刚 9 岁，还是个孩子，正是贪玩的年龄，这位大帅满心要讨得小皇帝的欢心，不料康熙拒绝接受，还对送鸟人严厉训斥。难得的是，终其一朝，他都拒绝奢靡。他把“满招损，谦受益”作为自己的人生格言，多次拒绝臣下给自己上尊号，也反对朝廷官员为他献礼庆祝生日。他50岁时，朝廷官员给他献上了鞍马缎匹和“庆祝万寿无疆屏”等生日礼物，他认为这样进献，各督抚也一定会仿效，只把屏风上大臣们所写为自己祝寿的文章抄了下来留作纪念，屏风却原件退回。

在宫中，康熙对各种花费严加限制，要求节俭，不许浪费。康熙初年，宫中所有人员合计才800余人，这与明代宫廷宫女数千、太监数万相比微不足道。因此，宫廷费用与明代相比也大为节省，明代光禄寺每年用银即达100万两，康熙时只用10万两，明代工部每年宫廷修造用银最少约200万两，而康熙时只用二三十万两。明代宫中建筑要有楠木料、临清砖，而康熙时除特殊需要外，一概用普通砖瓦。因此，康熙说明代一日之费，可抵今一年之用。为宫中祭祀、典礼准备筵席的光禄寺，过去每年的开支要70万两银子，经康熙逐渐压缩，降至每年7万两。管理少数民族事务的理藩院，每年用于赏赐及招待的费用为80万两银子，经康熙锐意裁减不必要的开支，每年只需用银8万两。

康熙出巡也厉行节约，不许为他修路，不许擅自建立行宫，已有行宫不许施加彩绘。有地方官请示将当地行宫交地方管理，康熙担心如此一来增加地方负担，下令今后不再修缮，任其损坏。他还下令不许当地官员搭建彩棚搞什么迎送仪式，不许为他的题字题词刻碑建碑亭。几次南巡，他都躬行节俭、不讲排场，“简约仪卫，卤薄不役，息从者仅三百余人”。隋炀帝第一次游江都，所用船只就有数千艘，绵延200余里，运河沿岸还有骑兵护送，所过州县，方圆500里内都要贡献珍奇食物。康熙则沿途“不设营幄，不御屋庐，一切供应，皆令在京所司储待”，不滥取于民间。康熙二十八年（1689年），他巡至江宁，当地官吏“装饰舟船以待”，康熙不乘坐，不观看，反而严令“将造饰物料俱行拆毁，于应用处用之”，并传谕当地官吏引以为戒。

康熙帝经过八年的苦战平定三藩之乱后，清醒地知道这场战争所带来的巨大创伤，为此，他提出战后的当务之急是恤兵养民，使兵民得以休息，永消来日之隐患。君臣之间，“益加修省”，而澄清吏治，“务以廉洁为本”，“用致太平”。

康熙帝勤于政事，每日清晨至乾清门，听部院各衙门官员上奏政事，与大学士等集议处理，开创“御门听政”之制。在他执政的几十年间，“夙兴夜寐，有奏即答，或有紧要事，辄秉烛裁决”。即使是到了晚年，右手因病不能写字，仍用左手执笔批旨，而决不假手他人。他在临终前留下的遗诏中说：“自御极以来，虽不敢自谓能移风易俗，家给人足，上拟三代明圣之主，而欲致海宇升平，人民乐业，孜孜汲汲，小心敬慎，夙夜不遑。未尝少懈，数十年来，殚心竭力，有如一日。”这并非自夸之词。

康熙帝以身作则，勤政节俭，开创了“康乾盛世”之始。他在位 61 年，清帝国成为当时世界上幅员最为辽阔、人口众多、经济最富庶的帝国。

98. 一千多万字的政务批语

——雍正帝的惜时勤勉

爱新觉罗·胤禛（1678 年—1735 年），康熙皇帝第四子，清朝第五位、入关后第三位皇帝。1678 年继位，1735 年病亡，在位 13 年，终年 58 岁。庙号世宗，史称雍正皇帝。

雍正朝是清朝统治承上启下的重要时期，为以后乾隆时期的繁荣盛世打下了基础。他曾亲自带部队上战场，保卫大清的疆域领土；改革赋役制度，清查国库亏空，打击了贪官污吏；

实行耗羡归公，有利于澄清吏治；推行摊丁入亩制度，有利于穷苦百姓；他安边固境，改土归流，镇抚青藏，维护祖国统一。

雍正帝勤于政务，从他朱批奏折可管中窥豹。奏折是清代特有的高级官员向皇帝奏事进言的一种机密文书，皇帝亲自朱笔批示后发回呈奏者执行。这是一套严密的行政指令传达制度，始于康熙二十年前后，当时总共才有 137 名亲信官员有此资格，所奏内容十分局限，因而没有形成严格的奏折制度。雍正朝扩大了范围，有资格写奏折的官员达 1200 人以上，所奏之事无所不具。雍正在位期间共处置各种奏折 192000 余件，平均每年达 14700 件，亲自朱批 41600 多件，有的批语竟达 1000 多字，比奏折本身内容还要多。他在奏折中所写下的批语字数达 1000 余万字，平均算下来，每天大约 2000 余字。他曾说："各省文武官员之奏折，一日之间，尝至二三十件，多或至五六十件不等，皆朕亲自览阅批发，从无留滞，无一人赞襄于左右。"他还曾在一折批语中说道："朕自朝至夕，凝坐殿堂，披览诸处奏章，目不停视，手不停批，训谕诸臣，日不下千数百言。"这决非夸张之语，他几乎每天都劳作到深夜，而且每天的睡眠不足 4 个小时，一年只有在他生日那天才休息，可谓日理万机。

雍正帝在位 13 年中，是清朝继康熙之治后进一步强盛的

13 年。他以务实精神治天下，清代各方面在康熙时期的基础上更上一层楼，为康乾盛世的创建作出了巨大贡献。

99. 盛世凭勤俭，衰世因怠靡

——乾隆帝的“后颓”与清王朝的中落

爱新觉罗·弘历（1711 年—1799 年），雍正帝胤禛第四子，清朝第六位、入关后第四位皇帝。雍正十三年（1735 年）八月二十三日凌晨，雍正帝驾崩，内侍取出谕旨，宣布弘历继位，改第二年为乾隆元年。时年 25 岁。嘉庆元年正月初一日（1796 年 2 月 9 日），86 岁的乾隆帝在位 60 年后退位，后又当了三年太上皇，实际掌握最高权力长达六十三年零四个月。于嘉庆四年正月初三日（1799 年 2 月 7 日）病逝，终年 89 岁，庙号清高宗。是中国历史上执政时间最长、年寿最高的皇帝。

乾隆帝继位早期像他父、祖一样，励精图治，勤于理政，平定大小和卓叛乱、巩固多民族国家的发展，六次下江南，文治武功兼修。当时文化、经济、手工业都是极盛时代，国土面积达到清朝最大，在历史上仅次于元朝，达到 1300 万平方公里，人口达到前所未有的 3 亿，国内有 18 个省、5 个将军辖区、

2个办事大臣辖区，共25个省级行政区域和蒙古盟旗等。他倡导“勤政爱民”，重视对官员的考察，经常在公开场合表扬一些为民请命、为民做事的好官员，奖励和提拔政绩卓著的官员。他反对官员虚报政绩、损害民力的行为，并坚决打击，轻者降级贬官，重则问罪下狱，再重者杀头株连。他的前期勤勉，为“康乾盛世”作出了重要贡献。

乾隆帝在70岁寿辰时，专门刻了一块镌有“古稀天子，犹日孜孜”铭文的“古稀天子之宝”。至八十岁寿辰时又刻了一块镌有“八征耄念，自强不息”铭文的“八征耄念之宝”。他还曾“于勤政殿扆间御书《无逸》一篇以自警，凡别馆离宫听政处，皆颜‘勤政’二字”。然而，由于骄傲情绪的不断滋长和身体状况的下降，他的这些自箴之词在实际上未能做到。

60岁以后，他经常自我陶醉，夸耀自己的成就，他还特别喜欢将自己和历代帝王进行比较，比疆域，比人口，比蠲赈，比政治安定，比统治巩固。70岁以后，这种比较发展到庸俗无聊的地步，骄傲愈甚，以至于肆意挥霍，政务废弛。如乾隆四十九年（1784年），乾隆帝喜得玄孙载锡，群臣纷纷祝贺五世同堂。乾隆帝又开始和历代帝王比儿孙，命儒臣查阅《四库全书》中得见玄孙者有几人。查阅结果，“三代以上不可考，秦汉以后，隋唐以前未见其人”，于是，他像打了大胜仗一样异常兴奋，大肆赏赐、设宴，任意挥霍。同时，又命各省督抚详查治下五世同堂者奏闻，总共查得192家上报，便亲制诗篇、御书匾额、赏赐缎匹银两、敕令建坊，不一而足。与此同时，乾隆帝本人历次寿辰的庆祝活动也越来越盛大，消费也越来越惊人。其中，糜费最甚的是乾隆五十五年（1790年）举办的八旬万寿庆典。这次活动，从乾隆五十二年（1787年）即着手筹办，次年，又成立了由军机大臣阿桂、和珅等负责的专门筹备机构。同时，还下令全国太小官员捐资，以修筑宫殿、园林。万寿庆典持续了一个月，连日赐宴、观剧、赏赉不绝。乾隆帝本人及朝廷大小官员均置政务于不顾，而沉浸在庆典的欢乐之中。

由于年老昏聩和健康情况的恶化，乾隆帝对国家事务的处理也失去了应有的关心。乾隆四十九年以后，他处理政务的时间大大缩短，厌烦各地官员奏进的如山公文，多次指责地方官奏事琐细，“徒滋烦扰”。由于乾隆帝老年倦政，受其影响，朝政和各地政务都普遍废弛。仅湖北一省，从乾隆四十五年至五十七年，就有六百余件案件积压未办。乾隆五十一年（1786年）九月，针对江浙一带水利废弛、浮收多征现象严重、耕地不足等实际问题，御史祝德麟奏请重视水利、禁止浮收漕粮、限制族葬坟地。对于这一正确建言，乾隆帝却严厉指斥为“无一款可行之处”。乾隆五十六年（1791

年），江苏巡抚长麟奏请核实户口，以防止胥吏从中舞弊，他视为畏途，无心料理，断然拒绝。这样，就使得一些贪官污吏更加肆无忌惮，同时使一些较为正直的官员心寒气短，导致国家政务混乱。

乾隆帝晚年怠政，还造成了和珅专权、吏治腐败、贪污成风。从此，大清统治江河日下，昔日的全盛成为历史。

100. 做寿糟千万，逃亡仍奢靡

——慈禧伤财衰国的铺张浪费行为

慈禧（1835 年—1908 年），即孝钦显皇后，叶赫那拉氏，咸丰帝的妃子，同治帝的生母。以皇太后身份垂帘听政或临朝称制，为 1861 年至 1908 年间大清王朝的实际统治者之一。

甲午战争前六年，北洋海军一直想添置新式战舰，但清政府一直以“时艰款绌”为由不予批准，而当时慈禧一天的生活费用就是 4 万两银子。1894 年 11 月 7 日，是慈禧 60 岁生日。为此次生日准备的首饰折合黄金 1 万两，折合白银 38 万两；置办衣服就花去黄金 23 万两；从颐和园回紫禁城所经道路的景点设置与装饰，花去白银 240 万两。这个生日，约花了白银1000万两，相当于整个北洋舰队的经费。除此之外，为了给慈禧修退休后休息的颐和园，共花去白银3000万两。当时，英国和德国最先进的战舰价格约为25万两白银，据此推算，慈禧半个月花费掉一只巡洋舰，装修颐和园的钱可以组建三支北洋舰队。

1900年8月15日凌晨，在八国联军攻打北京的枪炮声中，慈禧太后为了保全自己的性命，置国家危难于不顾，挟光绪皇帝、皇后、瑾妃、大阿哥溥儁等，换上便装，乘马车仓皇离开紫禁城，狼狈西逃，开始了一年零四个月的逃亡生活。

慈禧原打算落脚太原，后由于山西大旱，地瘠民贫，供给困难，又闻得德法联军要进入山西，遂决定转往陕西西安。到了西安，离战火远了，慈禧又开始养尊处优。每日用膳虽不能与在北京紫禁城时相比，但仍分荤局、素局、饭局、茶局、点心局等，每局设管事太监一人、厨司数人至十余人不等，由总管大臣荣禄管理，日选菜谱百余种，每天要花掉200多两银子，还美其名曰“俭省”。从南方源源进贡而来的燕窝、鱼翅等，每日必选数种作为佳肴，鸡鸭鱼肉之类当然更不在话下。为了保证慈禧能喝到新鲜牛奶，每月还花200两银子，在西安行宫饲养了6头奶牛。因为从北京出逃时非常仓促，宫中的龙袍、龙褂和其他衣料均未能带出，于是慈禧令两江总督刘坤一督促江苏织造紧急缝制龙袍、龙褂，并从南方各省调运大批绫罗绸缎到西安，征调许多裁缝赶制各式衣物。慈禧为了笼络人心，还大赏随扈西行的官兵、太监等，其中一次就赏马玉昆部白银10000两、岑春煊军白银2000两。

慈禧西逃后，陆续从全国调拨银饷，以满足其浩繁开支。根据有关档案文献的不完全统计，截止到光绪二十七年（1901年）二月初，各省解往行在的各项银两就达500多万两、粮食近100万石。除此之外，当时具体负责筹集粮款的岑春煊等人，每到一地，都向地方官大肆苛索摊派，“多者逾万金，少也七八千金”。至于太监等人的敲诈勒索，更是司空见惯，致使大小官员，人人餍饫，地方官被迫悬梁、服药自杀的现象不时发生。在指令奕劻、李鸿章与列强签订了卖国的《辛丑条约》后，慈禧于1901年10月6日取道河南、直隶回銮。从西安起程时，百姓“伏地屏息”“各设彩灯”欢送，回銮的数万人马，按照京城銮仪卫之制列队行进。慈禧乘坐八人抬大轿，舆夫身穿红绸驾衣，轿前有御前侍卫，后面是3000多辆大车，运载着慈禧及王公大臣的行装和地方进贡的各类金银珠宝、绫罗绸缎、古董珍玩。浩浩荡荡的回銮人马，带着大量搜刮而来的民脂民膏，犹如打了胜仗“凯旋”进京一般。

慈禧回銮所经之路，全都赶修得非常平坦，再铺上一层细软的黄土，在銮驾通过之前以净水泼洒，以免人行马踏荡起尘埃。从西安到北京 2700 多里的路途中，共设富丽堂皇的行宫 37 座，至于中途歇脚的驿站更不计其数。慈禧回銮途中，在开封停留了一个多月，还大搞庆寿活动，文武百官从全国各地赶来向她祝寿，连演数天大戏，举办了多次盛大宴会，仅宴请群臣的桌椅、餐具和茶具就花费白银 3 万多两。到了直隶正定府，慈禧决定改乘火车回京，一行人及其行李物品整整占据了 22 节车厢。为了慈禧在车站短暂休息，竟搭彩棚 30 多座。为了迎接慈禧回宫，北京城同样动用了大量人力和物力，将御道装饰一新，仅武备院就由庆亲王奕劻陆续批定实银 2 万两、由内务府广储司银库领出实银 6000 两，各库为回銮备用车辆各项，共用银 1500 两。从午门至正阳门桥牌坊，凡露明处一律装饰整齐，共用银近 13 万两。这些还仅仅是京中衙门承办差务的部分费用，至于实际花销则远远不止此数。

慈禧的奢侈行为，给国家造成了巨大损失，败坏了朝风和社会风气，加速了清王朝的灭亡。

中国古代俭奢故事

ZHONG GUO GU DAI JIAN SHE GU SHI

下

张国钧◎著

中国法制出版社
CHINA LEGAL PUBLISHING HOUSE

目录

Contents

下编 古代官吏和名人的一百个故事

1. 羊舌鲋贪婪亡身 / 3

2. 乐喜以“不贪”为宝 / 5

3. 季文子无衣帛之妾食粟之马 / 7

4. 伯嚭受贿误国 / 8

5. 晏婴以“俭”为师 / 10

6. 萧何身居相国住茅屋 / 12

7. 霍去病居功拒享 / 13

8. 祭遵家无私财克己奉公 / 15

9. 马援“马革裹尸” / 16

10. 张堪入蜀不私秋毫 / 19

11. 王良位列三公恭俭过人 / 21

12. 杨震却金说“四知” / 23

13. 梁冀夫妇比豪 / 25
14. “五侯”骄横朝野 / 27
15. 窦武贵为国丈嫉恶如仇 / 28
16. 侯览兄弟纵奢 / 30
17. 羊续悬鱼却贿 / 32
18. 张让引诱皇帝奢侈 / 34
19. 董卓造“万岁坞”丧身 / 36
20. 诸葛亮鞠躬尽瘁死而后已 / 37
21. 何曾父子“日食万钱” / 39
22. 胡质胡威父子清廉 / 40
23. 石崇王恺斗富比阔 / 43
24. 王衍清谈误国 / 46
25. 陶侃做州官日运百甓 / 48
26. 王恭居高官一领竹席 / 50
27. 司马道子蓬首昏眊通宵狂饮 / 51
28. 吴隐之做太守卖狗嫁女 / 53
29. 颜延之父子相异 / 55
30. 颜师伯与皇帝赌博一馈百万 / 57
31. 阮佃夫宅内长渠泛舟 / 58
32. 徐勉公而忘归遭家犬吠 / 60
33. 高允五朝元老甘于清贫 / 61

34. 孙谦奉三朝固守清廉 / 63
35. 元雍食一日抵人千日 / 65
36. 元琛以黄金白玉镶水井 / 66
37. 傅昭两朝政要清廉寡欲 / 69
38. 赵轨清廉若水 / 71
39. 宇文化及纵马扬威 / 72
40. 裴矩身处乱世廉洁正直 / 74
41. 魏徵盛世思危洁身诤言 / 76
42. 李义府卖官索贿身败名裂 / 79
43. 卢怀慎官居宰相门无遮帘 / 81
44. 姚崇不建相府住寺庙 / 83
45. 宋璟享誉“有脚阳春” / 85
46. 杨国忠存帛三千万匹 / 86
47. 元载家存八百石胡椒 / 88
48. 王缙一宴一百五十万贯 / 90
49. 铭州三县令自甘勤苦 / 91
50. 李光颜巧却美色 / 93
51. 郑注攀附享靡 / 95
52. 苏逢吉巧取豪夺 / 97
53. 韩熙载夜宴留名 / 99
54. 李沆“巢林一枝” / 101

55. 杜衍居国公清约廉俭 / 103
56. 范仲淹勤俭传家 / 105
57. 包拯不持一砚 / 107
58. 欧阳修无私清简 / 109
59. 司马光以俭朴为荣 / 112
60. 苏东坡达穷勤俭 / 114
61. 蔡京一羹百鹑 / 116
62. 童贯存药丸数千斤 / 118
63. 宗泽苛己济困 / 120
64. 朱勔举家佩金腰带 / 122
65. 王黼存黄雀三楹 / 125
66. 秦桧富可敌国 / 128
67. 岳飞家存九串铜钱 / 130
68. 韩侂胄索十四珠冠 / 132
69. “董阎罗”逢迎奢侈 / 134
70. 刘秉忠谓金银无用 / 135
71. 贾似道穷奢极欲 / 136
72. 刘观惩腐自腐 / 138
73. 况钟“事事堪持天日盟”/ 140
74. 王振作威作福 / 142
75. 王翱五朝名臣自奉俭素 / 145

76. 于谦“要留清白在人间” / 147
77. 刘瑾敛财无尽 / 150
78. 严嵩父子巨贪 / 152
79. 徐九思的“勤、俭、忍” / 154
80. 海瑞铁面冰心 / 157
81. 杨继盛“第一功名不爱钱” / 161
82. 江一麟夫妇相规 / 163
83. 魏忠贤广立生祠 / 165
84. 于成龙甘为“于青菜” / 169
85. 汤斌享誉“豆腐汤” / 172
86. 年羹尧恃功骄甚 / 174
87. 郑板桥乐当“草鞋官” / 176
88. 王尔烈破砖烂瓦还乡 / 178
89. 和珅奢冠古今 / 180
90. 朱珪一世不言钱 / 185
91. 朱为弼不受供张 / 187
92. 林则徐无欲则刚 / 189
93. 曾国藩寒素传家 / 192
94. 胡林翼不庇族戚 / 194
95. 彭玉麟崇俭自守 / 196
96. 胡雪岩败在“失度” / 198

97. 李秉衡廉吏流芳 / 200
98. 奕劻贪奢败业 / 202
99. 李莲英挥金如土 / 204
100. 八旗子弟颓于特权 / 206

参考书目 / 209
后记 / 211

下编

古代官吏和名人的一百个故事

1. 羊舌鲋贪婪亡身

羊舌鲋（前580年—前531年），一名叔鲋，字叔鱼，春秋时期晋国贵族。是我国有史书记载以来，第一个因为贪污而受到惩罚的官员。

羊舌鲋父兄都是晋国当时显赫一时的人物。晋昭公继位后，重用权臣韩宣子，羊舌鲋得到了韩宣子及晋昭公的重用，当过代理司马、代理司寇等官职。

羊舌鲋任职期间，“渎货无餍”，“邀宠窃官”，“卖法纵贪”，劣迹昭彰。一是大发郲子国战争财。羊舌鲋骁勇善战，而且又凶狠擅杀，凡晋军兵过之处皆血流成河，城乡被抢劫一空。郲子国的金银财宝大半进了他的腰包。二是威胁索贿卫国。公元前529年，韩宣子为了提高晋国的霸主威信，显示晋国强大的势力，决定召集当时各个诸侯国到平丘（今河南封丘县）召开盟会。这年 7 月，韩宣子让羊舌鲋当上掌管军权的代理司马，带领军队到东方邹国的南面去训练。羊舌鲋带领大队人马 30 多万，浩浩荡荡地向邹国前进，经过卫国的时候，他命令军队在卫国境内停下来，要求卫国国君给他贵重的礼品。一开始卫国国君并没有理会他的无礼要求，羊舌鲋恼羞成怒，于是纵容他手下的士兵打着割草喂马的旗号，在卫国的境内四处乱砍滥伐，搞得民不聊生，百姓叫苦不迭。而卫国是个小国，不敢和强大的晋国闹翻，只好忍气吞声地派人送了一箱精美的锦缎给羊舌鲋，这才送走了这位瘟神。羊舌鲋带领大军继续东进，在路上一有机会就故技重施，向路过的小国勒索财物，搜刮无数，满载而归。三是扣押人质求货鲁国。羊舌鲋扣押鲁国人质季平子，鲁国知道羊舌鲋贪得无厌，就带着绸缎和食物来见羊舌鲋。羊舌鲋让手下收下礼物，允许鲁国人可以给季平子送饭，但却不肯放人。

羊舌鲋不仅贪财，而且还贪恋美色。韩宣子把一桩诉讼多年也没解决的土地纠纷案交给他处理。案子的主角是晋国两个很有地位的人物，一个叫刑侯，一个叫雍子，他俩因为田产边界的划分而发生了冲突。羊舌鲋开始接手此案的时候，雍子抢先获得了消息，为了打赢官司，他主动把自己貌美如花的女儿嫁给了羊舌鲋。羊舌鲋在得到雍子的女儿后，不问是非曲直，就宣判雍子无罪，刑侯有罪，强行把刑侯的田产划到了雍子的田产范围内。由于羊舌鲋执意错判，刑侯一怒之下，拔剑杀了羊舌鲋和雍子。

羊舌鲋死后，韩宣子把他的哥哥羊舌肸叫来问怎么办，羊舌肸说，他们三个都应该定为死罪。于是，韩宣子接受了羊舌肸的主张，杀了刑侯，同时认为羊舌鲋因为贪婪被杀，死有余辜，就把他的尸体拉到繁华的大街上示众，借以警示世人。

2. 乐喜以“不贪”为宝

乐喜，字子罕，春秋时期宋国人，宋平公时任司城（另称司空，为六卿之一），他为政有方，不骄，不贪。

宋平公十二年（前 564 年），乐喜以司城而执掌国政。一次，乐喜在自己的府邸接待楚国聘使。楚使见他家的南墙不直，西邻家里的污水绕他家流过，楚使大惑不解，问他堂堂国家执政为何连自己家都弄不好。乐喜解释说：南邻“工人也”，从事鞋帮生产已经三代，如逼他家迁徙，一来宋国的买鞋者不知去何处找他，二来这户工人的生活也将没了着落，所以就没逼他走。至于西边的邻居，是因为他家所处地势高，我家的房子地基偏低，污水自高而下流经我家是自然之事，如若禁止，亦属不近情理。一番话，使楚使大为叹服，他回到楚国，立即上殿谏阻楚王："不可以攻打宋国。因为宋君贤，且有仁相乐喜，很得人心，攻宋定会无功而返。"正因为宋国君臣同心同德，故宋国南面的楚国、北面的晋国、东面的齐国三个大国，都不敢轻易对宋发动战争。

乐喜经常规劝宋君节制奢欲，关心百姓疾苦。宋国出现饥荒，他力主拿出国库储粮救济灾民，同时动员贵族向食不果腹的饥民出借粮食。他本人则在出借粮食时不写契约，以示不求归还。有一次，宋国有人获得了一块美玉，出于对乐喜的尊敬，拿来献给乐喜。乐喜谢而不受。献玉者以为乐喜不相信是宝玉，便说："已请治玉的行家做过鉴定，确是稀世美玉。"乐喜淡然一笑，说："我以不贪婪的品行为宝，你是以美玉为宝。我若接受了你的宝玉，咱们双方就都失去了最宝贵的东西。"献玉者又说怀揣宝玉不便赶路，一旦遇上歹人就难免遭劫丧宝。乐喜又指点他把宝玉卖了，使献玉者得以富归故里。而乐喜则以"不贪"为宝的品质，受到历代的赞扬。

3. 季文子无衣帛之妾食粟之马

季文子（？—前568年），即季孙行父，春秋时期鲁国的正卿，姬姓，季氏，谥文，史称“季文子”。季文子从公元前601年至前568年共在鲁国执国政33年，辅佐鲁宣公、鲁成公、鲁襄公三代君主，忠贞守节，克勤于邦，克俭于家。季文子虽身居高位，却以俭为荣，他穿的是久洗的旧衣，吃的是普通饭菜，住的是简陋的屋子，坐的是瘦马破车。他还经常叮嘱家人说：“不要讲排场，搞浮华，有粗茶淡饭吃喝，衣服不脏不破就好了。”在他三十多年的宰相生涯中，保持着一贯的节俭作风。《史记·鲁世家》记载：季文子当政时，“家无衣帛之妾，厩无食粟之马，府无金玉”。孟献子的儿子仲孙它很瞧不起季文子这种做法，于是就问季文子：“你身为鲁国之正卿大夫，可是你的妻子不穿丝绸衣服，你的马匹不用粟米饲养，难道你不怕国中百官耻笑你吝啬吗？难道你不顾及与诸侯交往时会影响鲁国的声誉吗？”季文子回答：“我当然也愿意穿绸衣、骑良马，可是，我看到国内老百姓吃粗粮穿破衣的还很多，我不能让全国父老姐妹粗饭破衣，而我家里的妻子儿女却过分讲究衣着饮食。我只听说人们具有高尚品德才是国家最大的荣誉，没听说过炫耀自己的美妾良马会给国家争光。”孟献子闻知儿子对季文子所说的不明事理的言语，怒而将儿子仲孙幽禁了七天。受到管教的仲孙改过前非，亦仿而学之。在季文子的倡导下，鲁国朝野出现了俭朴的风气，并为后世所传颂。襄公五年（前 568 年），这位连相三君、当政三十多年，勤于政务，使鲁国免遭六国侵略的政治家，以老而终。入殓之时，鲁襄公亲往探视，只见季孙氏家臣仅用日常家用器物作陪葬，而没有任何奢侈之物，甚为感动。

4. 伯嚭受贿误国

伯嚭，春秋晚期人。其父曾为楚大夫，后遭奸臣陷害被杀，伯嚭出逃奔吴，得到伍子胥推荐，被吴王阖闾拜为大夫。

公元前 494 年，吴王夫差为报越国杀其父阖闾之仇，兴倾国之兵伐越，大败之。越王勾践只剩五千军队困守会稽。越国大夫文种向勾践献计以财色贿赂伯嚭，让伯嚭说服夫差求和。勾践即派文种带着金玉美女去见伯嚭。伯嚭连声答应着把金玉美女全数收下，在第二天一早，伯嚭就带文种去见夫差，亲自为越国说情。

夫差答应勾践的求和要求后，勾践夫妇和大夫范蠡入吴做夫差的奴仆。其间不断贿赂伯嚭，供应伯嚭过着奢侈的生活。伯嚭受着越国的供养，暗地里给勾践送衣送食，为他们说好话。伍子胥几次劝夫差杀掉勾践，伯嚭却肆意诬陷伍子胥。勾践夫妇在恭恭敬敬地做了三年奴仆后，夫差在伯嚭的怂恿下，把勾践放回越国。勾践回国后卧薪尝胆，积蓄力量，暗中进行弱吴之计，不断向吴国进贡财物，以腐蚀其君臣；多次派能工巧匠帮吴国修建宫殿，以耗其资财；给夫差送上美女西施，以迷其心志；借口越国饥荒，向吴国大举借粮，以空其积粮。这些计谋，虽被伍子胥识破，但由于伯嚭的蓄意辩解，蒙蔽了夫差，都一一得以实现。而且，由于伯嚭的诋毁，夫差赐令伍子胥自刎，致使吴国少了一个杰出的谋臣和虎将。公元前 482 年，已是国富兵强的越国趁吴国军队北上与晋争霸、国内空虚，又遇饥荒之机，大举伐吴，于公元前 473 年攻破吴国都城姑苏城。夫差自尽，吴国灭亡。伯嚭自以为有功于越，得意扬扬地去向勾践表示祝贺，勾践说："你是吴国的太宰，我不敢委屈你。你的君王在阳山，你应随他去。"于是立即命人把他的脑袋砍了下来，并把他的全族杀绝。

5. 晏婴以“俭”为师

晏子（前 578 年—前 500 年），名婴，字平仲，亦称晏平仲，春秋时期莱州夷维（今山东高密）人。他长期任齐国相国，先后辅佐齐灵公、齐庄公、齐景公三朝，以节俭力行而名显于世。

晏子一生俭朴，廉洁奉公。早在居父晏弱（恒子）丧时，晏子就大胆冲破繁缛礼仪，从简行事。他做了宰相以后，“食不重肉，妾不衣帛”，过着“食不足，肉不给”的清苦日子，节余下来的俸禄常常用于赈济贫困的亲友和百姓。有一天，晏子正在家吃饭，来了一位景公的使者，晏子就分食一半给他吃，结果两个人都没有吃饱。使者回去把这件事告诉了齐景公，齐景公感到十分惊讶，于是派人给晏子送去很多钱，让他用来招待宾客，还打算把物产丰厚的都昌赐封给他。可他坚辞不受，说：“我一直把俭朴作为自己的老师，时时告诫自己不能奢侈、纵欲。如果我接受了您的赐封，岂不是把老师丢掉了吗？”

晏子每次上朝，总是身着布衣，他的一件大衣一直穿了三十年。他乘坐的马车破旧不堪，驾辕的驽马骨瘦如柴。一天，齐景公看见晏婴乘坐的旧车后说："是不是我给你的俸禄太少了，你的车子这样破旧？"晏婴回答说："我的车子虽然破旧了些，马也瘦弱了些，但还是能用的。"景公于心不忍，便让人给他送去一辆豪华新车和数匹壮马，但晏婴没有收。景公让人连续送了三次，都被晏婴拒绝了。景公有些不悦地说："你不接受我送的车，以后我也不坐车了。"晏婴说："我身为您的大臣，要求满朝文武厉行节俭，以减轻百姓负担，您让我坐这么好的车招摇过市，如果其他人也学我的样子，上行下效，我也说服不了他人，这样必然造成全国的奢靡风气，到那时局面就无法收拾了。"此后，晏子仍然敝衣旧车如故。

晏子虽然是"三朝元老"，但他的居室极其简陋。齐景公于心不忍，就对晏子说："你的住宅临近闹市，低洼不平，而且雨天泥泞，晴天扬尘，请你迁到一块高地去住吧！"晏子则笑着说："我的先人就住在这里，我对国家没有作出什么贡献，我能平安地住下去已经很过分了。况且，我住在市场附近，每天早晚到市场上买自己所需要的用品，对我来说很方便。"不久，晏子出使鲁国，齐景公趁此机会派人强行搬走了晏子左邻右舍的百姓，在原地为晏子建造了一座宽大明亮的宅第。晏子出使归来的路上，听到了这个消息，便把车驾停在齐国都城的郊处，并派随从请求景公拆去新宅，恢复旧室，迁回邻居。齐景公开始拒绝了晏子的请求，后经陈桓子斡旋，才勉强答应了他的条件。晏子死后，按照他生前的遗愿，葬于故宅，后人名为“清节里”。宋代大文豪苏东坡曾作诗赞颂晏子：

晏婴不满六尺长，高节万仞陵首阳。

6. 萧何身居相国住茅屋

萧何（前 257 年—前 193 年），沛郡丰邑（今江苏丰县）人。他是西汉开国丞相，是辅佐汉高祖刘邦夺取天下的第一功臣。萧何一生勤俭，汉朝建立后，他掌握着国家的行政、财政大权，受封食邑 13000 户，足能在京城地面建置豪华住宅，但他只在地处偏僻的终南山下筑了几间茅屋。臣僚们问他为何不在京城置办良田阔宅，萧何说：“如果我的子孙贤良，可传我的俭朴家风；如果子孙不贤良，也不至于被势利者所侵夺。”他十分眷恋他的故乡丰县，在家乡也有几间房子。丰县博物馆现存西汉萧何故宅记事碑记载：“萧相国节俭至重，其营城东门北城中阳里僻地。”《江南通志》载：“萧何宅在丰县城东门北城下，其地最僻。”意思就是，萧何把房子建在丰县城内最偏远的地方，而且把房子建得十分简单，就是几间茅屋，也没有院墙。

萧何看到长安一带耕地狭小，百姓缺衣少食，可是天子的上林苑中却有许多闲着的荒地用来放养禽兽。萧何觉得太浪费了，便上奏请刘邦把这些荒地分给百姓去耕种，收了庄稼，留下禾秆照样可以供养禽兽。刘邦当时正在病中，见了这道奏章，恨萧何是想借此事来讨好百姓，他一怒之下，命令将萧何抓起来。有一个王卫尉平日敬仰萧何的为人，在侍卫刘邦时顺便为萧何说了一通公道话，刘邦这才赦免了萧何。

7. 霍去病居功拒享

霍去病（前 140 年—前 117 年），河东郡平阳县（今山西临汾西南）人。西汉武帝时期的杰出军事家。霍去病出身贫寒，少年时期曾在贵族家中做过奴仆。他的姨母卫子夫做了汉武帝的皇后之后，他官拜侍中，仍每日起早贪黑，练武习文，研读兵法，因此常常错过开饭时间，而他常常吃点剩饭，再去学习。汉武帝见他如此刻苦简朴，十分赞赏，公元前 123 年，委派年仅 18 岁的霍去病率领八百名骑兵初战匈奴，大获全胜，歼灭了敌人千余人，还活捉了匈奴国王的叔父。汉武帝破格赐封霍去病为冠军侯。

霍去病不居功自傲，不忘节俭，处处与兵士同甘共苦。一次，霍去病又率大军奔赴前线。临战前，汉武帝为了表达自己预祝霍去病取胜的心愿，派人由长安远道送去了两坛上好的美酒。霍去病见到酒后，他首先想到的是士兵。但酒仅有两坛，他想出一个让全军共享的办法，把全军将士召集到一眼清泉周围，待将士们坐好后，霍去病将两坛美酒倾倒入泉水中，然后下令让大家马上汲取泉水，开怀畅饮，以此来分享美酒。人们在分享美酒的同时，又都为霍去病将军爱兵如子、廉洁自爱的美好品德所感动。

霍去病生活的时代，正是匈奴和西汉两大势力从和亲到大动干戈的转折时期，在这一时期，霍去病等率军对匈奴的讨伐，基本解除了长期以来匈奴对汉朝的威胁，对保障中原地区的安定和发展，立下了汗马功劳。由于霍去病屡战沙场，战功显赫，汉武帝一次次为他晋升官职，最后提升他为大司马。武帝又特派京中能工巧匠为他建造了一座绿树环绕、飞檐碧瓦、豪华精美的府第，准备送给霍去病。住宅竣工后亲自与霍去病一同前往参观。住宅门楼巍峨高耸，一派富丽堂皇，跨进豪华的大门，金碧辉煌的主楼迎面，主楼中尚有豪华舒适的寝室，宽敞气派的会客间，环境幽雅的书房以及多间厢房，主楼后面是一片宁静如画的花园。亭台楼榭应有尽有，奇花异草遍布，牡丹盛开。但霍去病一脸肃然，他对武帝说："臣屡受陛下所赐，心已不安。今虽取得河西大捷，然匈奴未灭，何以家为?我怎能忘记国家大业，而享乐于高楼深院?还是让臣即返军营，与将士们为国效命吧！"武帝大受感动，答应了霍去病的请求，但命将府第留下，待边患平息后再赐予霍去病。然而，公元前119年，霍去病攻匈奴大获全胜，但由于劳累过度，病逝于军旅之中，年仅24岁。

8. 祭遵家无私财克己奉公

祭遵（？—33年），字弟孙，东汉初颍川颍阳（今河南许昌）人，屡官至征虏将军，是东汉王朝的开国功臣之一。祭遵从颍阳追随刘秀打天下，他容仪端正甚为刘秀所爱，任为门下吏。跟随刘秀征河北后，升军市令。刘秀的舍中儿（相当于警卫员、秘书）犯法，祭遵依法杀之。刘秀大怒，下令逮捕祭遵。主簿陈副谏说："明公常要众军整齐严明，现在祭遵奉法不避，是施行教令啊。"刘秀听之，放了祭遵，并任为刺奸将军，对诸将说："你们要小心祭遵！我舍中儿犯法尚杀之，对你们必不留情。”

祭遵屡立战功。建武二年（26 年）春天，刘秀大封功臣，拜祭遵为征虏将军，定封颍阳侯。祭遵官居高位后为人更加谨慎，廉洁节俭，克己奉公，每当因战功得到朝廷赏赐时，他“辄尽与士卒”，都散赠给士卒，而自己一点不留。他“家无私财，身衣韦绔”，从不讲究穿着，穿旧布衣，睡觉盖布被。甚至连夫人也勤俭节约，“裳不加缘”，衣裳不加边饰。他认为，一个人应该经常约束自己，严加要求，一心一意做公家的事。直至他垂危之际，仍然遗诫“牛车载丧，薄葬洛阳”，使得他“清名闻于海内，廉白著于当世”。当光武帝刘秀得知他死于任上时，除追谥他为成侯以外，又亲临他的墓地祭奠。刘秀对于祭遵的为人十分钦佩，他经常叹息着对群臣说：“上哪儿再去找忧国奉公如同祭征虏一样的大臣呢？”

9. 马援“马革裹尸”

马援（前 14 年—公元 49 年），字文渊，扶风茂陵（今陕西兴平东北）人。新莽末年，天下大乱，马援初为陇右军阀隗嚣的属下。在归顺光武帝后，为刘秀的统一战争立下了赫赫战功，因功累官伏波将军，封新息侯。

马援 12 岁时，父亲去世。马援“少有大志”，要到边郡去种田放牧。但没等他起身，哥哥马况去世，马援留在家中，为哥哥守孝一年。一年中，他没有离开过马况的墓地，对守寡的嫂嫂非常敬重，不整肃衣冠从不踏进家门。

马援曾种田放牧，过着转徙不定的游牧生活，但胸中之志并未稍减。他常常对宾客们说：“大丈夫立志，穷当益坚，老当益壮！”对田牧所得，马援慨然长叹，说：“凡殖货财产，贵其能施赈也，否则守钱虏耳。”遂把所有的财产都分给兄弟朋友，自己则只穿着老羊皮旧衣服，过着清简的生活。

建武十一年（35 年）夏天，光武帝任命马援为陇西郡郡守。马援一上任，便整顿兵马，派步骑三千人出征。先在临洮击败先零羌，斩首数百人，获马牛羊一万多头，迫使守塞羌人八千多望风归降。当时，羌族各个部落还有几万人在浩亹占据要隘进行抵抗，马援和扬武将军马成率兵进击，羌人将其家小和粮草辎重聚集起来在允吾谷阻挡汉军。马援率部暗中抄小路袭击羌人营地，羌人见汉军突如其来，惊慌失措，远远地逃入唐翼谷中。马援挥师追击，此战，马援身先士卒，飞箭将其腿肚子都射穿了。光武帝得知后，立即派人前往慰问，并赐给他牛羊数千头。但马援仍像往常一样，又把这些都分给了部下，自己一点不留。

天下统一之后，马援虽已年迈，但仍请缨东征西讨，西破羌人，南征交趾（今越南）。建武二十年（44年）秋，马援率部南征交趾凯旋京城，他在人们为他庆功的宴席上说："现在匈奴、乌桓还在北部侵扰，我想请求去讨伐。男儿应当死于边野，以马革裹尸回来安葬，哪能睡在床上守着妻子儿女呢？"这便是成语"马革裹尸"的来历。

马援果然实现了他"马革裹尸"的诺言。建武二十四年（48年），62岁的马援又请缨远征，次年战死疆场，却蒙冤获罪，尸体草草运回掩埋。他妻子和侄子马严六次向皇帝上奏章申冤，马援才得以正式下葬。

马援南征交趾时，在前线听说侄儿马严、马敦到处乱发议论，讥刺别人，而且跟一些轻狂不羁的人物结交往来，便写信劝诫他们。信中说：龙伯高这个人敦厚诚实，说出的话没有什么可以指责的。他谦约节俭，待人又不失威严。我爱护他，敬重他，希望你们向他学习。杜季良这个人豪侠好义，有正义感，把别人的忧愁作为自己的忧愁，把别人的快乐作为自己的快乐，无论什么人都结交。他的父亲去世时，来了很多人。我爱护他，敬重他，但不希望你们向他学习。因为学习龙伯高不成功，还可以成为谨慎谦虚的人，即所谓"刻鹄不成，尚类鹜"；

而一旦学习杜季良不成功，那你们就成了纨绔子弟，即所谓“画虎不成，反类犬”。

马援“老当益壮”“马革裹尸”的奋斗精神和崇尚清简，以及吃苦在先享受在后的情操，流芳后世。

10. 张堪入蜀不私秋毫

张堪（汉朝人，生卒年不详），字君游，南阳宛县人，是南阳郡豪门大族。张堪少年时父亲就死了，父亲留给他的百万家财，他分文未动，悉数送给了自己的侄子。张堪年方16岁时，就到长安去求学。由于志行高远，被读书人称为“圣童”。

光武帝刘秀未当皇帝时，就对张堪的品行十分欣赏。等当了皇帝，就拜张堪为郎中，三迁张堪为谒者（官名）。让他负责运输缣帛，并兼管七千匹马，跟随大将军吴汉讨伐公孙述。在路上，光武帝又追拜张堪为蜀郡太守。吴汉军队只带了七天的余粮，怕粮食不足想撤军。张堪知道后，跑着去见吴汉，劝吴汉说，公孙述一定失败，现在不应当考虑撤兵。吴汉听了，觉得张堪说得对，就和张堪定下作战计划。他们先用少量的兵力把敌人引出来，然后重兵合击，一下子把公孙述打得大败，并把公孙述杀死在城下。成都被攻克以后，吴汉派张堪先入城巡视。当时，公孙述国库中珍宝委积无数，张堪见了，毫不动心，把这些珍宝都逐一登记造册，向上报告，自己秋毫无取，并且安抚百姓，蜀人因此非常高兴，张堪由此得到蜀人的拥护和爱戴。

两年以后，张堪被任命为骑都尉，后又率领骠骑将军杜茂的部队，在高柳（今山西境内）击败了匈奴的进攻。继出任渔阳太守。在此期间，他整顿社会风气，赏罚分明，讲求信誉，官吏和老百姓都愿意为他办事。一次，大约一万多匈奴骑兵进攻渔阳，张堪只用几千骑兵流动袭击他们，就把他们打得大败。从此以后，匈奴再也不敢侵犯渔阳郡边界。张堪还让老百姓在狐奴开垦稻田八千多顷，勉励人们耕种，使百姓们都富了起来。老百姓为此作了一首歌道："桑无附枝，麦穗两歧。张君为政，乐不可支。"意思是说：种的桑树没有杂乱的枝条，种的麦子结的是双穗。有张君来执政，老百姓的高兴劲儿没法形容。

光武帝后来召见各郡的计吏（负责考核的官员），问他们各郡的风土人情和郡守的政绩怎么样。蜀郡的计掾樊显对光武帝说："渔阳太守张堪当初在蜀的时候，他的仁义惠及老百姓，他的严政使奸佞的人害怕。以前打败公孙述时，张堪是先入城的最高官员，城里堆得像山一样的财宝如果归于己有，足足可以使十代人享用不尽，而张堪却丝毫未取。在他离职去渔阳时，乘坐的是已经断了辕的车，车上只有布做的被子和几个装应用东西的破口袋而已。”光武帝听后，叹息了好长时间。当他又想任用张堪时，张堪却已去世了。光武帝为失去这样一位清廉的好官而深深惋惜，他下诏表彰张堪的功绩，并且赐他的家属帛一百匹。

11. 王良位列三公恭俭过人

王良（汉朝人，生卒年不详），字仲子，东海兰陵（今山东枣庄古邵镇）人。小时候聪颖好学，学成后正值王莽时代，就假装生病在家，不去做官。在家中，他开办学堂，教的学生有一千多人。

东汉建武二年（26 年），大司马吴汉推荐他到朝廷做官，他仍然推病不任。建武三年时，光武帝亲自征召，拜他为谏议大夫（专门负责向皇帝指出错误，劝告行为的官）。王良果然不辱使命，多次向皇帝进忠言，平时的一举一动都符合礼仪，使得朝廷大臣都尊敬他。后来任沛郡太守，来到蕲县，推说有病不愿去太守府，部属官员都到他的住地来拜访，王良不愿承受这种繁琐应酬，于是上书说病重，请求退休，又被任命为太中大夫。

到建武六年（30年），王良已升到了大司徒之位（相当于后来的丞相职位），与大司马、大司空并列称为三公。王良虽然身居如此显赫的高位，但生活上却恭俭过人，毫无朱门大户的气派。他入京师做官后，并没有把妻子、孩子接到官府，妻子仍在老家农村生活，穿的戴的仍是粗布，盖的仍是粗麻布被，连吃饭用的碗也是用泥瓦做的。有一次，他的下属官吏司徒史鲍恢因公出差到东海，顺路到王良家看望他的妻子。在他家门口等了好久，才见到王良的妻子穿着粗布做的衣裙，光着脚扛着一捆柴，从田间回来。鲍恢不敢相信眼前的女人就是王良的妻子，就对她说："我是司徒手下的官，到家来看看有没有书信捎给司徒大人，特求见司徒夫人。"王良的妻子告诉他："我就是司徒夫人，真是辛苦你到家中来看我，我没有书信带给他。"司徒史听说她正是司徒夫人，慌忙跪下行礼。回来的路上他不断感叹，其他人听了，也对王良夫妇的节俭交口称赞。

12. 杨震却金说“四知”

杨震（54 年—124 年），字伯起，东汉弘农华阴（今属陕西）人。他明经博览，无不穷究，有“关西孔子”的雅誉。曾执教讲学 20 余载，50 岁才开始出仕，历任荆州刺史、涿郡太守、司徒、太尉等职。

杨震为人清廉正直，在出任东莱太守期间，因公务途经昌邑（治所今山东巨野东南）。县令王密本是荆州的茂才，曾得到杨震的推荐而感其恩德。这天夜里，王密到杨震的住所谒见杨震时，从怀里取出金 10 斤相赠。杨震断然拒绝，说：“我这个老朋友了解你，你却不了解我这个老朋友，这是为何？”王密说：“现在是夜里，我向你表达一点心意，无人知道啊。”杨震还是推却不受，严肃地说：“天知，神知，我知，子知，何谓无人知道！”王密见他如此廉正挚诚，只好羞愧地出门而去。

不久，杨震转任涿郡太守，为政清廉，秉公办事，不拉帮结党，不接受私人馈赠。他的生活不富裕，子孙眷属经常吃青菜和粗粮，出门也以步代车。亲朋故旧诚意劝他，要为自己的子孙后代着想，趁此机会开办一些自己的产业，并从中牟取利润。但是，杨震始终都没有同意。他说：“我使后世称为清白吏子孙，以此遗留给他们，这不是很厚的遗产吗？”

在此后的十多年仕途中，杨震屡迁太仆、太常、司徒、太尉，位列三公，但他从不阿谀权贵，也不愿慷公家之慨去讨好他人，而是正色当朝，纠偏纠妄。比如，安帝的奶母王圣，仗着抚养安帝有功，不但自己为非作歹，而且怂恿女儿伯荣在宫里恣意骄淫，行贿受赂。杨震为此上疏安帝，要求安帝赶快赶出王圣，让她在宫外居住，断绝与伯荣的往来。但是，由于安帝的庇护，王圣和女儿伯荣更肆无忌惮。而伯荣又与朝阳侯刘护的堂兄刘瓌私通。刘瓌娶伯荣为妻后，也因而得以袭刘护之职而擢位侍中。对此，杨震再次上疏诤谏，指出刘瓌拜官封侯“不合经义”，要求将侍中之位传袭给刘护的同母弟刘威。但安帝不仅置之不理，反而在中常侍樊丰和侍中周广、谢恽等人的煽动下，为王圣大修宅第。

延光三年（124 年），樊丰等人趁安帝东巡泰山的机会，假传圣旨，争相修建豪宅。不久，樊丰等人听说杨震调查此事，害怕真相泄露，便共同造谣中伤杨震，又奏请安帝收回杨震的太尉印绶，将他遣返原籍。当杨震行至城西几阳亭时，慷慨悲壮地对子侄和随从们说：“吾蒙圣恩居此官位，但奸臣狡猾而不能诛，恶人倾乱而不能禁，有何面目复见日月！身死之日，以杂木为棺，一张布单盖之，不要设立祭祠。”说罢，饮鸩酒而死，年七十有余。

顺帝时，杨震得到平反。朝廷为嘉奖他的忠贞，缅怀他的清廉，以礼改葬于华阴潼亭（今陕西潼关西大道北），并立石于上，其碑至今犹存。

13. 梁冀夫妇比豪

梁冀（？—159 年），字伯卓，东汉安定乌氏（今宁夏固原东南）人。他形象丑陋，说话吐字不清兼口吃。才能疏浅，但于饮酒、弹琴、六博等却样样精通，且好驾鹰、遛狗、跑马、斗鸡。这样一个市井之徒，依靠其父大将军梁商及两个做皇后的妹妹的势力，在官场上竟然扶摇直上，由开始一个小侍卫——黄门侍郎，转侍中、虎贲中郎将、越骑、步兵校尉，直至掌管京师治安的执金吾高位。永和元年（136 年），又被拜为河南尹，是国都所在最高长官。后又拜为大将军。

梁冀以残暴手段敛财。先是向皇帝要封地，他受封户数达三万户，大大超过了一万户的惯例。梁冀还派亲信到全国去调查各地富户的姓名、财产，然后捏造罪名，逮捕入狱。如不出钱自赎，就严加拷打，至死方休。一次，他向当时京畿首富扶风人士孙奋开口借钱五千万。孙奋迫于梁冀的权势，只好借三千万给他。梁冀恼羞成怒，以“莫须有”的罪名指使亲信诬告孙奋，说他母亲在梁家为女婢时曾偷白珠十斛、紫金一千斤潜逃。结果，孙奋兄弟枉死于狱中，其家资一亿七千万则通过官府认定而判归梁冀。

梁冀大肆搜刮钱财，摆阔显富，大兴土木，修建亭台楼阁。他的妻子孙寿则与他比赛，在他新落成的豪华府第对面再建一座豪宅，看谁建的房子更华丽、更气派。夫妻俩新第舍的大堂和卧室都有明有暗，柱子和墙壁上都雕着各种花纹，亭台、楼、阁都有过廊相通，“飞梁石蹬、陵跨水道。金玉珠玑，异方珍宝，充积臧室”，比皇宫有过之而无不及。梁冀还开拓许多林苑，绵亘数千里，就像皇家园林一样，不许百姓进入。另辟一兔苑，养名兔数千只，每只刻毛以作记号，若有人猎兔，即将其杀死。有个西域来的胡人，不知禁令，误杀一只兔子，梁冀知道后，不但杀了这个胡人，还株连十多人被杀。他又起一处居所在城西，专门招纳那些市井无赖、亡命之徒居住其内，为其充当打手。周围的老百姓都迫使为奴，供其驱使，还将他们美其名曰“自卖人”。

梁冀专断朝廷前后二十几年，曾多次受到正直大臣李固、杜乔等人的上疏弹劾，但他们最后都被梁冀所害。延熹元年（158 年），26 岁的汉桓帝为了夺回朝权，依靠宦官单超、具瑗和司隶校尉张彪等人先发制人，包围了梁冀的住宅。梁冀虽然负隅顽抗，但终因势穷力孤，与妻子孙寿一同自杀。他被抄家时，除府第、田园等不动产外，仅金银珠宝、缣帛丝缟以及当铺、酒馆所藏财宝等项，经拍卖可得钱三十亿之多。据载：桓帝“收冀财货，县（悬）官斥卖，合三十余万万，以充王府用，减天下税收之半”。

14.“五侯”骄横朝野

东汉“五侯”，是指汉桓帝刘志（132 年—167 年）时的宦官单超、徐璜、具瑗、左悺、唐衡五人。中常侍单超、徐璜，黄门令具瑗，小黄门史左悺，宦官唐衡，协助汉桓帝诛灭了以梁冀为首的外戚集团，汉桓帝在同一天封他们为侯，食邑自两万户到一万三千户不等，时人并称“五侯”，朝政也随之为其垄断。

“五侯”沆瀣一气，合伙作恶。除单超早死外，其他四侯连年骄横朝野，左悺被称为“左回天”（意为权势极大，具有回天之术），具瑗被称为“具独坐”（上朝不与“三公”同坐，有独尊之势），徐璜被称为“徐卧虎”（凶恶之如猛虎），唐衡被称为“唐两堕”（意为两心相堕，居心莫测）。他们竞相花费巨资，建筑高门巨宅府第，互相攀比豪华程度。其兄弟亲戚，亦无恶不作，行同盗匪，暴虐天下。如徐璜之侄看上了李氏女子，遭拒后竟然率官吏闯入李家，抢走此女，李氏女子仍不从其凌辱，便将女子当作箭靶戏射杀之。东海相黄浮对此事依法处理，反而受到了桓帝的刑责。

“五侯”权势日大，引起朝野公愤，对皇权也构成威胁。汉桓帝发觉自己的统治权岌岌可危，才趁具瑗之兄犯罪之机，下诏贬具瑗为都乡侯，另外几人也因此受到牵连，纷纷遭贬，自此五侯专权告一段落。

15. 窦武贵为国丈嫉恶如仇

窦武（？—168年），字游平，扶风平陵（今陕西咸阳西北）人。东汉末大臣，以俭行著名。165年，他的长女被选入宫，立为皇后，窦武的地位也随之不断提高。东汉中期以来，外戚多贪婪奢侈，把持朝政，肆意恣为。窦武却截然不同，他荐举名士，廉洁奉公，深恶坏人坏事，从不接受送礼贿赂。妻子的衣食仅仅够吃够穿而已，绝不奢侈。此时边境常有战事，粮食歉收，人民饥饿。窦武将皇宫里给他的赏赐，全部分给太学诸生，又用马车满载粮食饭菜，在道路上施给贫民。窦武的侄子窦绍任虎贲中郎将，性情疏懒奢侈，窦武经常很严厉地训诫他，可他还不觉悟，于是上书请求把窦绍撤职，又责备自己不能训导好窦绍，应当首先受罚。从此，窦绍受到触动，改过自新，遵守节制，不论大小事，凡是非法的，都不敢违犯。

当时国家的政治失误很多，宦官专权，李膺、杜密等人因党事被逮捕审讯。永康元年（167 年），窦武上疏说："我听说古时候的明主，一定要有贤臣的辅佐，使政治清明。陛下应当任用忠良，分清好坏，使邪正毁誉，各副其实。而现在陛下做的，不合天意，不应称庆。"奏疏送上去，窦武还以病重为由请求辞去官职。桓帝不准许其辞职，还采纳了他的意见，下诏释放了李膺、杜密等人，把监狱里一些罪轻的犯人也放出来了。

这年冬天，桓帝逝世，窦武与太后共立灵帝继位。窦武为大将军，在宫中辅政。窦武久有诛杀那些为恶太甚的宦官的想法，太尉陈蕃也久有此谋。他们在朝堂会议时，陈蕃悄悄地对窦武说："中常侍曹节、王甫等，在先帝时就操弄国家权柄，把天下搞得大乱，百姓非常气愤，罪祸就是这些人。现在不诛杀曹节等人，以后就难办了。”窦武非常同意，于是任命尹勋为尚书令，刘瑜为侍中，冯述为屯骑校尉，又征召被废黜的天下名士刘猛、杜密，齐集朝廷，共同商定计策。次年5月，窦武向太后进言诛除宦官，首恶中常侍管霸、苏康被诛，但其余的恶宦因太后不忍，因此被耽搁下来。8月，窦、陈开始加速行动，逮捕长乐尚书郑飒，进行审问，并准备逮捕曹节、王甫。但没等下手，事情就被泄露出去，曹节、王甫先发制人，劫持灵帝，胁迫御林军，杀了窦武、陈蕃等。窦武诛除恶宦的计划虽然未能成功，但他自身清廉、嫉恶如仇的品质仍然为人称颂。

16. 侯览兄弟纵奢

侯览（？—172年），山阳防东（今山东单县东北）人，东汉宦官。汉桓帝时，“五侯”失势后，侯览、苏康、管霸等又成为新的一代炙手可热的宦官。他们与“五侯”一样把持朝政、盘剥百姓、任人唯亲。宦官们的亲属及其党羽占据了从中央到地方的各级官职，而大多数太学生及地方儒生的进仕之路由此被堵塞，朝政日趋黑暗，时人称：“举秀才，不知书，察孝廉，父别居。寒素清白浊如泥，高第良将怯如鸡。”

侯览任官期间，专横跋扈，贪婪放纵，大肆抢掠官民财物。建宁二年（169 年），因母亲去世而归家，大肆修建母亲的陵墓。先后夺去他人宅第 381 所，田地 118 顷，建造宅第 16 处，各种都有高楼池苑，楼阁高堂相连，皆以彩画丹漆装饰，规模宏伟，僭用宫室的形制。又预先修造自己的陵冢，建造双阙，有石椁，陵园的房庑高达百尺，破坏他人的房屋，发掘其坟墓；劫掠善良百姓，还抢夺良家女子为妻。

侯览的哥哥侯参为益州刺史，对郡中富裕的平民，他都以大逆不道的罪名加以诬陷，处以死罪，并没收他们的财物，先后数以亿计。太尉杨秉上奏侯参的罪状，诏令以囚车将其押回，侯参在途中自杀。京兆尹袁逢在旅舍清点侯参的财物，共有车三百余辆，都装着金银锦帛和珍宝古玩，多得不可胜数。侯览因此事受牵连，被免去官职，不久又官复原职。

后来，督邮张俭检举上奏侯览的罪行，侯览却趁机把上奏在中途截留，使其无法上报桓帝。张俭在一怒之下破坏了侯览的寿冢家宅，再次列举其罪行上奏，但仍然无法上达桓帝。侯览还诬陷张俭为党人，同时还诬告前长乐少府李膺、太仆杜密等，皆予夷族灭家。他自己又代替曹节领长乐太仆。熹平元年（172 年），有关官署检举奏报侯览终于成功，皇帝下诏收回他的印绶，他被迫自杀，阿谀依附他的人也都被免去官职。

17. 羊续悬鱼却贿

羊续（142—189年），祖籍泰山平阳（今属山东）。他的祖先都是汉代忠良，他本人也因忠良后代而拜郎中。后来，又到大将军窦武府中做宾客。窦武因为铲除宦官失败被杀，羊续也受到牵连，十多年不许再做官。后来“党锢”得到平反，他才再被征用到太尉府任官，经四迁升为庐江太守。在其做官生涯中，始终做到了吏明而政清。

中平三年（186年），江夏兵卒赵慈反叛，杀宛南阳太守秦颉，并攻陷了六个县。朝廷拜羊续为南阳太守。他进入南阳郡界内，便化装成平民间道而行，仅带一名随侍童子，了解各县的情况，询问风俗民情，然后才去上任。各县的令长贪猾还是廉洁，官民善良还是奸邪，他都有了较清楚的认识，郡中人惊奇震恐，都被他所慑服。于是调兵与荆州刺史王敏一同进攻赵慈，将其斩首，俘获贼众五千余人，所属各县的残余贼人都到羊续那里请降。羊续上见朝廷，宽免了那些随从作乱的人。贼人清剿平定之后，羊续在郡中颁布政令，为百姓兴利除害，百姓都欢悦佩服。当时，那些有权势者及富豪人家，都崇尚华丽的府邸、奢侈的生活。对此种作风，羊续深感厌恶。他自己经常穿的是劣质的布衣，吃饭也异常简单，坐的是用一匹瘦马拉的快散架的车子。他的属官府丞焦俭看到羊续生活清苦，给他送去一条鲤鱼以示关心。羊续没有吃这条鱼，而是将鱼悬挂在厅堂里。过了几天，焦俭又拎着更大的一条鲤鱼来拜访，看到上次送的鱼悬挂在厅堂上已成了枯鱼干，他明白了太守的意思，不敢再送了。从此，再也没有人敢给太守送礼了。羊续悬鱼却贿的故事流传了千古。

羊续当南阳太守，仍将妻儿留在老家务农。妻子在原郡生活困难，带着孩子来找他，要求住下来。但他坚决不许，还把妻子关到门外，妻子伤心至极，以为他变心了。羊续让儿子到屋里看他所拥有的东西：除了一条粗布被、两件旧短衣、一点盐和几斛麦子之外，其他的什么都没有。羊续回过头来对儿子说："吾自奉若此，何以资尔母乎！"就是说我自己的生活尚且如此，用什么来养活你的母亲呢？妻子和儿子看到实情后，掩面而泣，返回了老家。中平六年（189 年），汉灵帝准备任命羊续为太尉。当时拜任三公的人，都要向东园（官署名，掌管皇家陵墓内器具的制造与供应）捐献礼金千万钱，然后，才能正式授官。朝廷还派宦官（又称为左驺）加以监督。监督此事的宦官所到之处，都要以上等礼节相迎，并给予丰厚贿赂。而羊续却让他坐在单席上，举起旧棉絮做的袍子给他看，说："臣下的家产，仅有这件袍子而已。"这个宦官报告了灵帝，灵帝很不高兴，羊续因此而没有登上三公之位。后又征召他任太常，还没上任，就因病死了，仅活了 48 岁。临死以前，他留下遗言要薄葬，不要接受朝廷赐赠。依照旧制，二千石级的官员去世，要赠钱一百万办丧事。府丞焦俭遵照羊续的遗嘱，一文钱都没有接受。灵帝下诏予以赞扬，敕令太山太守把官府办丧事的钱赐给羊续的家人。人们无不铭记羊续是个廉正的官吏。

18. 张让引诱皇帝奢侈

张让（？—189 年），颍川（今河南禹州）人，东汉宦官。桓帝、灵帝时，历为小黄门、中常侍等职，封列侯。灵帝时有十个太监因为能迎合其心思，投其所好，被其称为"十常侍"，而张让就是十常侍中的第一人，灵帝极为宠信，常谓"张常侍是我父"。

张让发迹之前，只不过是一个掌管宫门进出的"小黄门"，可是后来喜欢察言观色，渐渐得宠。尤其是面对涉世未深的小皇帝，张让知道小皇帝本不是老皇帝的儿子，而是亲王的儿子，从来没有享过福，便积极揣摩小皇帝的心思。小皇帝喜欢玩马，张让便向全国各地征集宝马，各地的贪官污吏一听说这是万岁的嗜好，争相进献。一时间，天下马贵，万马奔腾，马的价格飞涨。小皇帝喜欢驴，驴乃是西域的贡品，与“珊瑚、琥珀、翠玉、珠宝”并列，当时也是稀罕玩意。一听说皇帝喜欢驴子，又是把驴价炒得极高。这时候，张让亲自驾驶，让皇帝坐驴车，驴车上镶金嵌玉，皇帝好不快活。有一次，张让命手下牵过一条狗，头戴进贤冠，腰佩绶带，来到皇帝面前，众人一见，全都忍俊不禁，原来是一条狗被打扮成大臣的模样，皇帝于是大笑道：“好一个狗官！”张让还怂恿皇帝大兴土木，兴建豪华宫殿，宫殿建好了，张让又诱导皇帝贪恋女色，广选民间美女进宫。为了维持宫廷内的奢靡生活，他还引导和帮助皇帝明码标价，卖官鬻爵。

此时，在张让的教唆下，灵帝荒淫无耻，穷奢极欲，不理朝政。而张让自己也搜刮暴敛、骄纵贪婪。他的住宅豪华，里面布置的珍奇异宝让人惊叹。有一次，汉灵帝心血来潮，要登临永安台，不料张让却害怕灵帝望见自己巍峨的宫殿而怪罪下来，就欺骗天子道：帝王天子不应登高，登高则百姓离散，不吉利。汉灵帝信以为真。

189年，汉灵帝驾崩，何皇后抱着刘辩继位。其兄何进为大将军。何进谋诛宦官，事泄，张让和其余几个常侍设计伏杀何进。袁绍、袁术等人闻何进被杀，即入宫杀尽宦官，张让走投无路，投水自尽，结束了其可耻的一生。

19. 董卓造“万岁坞”丧身

董卓（？—192年），字仲颖，陇西临洮（今甘肃岷县）人。东汉末年少帝、献帝时权臣，西凉军阀。官至太师，封郿侯。

董卓原本屯兵凉州，“十常侍之乱”时受大将军何进之召率军进京，旋即掌控朝中大权。其为人残忍嗜杀，倒行逆施，招致群雄联合讨伐，但联合军在董卓迁都长安不久后瓦解。次年，董卓又授意朝廷封他为太师，地位在诸侯王之上，车服仪饰拟于天子。他还拔擢亲信，广树党羽，宗族内外，并居列位，子孙年虽幼小，男皆封侯，女为邑君。

董卓为了自己聚敛巨额财富，大量毁坏通行的五铢钱，还下令将所有的铜人、铜钟和铜马打破，重新铸成小钱。这种粗制滥造的小钱不仅重量比五铢钱轻，而且没有纹章，钱的边缘也没有轮廓，不耐磨损。小钱的流通直接导致了严重的通货膨胀：货币贬值，物价猛涨。据史书记载，当时买一石谷大概要花数万钱。老百姓苦不堪言，生活陷于极度痛苦之中。董卓却利用搜刮来的钱财，整日歌舞升平，寻欢作乐，生活荒淫无度。他除在长安城东建造城堡供自己居住外，还在郿县兴筑坞堡，城墙高厚，号称“万岁坞”，堡内储存谷物可食用长达三十年，还藏有金二三万斤，银八九万斤。

初平三年（192 年）四月，司徒王允与董卓部将吕布合谋，刺杀了董卓。百姓歌舞于道，“市酒肉相庆”。

20. 诸葛亮鞠躬尽瘁死而后已

诸葛亮（181 年—234 年），字孔明，三国时琅玡阳都（今山东沂南县）人。幼年时父母双亡，流亡荆州，后隐居隆中（今湖北襄阳西）。207 年冬，刘备礼贤下士，三顾茅庐，诸葛亮遂出山，自此以后便辅佐刘备父子，鞠躬尽瘁，死而后已。

诸葛亮是一位严于律己的政治家和军事家。他官至蜀汉丞相，十分重视省身正己的表率作用。他在给后主刘禅的《出师表》中谆谆告诫说："无论是皇宫中还是丞相府中的人，都应一律对待，提升、处罚、表扬、批评都不可有不同的标准。"他自己信赏必罚，以身作则。如他平时对马谡"深加器异"，于 228 年出兵祁山，提拔马谡为先锋，马谡"违亮节度，举动失宜"，失守街亭，诸葛亮依照军法，挥泪将马谡斩首，还特地上疏咎责自己授任无方，奏请"自贬三级"，以示惩戒。

诸葛亮极力提倡为政清廉、生活节俭的风尚。他不仅要求部下勤俭朴素，更是处处身先士卒，身体力行。他在给后主刘禅的表奏中说，家中自有桑园田宅，子弟家属的衣食用度已经足够了。至于自己在外，并无别的进项。随身衣食都从公家处领取，即使到死的时候，也"不使内有余帛、外有赢财"。诸葛亮的确做到了这一点。他廉洁奉公的作风，对蜀汉的吏治起了很好的表率作用。临终时，诸葛亮留下遗嘱把自己葬在汉中定军山（今陕西勉县定军山），"因山为坟，冢足容棺，殓以时服，不须器物"。这与当时豪强大姓的奢靡之风形成了鲜明的对照。

诸葛亮廉洁奉公，他治理下的蜀汉成为当时三国中政治最为清明的一国。

21. 何曾父子“日食万钱”

何曾（199 年—279 年），字颖考，西晋陈国阳夏（今河南太康）人。屡官至司徒、太傅。

早在曹魏明帝在位期间，官位尚低的何曾上疏议政说，有国者当“以清静为基”，但他言行不一，加官晋爵后即生活奢侈。他所住的房子十分豪华，穿的衣服、家里的帷幔帐幕、他出门所乘坐的车辆以及车夫的着装，都要非常鲜艳美丽。他每一顿饭菜肴之多、滋味之美，皇宫里和王侯们的饮食都比不上。每次皇帝宴请大臣，他都嫌皇宫里做的菜滋味不好，不愿意吃，皇帝也纵容他，让他从自己家里拿。即使像蒸饼这样的粗食，他也是非自家蒸的上面画上十字的不吃。每天他用于吃饭的钱就上万，却还是说饭不好，没法下筷子。他不仅自己奢侈，还倡导别人奢侈。他吩咐秘书，人们给他写的信，如果是用小纸写的，就不要报给他。

他的行为曾多次遭到尚书左仆射刘毅的弹劾，但晋成帝“以其重臣，一无所问”。

何曾的儿子何劭，与晋武帝司马炎“有总角之好”，即童年时的好友，故当司马炎代魏建晋以后，亦得官至侍中尚书。惠帝司马衷继位之初（290 年），又屡迁尚书左仆射、司徒。及至“八王之乱”之一的赵王司马伦篡位时，他官至太宰，面对齐王、成都王、河间王三王之间的争权夺利，何劭为了保住自己的官位，只是在他们之间虚与委蛇，而不说任何闲言碎语。他的生活用度“亦有父风”，其冬夏衣衫裘服力求用料上乘，样式新颖，新旧堆积如山。他吃饭必要“四方珍异”，一天就要花费二万钱。在当时人们评论说，太官（皇宫的厨房）御膳，也难以达到如此水平。

何曾父子身为高官，生活豪侈，其行为对西晋奢侈之风的泛滥起到了推波助澜的作用。

22. 胡质胡威父子清廉

胡质（？—250 年），字文德，三国曹魏淮南寿春（今安徽寿县西南）人。魏文帝时屡官至常山太守、荆州刺史，加振威将军，赐爵关内侯。其子胡威（？—280 年），字伯虎，一名貔，晋武帝时官至前将军、青州刺史。父子二人均以清廉著称于世，故《三国志》《晋书》都为之立传。

在曹魏正式建国（220 年）之前，胡质只是一名普通的小官吏。曹操逐步掌握大权位居丞相时，他需要一名通晓事理、掌管各项事务的官员，于是谋士蒋济就推荐了胡质，曹操以为不错，就任命胡质为顿丘令。胡质到任以后，秉公执法，严谨断案，为百姓所称道。他通过详细调查研究，仔细观察案犯的表现，明判不少案件，使不少人的冤情得以平反。此后没多长时间，胡质就被任命为丞相东曹议令史和治中。魏文帝曹丕在位时（220 年—226 年），胡质官拜东莞太守。他任职九年之久，官吏们信服，百姓安居乐业。每每因军功受到朝廷赐赏，他从不据为己囊，统统按功劳大小分给将士们。不久，胡质又升迁征东将军和假节都督青、徐诸军事，他严整军队，凿通了通往周围郡域的运河，造船通航，操练军事，无日不防犯外乱，边境一直平安。

胡威自幼就受到家庭的熏陶。一次胡威去荆州看望父亲。因家中贫穷，没有车马与随从，自己骑了一头小驴前往。每到旅舍，亲自放驴，自己做饭。他在荆州只停留了十几日就向父亲辞别。父亲送他一匹绢，胡威说："您一向清廉，这匹绢不知道是怎么来的？"他父亲赶忙解释说："是我从俸禄中节省下来的，给你做生活费用。"胡威这才收下。胡质部下的一位都督在胡威未出发之前就谎称请假回家，却在一百里以外等候胡威，约他为伴，在路上总是资助胡威。走了几百里以后，胡威产生了怀疑，经套问，才知道都督的本意。胡威把父亲给他的那匹绢送给了这位都督作为他资助自己的补偿，并打发他返回住所。之后胡威在信中向父亲说了这件事，胡质于是就责备了那个都督。

嘉平二年（250 年），胡质年高病逝，在收拾遗物时，除了赏赐的东西和书籍以外，就再没有发现别的财物。过了四年，朝廷追思清节之士时，胡质与徐邈、田豫等人均以清廉爱民而赐“谷二千斛，钱三十万，布告天下”。

胡威多次升迁，曾任侍御史、安丰太守、徐州刺史。他勤政爱民，推行良好风尚。晋武帝大为推崇他父亲的政绩，问胡威：“与你父亲相比你俩谁更清节？”胡威谦逊地答道：“臣不如我父亲。”武帝又问：“你父亲为什么超过你？”回答说：“臣的父亲清廉恐怕别人知道，臣的清节却怕人不知，所以臣是远远比不上臣父亲的。”晋武帝十分赞赏他，后来胡威多次升迁，任监豫州诸军事、右将军、豫州刺史，入为尚书，加奉平都尉。

胡威发扬其父清廉之志，还敢于犯颜面谏。晋武帝时执法不严，纵容朝中大臣，尚书郎以上官员犯法都不治罪，朝纲混乱，却对下级官员厉以严罚。胡威多次抗旨不遵，当面进谏皇帝：要想政治清明，百姓守节，在大臣们中起到表率作用，必须严肃治纪，赏惩分明，这样才能使臣民心悦诚服，治理好国家。太康元年（280 年）胡威去世，皇帝念其清政奉公，追赠胡威为使持节、都督青州诸军事、镇东将军，谥号烈。

23. 石崇王恺斗富比阔

石崇（249 年—300 年），字季伦，小名齐奴，西晋渤海南皮（今河北南皮东北）人。他的父亲石苞，是西晋的开国功臣，迁大司马，加侍中，封乐陵郡公，后进位司徒。石崇是石苞第六子，虽不袭爵，但亦官至南中郎将、荆州刺史，领南蛮校尉，加鹰扬将军。他在荆州任职期间，经常掠取往来商人的货物，甚至强加劫夺海外诸国使者的贡物，从而积累了大量财富。

当时，洛阳集中了天下最有钱的大富翁。最出名的有两个，一个是中护军羊琇；另一个是后将军王恺。但晋武帝把荆州刺史石崇提拔到洛阳来当散骑常侍后，洛阳城里富豪的排名次序就改变了。石崇一到洛阳就向羊琇和王恺这两个外戚叫板，公开和他们比富。羊琇不愿和石崇争斗，而王恺则不服石崇，要与他比阔。王恺的家里用糖水刷锅，石崇就让家里人用蜡烛当柴烧；王恺让仆人买了很多紫丝编成屏风，在他家路两旁摆了四十里远，使路过的人都叹为观止。石崇就让家丁用贵重得多的锦缎做成屏风，在他家路两旁摆了五十里远，全洛阳的老百姓都看得咋舌。王恺让人买了香料来刷墙，房屋里香气袭人，几十里外都能闻到。石崇就买了海外进口的赤石脂来刷房子，到了晚上房子发出灿烂的光华，照亮了半个洛阳城。晋武帝对王石之间的比赛很感兴趣，赏给王恺一株二尺多高的珊瑚树，此树枝条繁茂，树干四处延伸，世上少见。王恺就把石崇和很多官员叫到自己家里来炫耀。大家看后都赞不绝口，只有石崇在旁一言不发，忽然顺手摸出一把铁锤把价值连城的宝物砸了个稀巴烂。众人都大惊失色，只有石崇莞尔一笑道："这等小东西算什么，一会儿我送给你几个。"石崇就叫随从把自己收藏的珊瑚树都搬过来，有好几十株，最大的有四尺高，整株光耀夺目，他对王恺说："这些珊瑚树，您就随便挑几棵，算我赔偿你。"王恺满脸愧色，好几个月都不敢露面。

石崇为了显示自己豪富，常常要美女为客人劝酒，如果客人饮酒不尽，则叫左右将美女斩杀。一天，王导（东晋时官至丞相）与族兄王敦（东晋时官至大将军）至石崇家。王导怕石崇怒杀美人，只好勉强饮酒。王敦故意不饮，石崇于是接连杀了三个美女。王导劝王敦饮酒，王敦说："他杀他家的人，与你何干？"

石崇连厕所都修建得华美绝伦，准备了各种香水、香膏给客人洗手、抹脸。经常有十多个女仆恭立侍候，一律穿着锦绣，打扮得艳丽夺目。客人上过了厕所，这些婢女要客人把身上原来穿的衣服脱下，侍候他们换上新衣才让他们出去，以致客人大多不好意思如厕。右光禄大夫刘寔到石崇家做客，当他上厕所时，见那里有一顶绛色蚊帐，床上放着华美的被褥，还有几个婢女手持香囊，吓得连忙退了出来，对石崇说："我不小心到你内室去了，真对不起。"石崇回答："那是厕所呀！"

石崇有宠妾梁绿珠，美艳且善吹笛。石崇为解绿珠思乡之情，在金谷涧（今河南洛阳西北）筑建了一座"金谷园"，园随地势高低筑台凿池。园内清溪萦回，水声潺潺。因山形水势，筑园建馆，挖湖开塘，周围几十里内，楼榭亭阁，高下错落，流水萦绕穿流其间，鸟鸣幽村，鱼跃荷塘。郦道元《水经注》曾谓其"清泉茂树，众果竹柏，药草蔽翳"。园内筑百丈高的崇绮楼，可"极目南天"，里面装饰以珍珠、玛瑙、琥珀、犀角、象牙，可谓穷奢极丽。赵王司马伦亲信孙秀垂涎绿珠美色，石崇不给。永康元年（300 年）赵王司马伦专权，石崇因参与反对赵王，金谷园被孙秀大军包围，石崇见大势已去，对绿珠说："我因你获罪，奈何？"绿珠流泪道："妾当效死君前，不令贼人得逞！"遂坠楼而亡。孙秀大怒，将石崇和他的全家老小全部杀掉，石崇时年 52 岁。

24. 王衍清谈误国

王衍（256 年—311 年），字夷甫，琅邪临沂（今山东临沂北）人。出身士族，以善于清谈出名。

西晋末年士风败坏，许多士大夫不关心国家，不关心政治，而以清谈玄学为能事。所谓清谈，又称“谈玄”“玄言”，即指对玄学的漫谈，专门讨论一些抽象的脱离实际的问题。那时的清谈虽然对于融会佛老、交通儒道、活跃思想不无好处，但日益脱离实际，说空话、盗虚名，遂使朝政日益败坏，国势日渐衰颓。

王衍为琅邪大族，历任中领军、尚书令等要职。但他“口不论世事，惟雅咏玄虚而已”。经常手执玉柄麈尾，“妙善玄言”。他对老庄学说有很深的研究，讲起老庄之道滔滔不绝，虚无缥缈，有时讲错了，他能随时发觉，随口改正。古时抄书写书，遇到要修改时，习惯上用雌黄涂抹后重写，这样，人们便把王衍讲话出错能随口改正，称为“信口雌黄”，此为这一成语出处。

王衍一天到晚只是以浮夸和虚无的清谈消磨时间，由于他门第高、官位高、影响大，名动当世，被誉为玄谈领袖。在他的影响下，自命清高、清谈玄虚、耻于实干成为时尚，社会上弥漫着清谈虚浮之风，大大小小的官竞相以“名士”自居，“居官无官官之事，处事无事事之心”。当官的不干实事，清谈乐此不疲，而把公务敷衍了事。

王衍善谈，晋武帝因此以为他有治国之才，让他做辽东太守，去守卫边疆。当时正值辽东战事，他吓得赶紧推掉。不久，西晋发生内乱，边境游牧民族乘机入侵，王衍被任命为大元帅。他不知所措，在石勒率兵来攻时撒腿逃跑，被石勒大兵追上。石勒本是奴隶出身，对于“当朝第一名士”非常仰慕，擒住王衍后待之以礼，称呼他“王公”，与之相见，询问西晋内情。王衍侃侃陈述西晋发生祸乱及失败的根由，并借机替自己开脱，说自己从年轻时起就不参与世事，只想做点学问，西晋的失误与己无关。石勒听后勃然大怒说，你名盖四海，身居重任，怎么敢说不与世事？败坏天下，你难脱其责！石勒又念及王衍是大名士，不忍用刀子杀他，让人将墙推倒，把他压死。王衍临死前说，我的才能虽然不及古代圣贤，但如果不是那么成年成月讲玄虚好清谈，而是努力于国事，也不至于落得如此下场啊。

25. 陶侃做州官日运百甓

陶侃（259 年—334 年），字士行（或作士衡），本为鄱阳郡枭阳县（今江西都昌）人，后徙庐江浔阳（今江西九江西）。东晋时期名将，官至大司马。是我国晋代著名诗人陶渊明的曾祖父。

陶侃初为县吏，渐至郡守。他精勤吏职，不喜饮酒、赌博，生活简朴。无论仕途顺利，还是遭遇挫折，都始终如一，毫不松懈。他曾受到王敦排挤，放任广州刺史。史书记载，“侃在州无事，辄朝运百甓于斋外，暮运于斋内。人问其故，答曰：‘吾方致力中原，过尔优逸，恐不堪事。’其励志勤力，皆此类也。”甓，即砖。他在广州，没事的时候总是早晨把一百块砖运到书房的外边，傍晚又把它们运回书房里。别人问他这样做的缘故，他回答说：“我正在致力于收复中原失地，过分的悠闲安逸，唯恐不能承担大事，所以才使自己保持辛劳的状态。”

325 年，陶侃被东晋皇帝任命为征西大将军，都督荆、湘、雍、梁四州诸军事，并任荆、江二州刺史。他反对当时流行的以清淡为高雅，以实干为庸俗的社会习俗。上任后每日正襟危坐，勤勤恳恳、兢兢业业地处理军政事务。军中府中众多的事情，自上而下去检查管理，没有遗漏，不曾有片刻清闲。招待或送行有序，门前没有停留或等待之人。他常对人说："大禹是圣人，还十分珍惜时间；至于普通人则更应该珍惜分分秒秒的时间，怎么能够游乐纵酒？活着的时候对人没有益处，死了也不被后人记起，这是自己毁灭自己啊！"他在指挥造船的时候，命人把木屑和竹头都登记后收藏起来，人们都不明白这样做的原因。后来大年初一聚会时，地面积雪，太阳刚放晴，厅堂前积雪，地面还潮湿，陶侃于是用木屑铺撒地面。等到桓温伐蜀时，又用陶侃保存的竹头做钉装船。人们都佩服他料理事物的节俭和细密。陶侃严于律己，对部下要求也很严格，属下人因闲谈或游戏误了公事，如果是文官就把他们的饮器、玩具统统扔到江中；如果是武官就鞭打他们。有人送他东西，他一定要打听清楚，如果是个人劳动所得，即使东西很少，他也十分高兴地收下，并回赠送礼者两三倍的物品；如果所送东西来路不明，他就会严加谴责，并拒绝接受。有一次，他出外巡查，看见有一个人手里拿着一把未熟的稻谷。陶侃问这个人："你拿这把稻谷做什么用？"那人回答："是走路时顺手从路边田中拔的，没有什么用。"陶侃听后大怒说："你自己不种庄稼，怎能随意毁坏别人的稻谷！"当即把这个人鞭打了一顿。由于陶侃的劝导，百姓们都勤勤恳恳地耕田种地，家家都很富足。

26. 王恭居高官一领竹席

王恭（？—398 年），东晋外戚。字孝伯，太原晋阳（今山西太原西南）人。孝武帝王皇后之兄。官至平北将军，兖、青二州刺史。

王恭虽为皇帝内亲，历任朝廷要职，但生活简朴。有一次，王恭从会稽巡视回到家里，他的叔叔王忱去看望他。两人坐下寒暄一番，谈到此次出巡的情况。王忱忽然看见王恭铺在地上的一领竹席，坐着又光滑、又凉快，王忱喜爱至极，于是对王恭说："你刚从南方来，南方的竹席非常多，所以就有这么好的竹席，你可以送一领竹席给我吗？"王恭摸摸竹席，沉思半晌。等王忱告辞时，王恭便把自己坐的竹席卷起来，递给王忱，说道："叔叔，您拿去用吧。"

他只有这一领竹席，送给王忱后，他便只好坐草垫。这事传到王忱的耳朵里，他很惊异，没想到王恭身为高官居然只有一领竹席，后悔不该把侄子唯一的席子拿走。后来有一天他见了王恭，抱歉地说："我本来以为你席子多，所以才向你要一领。谁知你只有一领，我拿走了，你自己只好坐草垫子，真是对不起啊！”王恭笑着说：“叔叔，您不了解我，我向来没有什么多余的东西啊！”

晋安帝继位，司马道子执政，王恭与之不和，后起兵对抗，兵败被俘杀。但王恭身为显贵高官，从不要不该有的东西，到南方巡视连一领竹席都不多拿回，其清洁廉正为众人所称颂。

27. 司马道子蓬首昏眊通宵狂饮

司马道子（364 年—403 年），河内温县（今属河南）人。东晋宗室，简文帝子，孝武帝亲弟。初封琅邪王，后徙封会稽王。

司马道子在孝武帝朝是与皇室血缘最近的一支，他 13 岁时被任命为散骑常侍、中军将军，17 岁升任司徒，20 岁录尚书事（相当于丞相），被委以朝政大任，手握生杀赏罚大权。孝武帝和司马道子皆嗜酒，君臣经常通宵饮宴，荒于政事，朝政渐见败坏。司马道子肆无忌惮，结党营私，穷奢极欲。他府内专设戏班子，善于献媚逢迎的伶人赵牙和行贿有方的茹千秋成为其亲信，竟先后被封为魏郡太守和骠骑咨议参军。这俩人卖官鬻爵，搜括民财，成了拥有万贯家财的新贵。赵牙对司马道子感激涕零，花费数万巨款为之扩建府第。司马道子的丞相府新宅湖山竞秀，百花争艳，翠竹婆娑，豪华异常，胜过皇家园林。司马道子令宫女在池边设酒肆，他一边与宫女亲昵乘船，一边沽酒酣饮，取笑玩乐。他还勾引美貌的尼姑、小厮荡舟碧湖，醉酒作乐。这样阔气的相府连皇上也觉得太过了，一次武帝游览后说道："你家中有湖有山，登山能高瞻远瞩，游湖能陶冶性情，可是修饰得似乎太奢侈了！"司马道子无言以对。武帝走后，司马道子对赵牙说："皇上要是知道这灵秀山是人工堆起来的，你的脑袋只怕就要搬家了。"赵牙毫不在意，胸有成竹地回答："只要有你丞相在，我赵牙就死不了。"司马道子崇信佛教，僧尼成为相府的座上客。有一个尼姑叫支妙音，备受他的青睐。司马道子专为她盖了一座简静寺。因支妙音手能通天，简静寺前面车水马龙，趋炎附势的人来往频繁，支妙音甚至还企图干预朝政。

司马道子的儿子司马元显平定了王恭对朝廷的讨伐，及后政事皆由司马元显掌握，司马道子则终日蓬首昏眊，沉溺于酒醉之中。司马元显最终败于桓玄的征伐，权倾朝廷的司马元显连同他的六个儿子全被杀掉，其父司马道子被废为庶人，在流放地安成郡（今江西安福）饮鸩酒而亡，时年 39 岁。

28. 吴隐之做太守卖狗嫁女

吴隐之（？—414年），字处默，濮阳鄄城（今属山东）人。历任晋陵太守、广州刺史、龙骧将军、假节领平越中郎将。

吴隐之幼年丧父，跟母亲艰难度日，养成了勤俭朴素的习惯。做官后，他依然厌恶奢华，恪守勤俭。做晋陵太守时，仍令其妻子自己背柴烧。他的女儿出嫁时，人们想他会好好操办一下，谁知大喜这天，吴家仍然冷冷清清。谢石将军的管家前来贺喜，看到一个仆人牵着一条狗走出来。管家问道："你家小姐今天出嫁，怎么连一点筹办的样子都没有？"仆人皱着眉说："小姐今天出嫁，主人昨天晚上才吩咐准备，让我今天早晨到集市上去把这条狗卖掉，用卖狗的钱去置办东西。"管家感叹道："人人都说吴大人是少有的清官，看来真是名不虚传。"

广州出产奇珍异宝，历任广州刺史大多贪财。397年至401年间，吴隐之任龙骧将军、广州刺史。广州地界有一眼泉水，名叫"贪泉"。传说如果喝了这个泉的水，哪怕一向是清廉的人，也会顿时萌生贪欲。所以，虽然这眼泉水甘甜适口，却从来没有人敢来喝一口水，附近的乡民沐浴、洗衣服，也绕到别处去汲水。吴隐之不以为然，当着众人的面，舀了一瓢，扬起头来一饮而尽。还叫随从灌了一大木桶，给他带回去烧茶、煮饭。围观的人都吓呆了，随从们也都惊异害怕。心里想：吴大人一向为官清廉，这一来，岂不声名扫地了吗？吴隐之坦然自若，随口赋诗一首："古人云此水，一歃怀千金。试使夷齐饮，终当不易心。"意思是说：人们都说喝了此地的泉水，就会贪得无厌、嗜财如命。我不相信这种说法，如果让伯夷、叔齐那样品行高尚的人喝一口，就是把贪泉的水都喝光了，也不会改变廉洁的情操！果不其然，吴隐之喝了贪泉水之后，不仅没有产生邪念贪心，而且更加清廉勤谨了。他吃饭时就着青菜和干鱼，衣物器具也极为简单朴素。有人怀疑他坚持不了多久，但是一年过去了，吴隐之还是一如既往。有一次，吴隐之帐下的人送来一包名贵的鲜鱼，但他严肃地谢绝了，并以此事告诫下属同僚，若再有人送礼，一定要严加惩罚。在吴隐之的带动下，广州习俗日趋淳朴，人民安居乐业。

吴隐之任职广州几年后卸任回乡，行囊里几乎没有什么东西添置。他的妻子用私下里节衣缩食省下的钱，买了一斤沉香，想带回去换点钱贴补生活。快到家时，被吴隐之发现了，他问明了情况，生气地随手抄起了沉香，把它扔进了湖里，以此警告家人不能有丝毫私欲。他家中只有一座小宅，内外茅屋六间，院墙和篱笆都已陈旧。皇帝送给他车和牛，并要重新给他建住宅，被他谢绝。后来，吴隐之被任命为度支尚书、太常，但家中仍用竹篷当屏风，坐处连毡席也没有，冬天无钱置被，曾披着棉絮过冬。后又晋升为中领军，仍保持清廉本色。每月初得到俸禄，除留下自己的口粮外，其他都用来救济他人。而家里则靠纺织的收入来维持生活，身上总是穿着破旧布衣。妻子和儿女分毫不享用公家的俸禄。

吴隐之以光禄大夫致仕，多次受到朝廷的嘉奖。他的清廉美德，一直被传为佳话。

29. 颜延之父子相异

颜延之（384 年—456 年），字延年，琅邪临沂（今山东临沂）人。少孤贫，好读书治学，南北朝时刘宋朝大臣，曾任始安太守、中书侍郎、永嘉太守、金紫光禄大夫等。

颜延之的儿子颜峻，曾协助宋孝武帝刘骏夺取皇位，大受宠信，官至侍中，主管朝廷文书。颜峻少年得志，不可一世，颜延之深恶之，虽是自己的儿子，亦不经常来往，更不借儿子的势力胡作非为。凡是儿子送来的物品，他一概不受，常年穿着布衣，住着茅屋，自得其乐。

有一天，颜延之乘一辆很粗糙的旧车出门，拉车的又是一头老瘦牛。走到半道上，忽然碰见他的儿子颜峻从对面过来，坐着金碧辉煌的轿车，一色的高头大马，前呼后拥，鸣锣开道，好不威风。行人纷纷躲避。颜延之也赶紧躲在道边，屏声静气，看着儿子的轿车走过，好像是一个与他毫不相干的人。后来有人把此事报告给颜峻，颜峻来向父亲道歉，并委婉地责备父亲那天为何不作声。颜延之说："我生性不喜欢看见高贵的人，那天却不幸看见你。能少见一次，就是我一次的福气了。"

颜峻大兴土木，修建住宅，极为宏丽。修成以后，他请父亲前去察看，颜延之谢绝了，对他说："但愿不要叫后人笑话你弄巧成拙！"颜峻本想请父亲搬去住，见此也只好作罢。

有一次，颜延之有事去见儿子，去得很早，只见门口已经等了很多客人，车、轿停了一大片。但颜峻还未起床，有几个门人颐指气使地叫大家等着。颜延之大怒，排开众人，直冲进去，径直来到儿子的内室，儿子方在梳头。他指着儿子的鼻子骂道："你生于粪土之中，才贵幸几天，就傲慢如此，岂能久长？"

颜延之病死后没几年，颜峻就身败名裂，被皇帝杀掉，连他的儿子也被投入江中。

30. 颜师伯与皇帝赌博一馈百万

颜师伯（？—465 年），字长渊，琅邪临沂（今山东临沂）人。南朝刘宋大明二年（458 年），拓跋竣率部进犯青口，孝武帝刘骏命时任青州、冀州二州刺史的颜师伯率兵抵御，一月内四战四捷。孝武帝下诏嘉奖其功，进征虏将军。大明三年（459 年），竟陵王刘诞叛乱，颜师伯遣长史嵇玄敬率五千人平定了叛乱。大明四年（460 年），颜师伯升为侍中。颜师伯有战功，又善于阿谀奉承，成为最受孝武帝信任的大臣。有了孝武帝这个大靠山，颜师伯大肆收受贿赂，家产积累到了千金之多。有一天，孝武帝和颜师伯一起下樗蒲棋赌博，孝武帝掷下骰子，五个全是“雉”，以为自己稳操胜券。不料，轮到颜师伯掷骰子时，他竟然掷出了五个“卢”，赢了孝武帝。就在孝武帝又惊又气之际，却见颜师伯突然把骰子一收，说：“差点儿全是‘卢’了。”硬是让孝武帝“反败为胜”，开心不已。这天，颜师伯一次就输了一百万钱给孝武帝。孝武帝大喜，又将其升迁为吏部尚书、右军将军，极受宠幸，在群臣中没有第二人可比。大明七年（463年），又补颜师伯为尚书右仆射（相当于副宰相）。颜师伯对朝政专情独断，所奏无不获准。

孝武帝临崩，颜师伯受遗诏辅幼主，领尚书中事。大明八年（464年），前废帝刘子业继位，颜师伯仍任前职，领卫尉。颜师伯居权日久，天下辐辏朝拜、纳贿者门庭若市，家产积聚丰厚，妓妾声乐，尽天下之选，园池宅第，冠绝当时，骄奢淫恣，不可一世。前废帝刘子业欲亲主朝政，发诏转颜师伯为左仆射，以吏部尚书王景文为右仆射，分台理政。颜师伯觉察到危机，开始着慌，因而与尚书令柳元景密谋废掉刘子业。谋泄，于永光元年（465年）与柳元景等同时被诛，时年47岁，六个儿子一并被杀。

31. 阮佃夫宅内长渠泛舟

阮佃夫（427年—477年），会稽诸暨（今浙江诸暨）人。南朝刘宋明帝刘彧继位后，官至太子步兵校尉、游击将军。执政权重，仅亚于君主。虽然他出身寒族，一旦当权，却招权纳贿，奢靡豪侈。

阮佃夫掌朝廷大权，大受贿赂，凡事非重赂不行。有人送绢 200 匹，阮佃夫嫌少，竟不答书。家中珠玉锦绣，富于宫廷，住宅园林，超过王府。蓄养女伎数十人，才貌冠绝当时，个个穿锦着缎，佩金戴银，衣饰之华贵超过了宫女。他家每制一件衣服，每造一件器物，无不新奇精巧，使京城人家争相仿效。阮佃夫的宅舍园池胜过诸王的府第，为了便于游乐，他还在宅内开渠引水，向东延伸十余里，引来活水。水渠两旁塘岸整洁，泛轻舟，奏女乐，优游玩耍赛神仙。

一次，中书舍人刘休前来见他，正遇着他在外游乐。阮佃夫便相邀回家，设宴款待。数十种奇珍异肴，立时端上。刘休看得眼呆，阮佃夫却笑着说是“一顿便饭”。原来，他家经常预备着数十人的菜肴，只要客人临门，顷刻即上盛宴。

时官爵泛滥，阮佃夫手握予夺之权，仆从皆为高官，拉车人为虎贲中郎，马旁随从为员外郎。朝士无论贵贱，无不奉承巴结，阮佃夫滥作威福之事，无人敢禁。473 年，何恢被任命为广州刺史。赴任前，邀请为他的升迁帮了忙的阮佃夫至其家饮宴欢歌。席间，阮佃夫见何恢宠妓张耀华貌美绝伦，即在席中要求何恢让美，何恢回绝，阮佃夫拂袖起身，次日便弹劾何恢，致其免官。

明帝去世，后废帝刘昱继位，阮佃夫兼中书通事舍人，加给事中、辅国将军，职权更重，骄横愈甚。元徽三年（475 年），迁黄门侍郎，领右卫将军。明年，改领骁骑将军。其年迁使持节、督南豫州诸军事、冠军将军、南豫州刺史、历阳太守，仍管朝廷政事。后废帝荒唐不守法度，爱出宫漫游，而且日益表现出对阮佃夫的疏远之意。477 年，阮佃夫与人密谋，拟乘帝出游废立。事未成，被人告发，于是被赐死。

32. 徐勉公而忘归遭家犬吠

徐勉（466 年—535 年），字修仁，东海郯县（今山东郯城北）人，萧衍建立梁朝后梁前期的主要辅政大臣之一，历任吏部尚书、中书令等要职。

徐勉任职“尽心奉上”，十分勤劳。当时，官员每旬都有休假，徐勉不仅平日不归家，休假日亦在官府日夜辛劳，“劬劳夙夜，动经数旬，乃一还宅”。他几十天才回一次家，一次深夜归家时，家中养的一条狗和邻居家的狗都惊吠起来，久久不停。世间动物之中，狗最善辨别主人，也对主人最为亲热，但由于徐勉总是公而忘归，以至于家里的狗都对他陌生了。他感叹说：“吾忧国忘家，乃至于此。若吾亡后，亦是传中一事。”

徐勉掌管吏部，选官公正无私。曾有一天晚上，他与家里人一起在月光下聊天，一位客人上门求官，他严肃地说："今夕可谈风月，不宜及公事。"他一生身居高位，但从不营置家产。平时所得的俸禄，大都分给了亲族中的穷困者，因此家里没有积蓄。他的门客和老朋友中有人劝他为后代置点产业，他回答说："别人给子孙留下财产，我给子孙留下清白。子孙如果有才能，他们自会创家业；如果他们不成材，即使我留下财产，也会转到别人手中去。"

33. 高允五朝元老甘于清贫

高允（390 年—487 年），字伯恭，渤海蓨县（今河北景县）人。北魏大臣、学者。前后经历五位皇帝，身居要职五十余年，五朝元老，一生清廉。

高允少年好学，经常担着行李书籍不远千里访师求学，结果成了一位精通经史、天文、术学的博学之士。最初为郡功曹，太武帝神䴥四年（431 年）征为中书博士，迁侍郎。文成帝时，官至中书令。文明太后临朝，他参决大政。

高允做了 27 年的侍郎官。当时朝廷不给百官发俸禄，由百官向地方征收各种费用，有很多官吏趁机横征暴敛。高允却不肯向地方索取能满足基本生活需要之外的东西，他一直让几个儿子上山砍柴卖钱自给。由于高允清廉，没有礼品向上司进俸，所以 27 年没有升迁。而和高允同时应征的人，大多成为达官显贵，有的封了侯，就是原来做过他部下的一百多人，也都官至刺史、郡守。

文成帝继位后，一些拍马逢迎的大臣劝文成帝大修宫室。高允听到后极力劝阻。他说，现有宫室足够朝会、居住和临望之用；如果广修壮丽为了好看，也须慢慢计划，不能仓促动工。他给文成帝算了一笔账：若要动工，计伐运木材的军民需两万人，各种杂役及做饭的合计四万人，约需半年才能完工。最后他说："古人曰：'一夫不耕，或受其饥。一妇不织，或受其寒。'何况要使万人停耕停织，这个损失不是太大了吗！"文成帝采纳了他的意见，就没有再修宫室。在一次朝会中，文成帝对众大臣们说："像高允这样的人才是真正的忠臣。我有是非之处，他总是当面直谏，就是我不愿意听的事，他也侃侃论说，无所顾虑。但他至今才不过是个著作郎。你们这些文武大臣难道不惭愧吗！"于是，文成帝拜高允为中书令。

当文成帝宣布提升高允为中书令后，朝臣中有一名叫司徒陆丽的人奏道："高允虽然承蒙皇上厚爱而给以这样高的职权，但他家境很贫困，连一件丝绸衣服都没有，妻子儿女生活艰苦得几乎不能自立。”文成帝听后生气地责备说：“为什么不早说？现在看到我重用他，才来说他贫困的情形。”当天，文成帝亲自到高允家去察看，只见茅屋几间，床上放的是布被，布被中衬的是乱麻旧絮；再看厨房里，只放着一点腌菜。文成帝看后很感慨地说：“古人的清贫难道还有能同这种情况相比的吗！”回去后立即赐给高允帛五百匹、粮食一千斛，并任命高允的长子高悦为长乐太守。高允坚决推辞，文成帝不肯答应。从此，文成帝对高允更加器重，见面常呼他“令公”，而不叫他的名字。

34. 孙谦奉三朝固守清廉

孙谦（425 年—516 年），字长逊，南北朝时莒县（今属山东省）人。他经历了南朝的宋、齐、梁三朝，都以清廉著称。

宋明帝泰始初年，孙谦任建安王的司徒参军。因有才干，建安王向朝廷推荐，宋明帝便提升他为明威将军和巴东、建平二郡太守。巴东、建平二郡地处长江三峡，地势险要，历朝都以武力镇守。孙谦将要去赴任时，宋明帝命令他招募一千兵丁带去，孙谦奏道："边疆少数民族以往不归顺，大多是因为地方官对他们的统治失去节度，何至于招那么多兵马，给国家增加负担呢！"他不肯招兵前往，到巴东、建平二郡任职后，不像以往的地方长官那样作威作福，而是体察民情、减少苛捐杂税，并尊重当地民族的风俗。孙谦的清廉作风感化了当地的少数民族，他们尊敬孙谦，争着向他赠送金宝。遇到这种情况，孙谦总是安慰他们并说明道理，然后让他们将金宝原封带回去，而从来没有接受过一份礼品。巴东、建平二郡政通人和，百姓安居乐业。孙谦任职三年后，宋明帝诏他回京封为抚军中军参军。

南齐建立后，齐高帝封孙谦为宁朔将军、钱唐县令。他在钱唐县令任上，审理案件化繁为简，精明公正，因此监狱中没有被长期关押的囚犯。到他离任时，钱唐县的老百姓对他难舍难分。老百姓对他在任期内从不接受礼物总有点过意不去，于是很多人拿出丝绸装了一车去追赶孙谦，要送给他以表心意。孙谦仍然坚决推辞，不肯接受。

梁朝建立后，梁武帝封他为辅国将军、零陵太守。当时他虽然已经年老体弱，但仍尽最大力量处理政务。他常鼓励境内农民从事农田耕作和种桑养蚕，并经常考察耕植成效，要求充分使用地力。这样一来，他所管郡县的粮食和蚕丝的收成常常比邻近郡县的高，因此，郡内百姓得以安居乐业。

孙谦一生为官，历任二县五郡之长，每届任上都很廉洁，连属于自己的一处住宅都没有，每次离任后，都无落脚之处，常借住在官府的平棚里。他生活过得俭朴，床上铺的是苇草编的粗席，冬天只有布被、蒲草席，夏天连蚊帐都没有，更无其他余财。他的所作所为，为世人所传颂。

35. 元雍食一日抵人千日

元雍（？—528 年），北魏献文帝子，孝文帝弟。字思穆。先封颍川王，改封高阳王。宣武帝时，屡迁司空，议定律令。孝明帝正光元年（520 年），进位丞相，与侍中元叉同决日常朝政。

当时，北魏鲜卑贵族“竞相矜夸”，“遂成侈俗”，奢靡之风日盛。元雍身任丞相，居住的府邸可与帝宫媲美。竹林鱼池几布，芳草如积，珍木连阴，隋珠照日（传说隋侯所获的蛇珠，是稀世之物），宛如仙境。家中有六千男仆和五百女仆，身边常随侍从、保镖百人，出门时让人打着用鸟羽装饰的伞，威风凛凛。“出则随从唱道，仪仗成行，铙歌响发，笳声哀转，入则歌姬舞女，击筑吹笙，丝管迭奏，连霄尽月。”元雍“嗜口味，厚自奉养，一日必以数万钱为限，海陆珍馐，方丈于前”。每餐必陈列各种山珍海味，值钱数万。同朝的尚书令李崇有一次因公务在用饭时间去他府内见他，看到他吃饭的情况后，感慨地说：“高阳（因元雍曾封高阳王，故称）一日，抵我千日。”

北魏贵族的奢侈腐败，引起了人民反抗和统治者内部尖锐矛盾。在 528 年，大都督尔朱荣发动“河阴之变”，将元雍等北魏皇族、官员，在洛阳附近的河阴处死。

36. 元琛以黄金白玉镶水井

元琛（生卒年不详），字昙宝，鲜卑族拓跋氏，北魏高宗文成帝拓跋浚之后，袭封河间王。曾任定州、秦州刺史，后官至南中郎将、荆州刺史、领南蛮校尉，加鹰扬将军。

元琛秉性贪暴，求欲无厌，患害百姓，有若狼虎。出任定州（治所今河北定州）刺史时，无财不贪，无恶不作，劫夺得大量财物。其贪名远播，灵太后为此下诏说：“琛在定州，惟不将中山宫来，自余无所不致，何可更复叙用。”意谓元琛无所不贪，见到宝物就掠夺，就差把定州的中山宫搬走了。于是，元琛被罢职闲居于家。

为了重新出任官职，攫取更多的财富，元琛一面向皇太子元诩（肃宗孝明帝）献上用金粉写就的《孝经》，一面拉拢世宗身边的宦官刘腾，给刘腾相继送去上万的金银珠宝。果然，元琛复得出任都官尚书，又出迁秦州（治所今甘肃天水）刺史，再次利用职权劫掠百姓膏血。他派人出使西域索求名马，最远的时候到达波斯国（即现在波斯湾一带的阿拉伯国家），求得一匹千里马，名叫“追风赤”，还求得日行七百的马十多匹，都有名字。喂养这些马的食槽是用银做的，连环领都是金的。元琛家住洛阳寿丘里，南临洛水，北枕芒山，那是当时诸王子弟集居之地，百姓因而称为“王子坊”。这些帝族王侯，豪奢相尚，争修园宅，真是“崇门丰室，洞户连房，飞馆生风，重楼起雾。高台芳树，家家而筑，花林曲池，园园而有。莫不桃李夏绿，竹柏冬青”。在诸王中，元琛被视为“豪首”。他为了与高阳王元雍比阔，造了一座形如皇宫徽音殿的文柏台，台旁有一座用黄金白玉镶边的井，打水的绳子用五色丝编织而成。文柏台中有伎女三百人，都是天姿国色。后又在花园造了一座迎风馆，窗户上用青钱连环成装饰图案，玉石雕成的凤凰嘴中衔着响铃，金铸的龙嘴里吐着垂旒（古代帝王贵族冠冕前后的装饰，以丝绳系玉串而成）。结着白奈果、红李子的枝条伸进屋檐来，歌舞艺伎们坐在楼上窗边伸手就可以摘食。元琛曾经跟人说："晋朝时的石崇，乃是一个平民百姓，还能戴饰有雉翎的豪华的帽子，穿着用狐腋拼成的昂贵的裘皮大衣，在鸡蛋、薪木上雕画图形，何况我这位堂堂的大魏国一方之王呢。我这样做一点也不过分。"

元琛有一次将同宗的人都请到他府上，将他收藏的各种珍宝器皿展示给他们看。有金瓶、银瓮一百多口，盆、盘、盒、擎灯等器皿也都非金即银。余下的还有各种酒具，有水晶钵、琉璃碗、赤玉酒杯几十只。这些酒具做工奇妙无比，均为从西方进口而来。之后，他又带领这些人看女艺伎和他饲养的那些名马，看他家库房中收藏的珍贵物品，有华丽的毛织品，名贵的珠宝，精美的绉纱、白绸，装满一座座库房。诸王在他府内赏名马，享女乐，依次参观收藏绫、罗、葛、绢等各个府库，灿烂辉煌，耀人眼目。当诸王观赏完毕后，他傲慢地对章武王元融说："不恨我不见石崇，恨石崇不见我。"元融看到元琛有这么多的稀世至宝，回到家里，三天卧床不起。江阳王元继来探病，劝慰他说："你的财产，完全可以和他人相匹敌，为什么羡慕惋惜到得病的地步？"元融说："曾经有人说高阳王元雍珍宝比我元融多，谁知道又出了个元琛，他的珍宝也远远地超过我了，真气人啊。”

元琛耽于贪腐享乐，屡误军机，因战败被免官爵，后来死在军中。

37. 傅昭两朝政要清廉寡欲

傅昭（464 年—528 年），字茂远，南北朝时期北地郡灵州（今甘肃东南部和宁夏南部一带，属宁夏灵武）人。他曾在南朝的齐朝和梁朝做官，官至金紫光禄大夫，以清廉寡欲著称。

南朝齐明帝萧鸾继位后，以傅昭为中书通事舍人。当时这一官职的实权很大，代皇帝起草诏令，参与朝廷机密，决断政务，往往代行宰相职务。傅昭任此职后廉洁奉公，清心寡欲，穿的是麻布粗衣，用的是简陋的器具，安于过粗茶淡饭的日子。他家中连一个烛台也没有，夜晚看书时常常将蜡烛插在床板缝里。齐明帝听到这件事后，赐给傅昭漆盒烛盘等物，并对他说：“你有古人之风，所以将古人之物赏赐给你。”

梁武帝早就听说过傅昭的贤名，梁朝初建时便请他担任骠骑录事参军之职，不久又提升为黄门侍郎兼御史中丞。梁武帝天监十一年（512 年），傅昭出任信武将军、安成内史。他在安成郡任职期间，仍以清廉为人称道。安成郡的溪流不怎么产鱼，吃鱼比较困难，大多从外地运来。有人大暑天给他送来一些鱼，他既不愿意接受，又不好当面拒绝，便在献鱼人走后将鱼挂在门旁边，让鱼变臭。有人给傅大人送鱼的消息传开后，一些溜须拍马之徒也赶来送鱼。当他们看到傅昭门旁挂的那些臭鱼后，明白了傅昭拒礼绝贿的意思，从此再无人上门送鱼了。

天监十七年（518 年），傅昭被封为智武将军、临海太守。他到任后，先到郡内视察民情，整吏治。他发现郡内有一处盛产蜜蜡的山岩，四周却围起了栅栏，不许老百姓进去，就询问原因。府吏回禀说，这已是老规矩了，历任太守都将这座蜜岩封禁起来，以便收了蜜蜡出售得利。傅昭听了很生气，对地方官说："周文王有台池苑囿鸟兽游观之乐，尚且与百姓共同享用，这座蜜岩怎么能由太守独享呢？"于是他下令拆除栅栏，让百姓自由采集蜜蜡。他任太守期间，有一次一位县令给他送来一竹篮子栗子，而把珍贵的丝绢放在竹篮底下，傅昭看后笑了笑，将东西当面如数退还给了那个县令。

傅昭在朝廷中任要职，从不收取贿赂，也从不钻营谋利。在公务之余以读书、作诗为自己的乐趣，到老也没有改变。

38. 赵轨清廉若水

赵轨（生卒年不详），河南洛阳人。在北周时期任卫州治中。入隋后，先后担任过齐州别驾、原州总管司马、寿州总管长史等官职。赵轨的父亲赵肃曾担任东魏的廷尉卿。他居官清廉，不营产业。赵轨从小受父亲的影响，勤奋好学，注意自身的修养，培养自己良好的道德品行。赵轨长大后，虽然一直为官，却不像当时大多数官吏那样生活奢华，府第华丽。他以生活清苦而闻名，受到四乡百姓的赞誉。

赵轨经常教育自己的子女，不要贪求奢侈的生活，不取不劳之获。在他担任齐州别驾的时候，邻居家一棵大桑树的树枝伸到赵轨家的院子里。每当桑葚熟的时候，一些桑葚便落在他家的院子里。每次见到这种情况，赵轨总是叫家人把落在地上的桑葚捡拾起来，送还给邻居。有时候儿子对他的这种做法不理解，说这些桑葚是自己从树上掉下来的，又不是我们从树上摘的，干吗还要送还给人家呢？赵轨听罢，语重心长地对儿子说："我这样做并非想以此求得一个好名声，只是觉得，这些桑葚不是自己的劳动所得，就不应该要。你们以后也要以此为戒。”

赵轨在齐州当了四年别驾。在这四年期间，他为官清廉，尽职尽责，每年考核，政绩都是最好的，因此得到皇帝的嘉奖，被征调入朝为官。齐州的老百姓听说赵轨要离开齐州的消息后，从四面八方涌到州衙，为自己仰慕的廉吏送行。一位老者手捧着一碗清水，声音颤抖着对赵轨说：“别驾在咱齐州任官四年，从不受贿纳物，犹如水火不相交。如今您就要离开齐州了，我们不敢以酒相送。您清廉若水，我们特献上一杯清水为您送行，以表达我们齐州百姓对您的敬意。”赵轨接过水，一饮而尽。齐州百姓伏在地上与赵轨挥泪告别。

在赵轨去世时，人们赶到他家中吊唁，发现他家中很是清贫，没有什么好的家具陈设，“唯有书数百卷”。看到这般情景，人们不禁更加怀念这位一生“清廉若水”的廉吏。

39. 宇文化及纵马扬威

宇文化及（？—619 年），代郡武川（今内蒙古武川西）人。他祖先曾是匈奴族某部落人。魏晋时期，鲜卑族的宇文氏部落强盛起来，宇文化及的祖先归附宇文部，以宇文为姓。

宇文化及的祖先本是“皂隶”，地位低下。但凭借着他们特有的骁勇善战，受到西魏统治者的赏识，其家族开始发达起来，到隋朝时，宇文化及的父亲宇文述官居极品。宇文化及出生在贵族家庭，自幼养成骄奢淫逸习气。成人后，他经常率领家丁，骑着高头大马，挟弓持弹，在长安城中任意驰骋扬威，随意抢掠。每见民间百姓中有漂亮美貌的女子，便让手下人抢回府中，供其淫乐。看到民间有狗马珍奇，便肆意抢夺，据为己有。并且还和长安城中一些市井无赖、流氓地痞打得火热，相互勾结残害百姓。每当宇文化及一伙出来时，百姓闻之，都纷纷躲闪回避。当时，长安城中人们都称宇文化及为“轻薄公子”。以后他仗着在杨广身边当近侍，更是肆意贪求财货，收受贿赂。杨广继位后，他升为太仆少卿，愈加凶险贪婪。

当时隋朝政府规定，与外国和少数民族的贸易，全由政府来经营，私人一律不得从事这方面的贸易，违者要处以极刑。但宇文化及兄弟贪婪成性，竟公然在 601 年趁着杨广和他父亲一同到榆林与突厥的启民可汗会面的机会，用政府明令禁止的商品私下里与突厥贸易，以谋取暴利，正当兄弟二人得意忘形准备进一步扩大与突厥贸易时，事情败露。杨广闻听宇文化及兄弟如此胆大狂妄，下令将他二人逮捕入狱，并下令将他二人斩首。宇文述为了保全自己这两个逆子不死，到杨广那里苦苦哀求。杨广把他们的官职免去，并罚他们给宇文述为奴，以示惩戒。

隋末农民起义爆发后，杨广的统治摇摇欲坠。为了收罗力量进行挣扎，杨广赦免了宇文化及兄弟的罪，并任命宇文化及为右屯卫将军。但正是宇文化及，于618年3月指挥禁军发动兵变，用一条丝带结束了杨广的性命。此后，宇文化及率兵北上，沿途仍大肆掳掠百姓，将抢来的财物装了整整两千辆车。619年李渊派兵攻打宇文化及，宇文化及兵败逃到聊城，窦建德攻城将其擒杀。

40. 裴矩身处乱世廉洁正直

裴矩（约546年—627年），河东闻喜（今山西闻喜东北）人。他幼年不幸，未满周岁父亲就因病去世，母亲带着他，靠伯父的接济勉强维持生活，尝尽了生活的艰辛。但他勤奋好学，文才横溢，闻名遐迩。

北周时期，他为当时定州总管杨坚的补记室，杨坚对他“甚亲敬之”。后因其母去世，裴矩暂辞官职回家奔丧，并按当时的习俗为母亲守孝三年。杨坚担任宰相后，急忙派人赶到裴矩的家中，请他出来担任相府的记室。隋朝建立以后，杨坚提升他为给事郎，后历任民部侍郎、内史侍郎、行军长史等职。589 年，在伐陈战争中，裴矩被任命为元帅记室。攻下陈都建康后，杨广等人忙于寻花问柳，抢劫财物，而裴矩和当时的宰相高熲则忙于“收图册籍，封府库”，保护了一大批陈朝的文物和资料。

隋炀帝杨广统治期间，西域的一些少数民族政权，经常派人到张掖一带与隋朝进行贸易往来，杨广便派裴矩负责这方面的事务。裴矩在与这些少数民族商人交往贸易的同时，还注意了解西域的经济、地理、风土人情、风俗习惯等方面的情况，并把了解到的情况，撰写成《西域图记》共三卷，并上奏给杨广。从 605 年到 609 年，裴矩多次受命前往西域。在西域，裴矩不仅考察了那里的历史地理、自然条件、交通情况，而且根据自己搜集、掌握的材料提出了切实可行的经营方略，为隋通西域奠定了基础。西域有三十几个政权与隋朝建立了联系，相互有了往来。虽然裴矩一直负责隋朝与西域各国之间的联络和交往事宜，接触到的人都是当地各族的王公贵族、富商大贾等上层人物，但他始终清正廉洁，奉公守法，严于律己，一身正气。在与各国商人进行交往的过程中，既无暴敛之迹，更不贪赃枉法、中饱私囊、以权谋私。

616 年，杨广第三次南巡到江都，当时隋末农民起义的烈火已经燃遍大江南北，而杨广还沉浸于歌舞声色之中，裴矩曾据实禀报，直言不讳劝阻杨广，结果被免官。

李唐王朝建立后，裴矩出任殿中御史、户部尚书等职。裴矩经历几个王朝，担任多个要职，但他总是兢兢业业，勤于职守，尽心竭力，既不占田掠地，更“无赃秽之饷”。裴矩在唐朝建立之前社会动荡不安、贪官污吏遍地的年代，仍能坚持洁身自好，清正廉洁，后人称他是身处乱世而廉洁正直的杰出外交活动家。

41. 魏徵盛世思危洁身诤言

魏徵（580 年—643 年），字玄成，巨鹿（今河北巨鹿，一说晋州）人。唐高祖时，魏徵在太子李建成手下为洗马（太子东宫属官，主管经籍图书）。他多次劝说李建成立功业，并积极为李建成出谋划策。唐统一后，以秦王李世民为首的一派力量和以李建成为首的东宫力量之间的矛盾斗争愈加激烈。魏徵为李建成献计策，以对付李世民。626 年 6 月，李世民发动玄武门兵变，杀了李建成和李元吉，被高祖立为太子，掌握朝廷大权。李世民素闻魏徵的才能，不计前嫌，任魏徵为秦王府詹事主簿。626 年 8 月，李世民即帝位，授魏徵为谏议大夫。

魏徵在唐太宗手下做官 16 年，长期担任相当于宰相的官职，是唐太宗政治上的重要助手。他前后向唐太宗进谏 200 多次，是中国历史上有名的谏臣。即使唐太宗赫然震怒，其他大臣都敛气缄口时，他仍然从容陈辞。

魏徵反对帝王追求享受，认为这是政治败坏的开始。唐太宗一有这样的苗头，他就不客气地指出。一次，唐太宗外出巡游，住在洛阳显仁宫，因为供奉稍差，便对有关官员大加斥责。魏徵谏道："陛下因为供奉不好而斥责官员，开了这个风气，以后恐怕要弄到民不聊生。以前隋炀帝出巡时，让各地比着进献精美食品，并据此给予赏罚，闹得天下大乱，众叛亲离，这是您所亲眼看到的，为什么还要学这一套呢？"唐太宗听后认为很有道理，便改变了态度。632 年，文武官员请唐太宗封禅。魏徵反对封禅，他说唐太宗"功德虽高，但还不到百姓感恩的地步；虽然连年丰收，但仓库仍然空虚。现在天下只是初定稍安，怎么能向天地报告功业成就呢？兴师动众，远行千里去封禅，必然闹得财竭民劳。要是再遇到水旱风雨之灾，到那时后悔也来不及了"。经魏徵谏奏，封禅之事停止。

针对唐太宗后期对自己的约束日渐松懈的情况，魏徵多次规劝他居安思危。贞观十一年（637 年），魏徵上《谏太宗十思疏》，紧扣“思国之安者，必积其德义”，对安邦治国思想作了精辟论述，提醒唐太宗居安思危、戒奢以俭、虚心以纳下。希望太宗“产生奢侈欲望时思知足，将要大兴土木时思停止，处高位时思谦让，处满盈时思抑退，享乐安逸思节制，平安无事思后患”。

641 年，唐太宗于益州（今四川成都）造绫锦金银等物。魏徵即时进谏“金银珠玉，妨农事也。锦绣纂组，害女工者也。一夫不耕，天下有受其饥；一女不织，天下有受其寒”，希望唐太宗尽量节省奢靡之费。

魏徵不断劝谏唐太宗节俭省费，爱惜民力，他在个人生活中要求更加严格。他从不治家产，官至宰相时仍长期保持朴素的作风，“所居室屋卑陋”。唐太宗几次“欲为营构”，帮他建造新房，都被他婉言拒绝了。

643 年正月，魏徵由于操劳过度，心力交瘁，一病不起。唐太宗派人探视，见魏徵居处连一个接待客人的厅堂都没有，下令限期为魏徵临时建造了一个客厅。又根据魏徵一贯俭朴的习惯，赐给魏徵素色的褥子、布被、几案、手杖等一套用品，以补其家中之缺。魏徵死后，唐太宗下令按一品官葬礼治丧。

但是魏徵夫人裴氏辞谢说魏徵一生勤俭，这样做会违背魏徵本人的意志，唐太宗遵从魏徵遗志，改用薄葬。

42. 李义府卖官索贿身败名裂

李义府（614 年—666 年），瀛洲饶阳（今河北饶阳）人。出生于一户农民家庭，唐太宗时他靠投机钻营、吹牛拍马、欺上瞒下，骗取官位，官至监察御史。唐高宗时期，他顺从高宗之意，吹捧武则天，压倒众臣，深得高宗欢心，武则天也视他为最信得过的心腹之人，从此，他由中书舍人青云直上，当上了吏部尚书、右丞相，李义府外表恭顺，但内心阴险毒辣，常常两面三刀、笑里藏刀，当时人称其为“李刀子”，又称他为“李猫”。

李义府为吏部尚书，专管全国官员的任免事宜，大肆卖官收贿。他卖官以贿赂多少为准绳，贿赂多得大官，贿赂少得小官，不贿赂不得为官。为右丞相后，权限更大，原来御史都由皇帝亲自任命，而李义府却自行任命御史、员外、通事舍人，李义府不但自己卖官索贿，而且他的母亲、妻子、儿子都广收贿赂。

656年，得知洛阳有一美貌女子淳于氏因犯罪被关押在大理寺，李义府亲自找到大理寺丞，授意其将这个美貌女子无罪释放，然后将其纳为小妾。这件事败露后，众大臣联名上书，要求皇帝治李义府死罪，为了杀人灭口，李义府逼迫大理寺丞毕正义自杀。侍御史徐有功秉公执法，查清了李义府多年来的犯罪事实，李义府竟倚仗武则天的庇护，反将徐有功贬职。李义府的长子李津，仰倚仗其父的势力，到处招摇撞骗、欺男霸女、索贿受贿、坑害百姓，次子李治、三子李洋、女婿柳元贞，均贪得无厌、干尽坏事。

662年，他将死去多年的祖父改葬在永康陵旁边，并重建豪华坟墓，利用死人以权谋私、广收钱财、盘剥人民、盘剥官员。他要求永康陵附近各县派出民夫、车马参加修建，附近的高陵、柏阳等七县令都被迫无奈，只得自己带领民夫、车马去修建工地服役，高陵县令因年老体弱、劳累过度而死在工地上。他利用迁葬祖陵这个机会，广收礼品，自王公以下的官员纷纷送礼，其葬礼之豪华，自唐朝以来未曾有过，这次葬礼共收钱财20万贯。

663年，左金吾仓曹参军杨行颖上书陈述李义府的种种罪行，高宗诏令查办，经核实，李义府所犯罪行证据确凿，高宗以“卖官鬻爵、贪赃枉法、破坏朝纲、害国害民”之罪，削除他的一切官职，从他的家中抄出大量的金银珠宝，全部归公，将他流放于四川西昌，其全家也都受到惩罚。李义府倒台后，全国人民奔走相告，人们还编写唱词，说唱李义府的罪行。666 年，朝廷实行大赦，但规定李义府及其儿子、女婿不得赦免。李义府因此忧愤发病而死。

43. 卢怀慎官居宰相门无遮帘

卢怀慎（？—716 年），本是范阳（今河北涿州）望族卢氏之后，因祖父卢悊任灵昌（今河南滑县西南）县县令，卢怀慎出生于灵昌，亦称他灵昌人。卢怀慎在武则天时任监察御史，迁右御史中丞、黄门侍郎，唐玄宗开元元年（713 年）为进同紫微黄门平章事，三年（715 年）迁黄门监，与姚崇同为宰相。

卢怀慎为官清廉谨慎，虽官至宰相，不经营产业，不搜刮钱财，他从不置家产，不穿华美的衣服，也不用金、玉器物。他身处相位，而妻子儿女却如同生活在贫寒之家。他的住宅和家里的陈设用具都非常简陋，衣服、器物上从不用金玉做的豪华装饰，妻子和儿女经常挨饿受冻，得到的俸禄赐物毫不吝惜地给予朋友亲戚，随给随无，很快散尽。他在东都负责选拔官吏的重要公务，可是随身的行李就只是一只布口袋。后来他担任黄门监兼吏部尚书期间生了病，宋璟和卢从愿去探望他，他躺在一张薄薄的破竹席上，门上连个门帘也没有，遇到刮风下雨，只好用席子遮挡。卢怀慎平素很器重宋璟和卢从愿，看到他俩来了，心里非常高兴，留他们待了很长时间，并叫家里人准备饭菜，端上来的只有两瓦盆蒸豆和几根青菜，此外什么也没有。卢怀慎握着宋璟和卢从愿两个人的手说："皇帝寻求人才和治理国家的愿望很急迫。但是统治的时间长了，皇帝身边的大臣就会稍稍有所懈怠，这时就会有小人乘机接近讨好皇帝，你们两个人一定要记住。"过了没几天，卢怀慎就死了，安葬卢怀慎的时候，因他平时没有积蓄，只有一个老仆人做了一锅粥给帮助办理丧事的人吃。

两年后，唐玄宗到城南打猎，来到一片破旧的房舍之前，有一户人家简陋的院子里，似乎正在举行什么仪式，便派人骑马去询问，那人回来报告说："那里在举行卢怀慎死亡两周年的祭礼，正在吃斋饭。"唐玄宗便来到卢怀慎的故居去观看，见房屋和围墙低矮而简陋，心中非常怜悯，便停止了打猎，派人送去一些布匹。后又经过卢怀慎的墓观看，连一块石碑也没有。玄宗感动得潸然泪下，命人为他立碑，并亲自书写碑文。

后来，卢怀慎的儿子卢奂任广州太守，不为当地的奇珍异宝所动，能保持清廉节操，也受到当时人的称赞。

44. 姚崇不建相府住寺庙

姚崇（650 年—721 年），陕州硖石（今河南陕县东南）人，本名元崇，字元之，避唐玄宗“开元”年号讳，改名姚崇。

姚崇出身于官僚家庭，年轻时喜好逸乐，年长以后才刻苦读书，大器晚成。他历任武则天、唐睿宗、唐玄宗三朝宰相，善于处理急难事件，有“救时宰相”之称。特别是在玄宗朝早期为相，对“开元之治”贡献尤大。唐玄宗继位之初，准备任用姚崇为宰相。姚崇针对时弊，提出 10 条意见，问玄宗是否同意，同意即可上任，否则只有违抗君命。这些意见主要是：精简刑法，行仁恕之政；疏远佞臣，不听诬陷之词；禁止宦官、贵戚干预朝政；减轻苛税，以利民生；待臣以礼，不任意屠戮无辜；奖励群臣进谏，做到虚怀纳诲；禁绝营造佛寺道观，防止挥霍浪费国家财帛等。这些意见切中时弊，唐玄宗听后，两眼含泪，以一句“朕能行之”而悉数采纳，并委姚崇以大权，由此奠定了“开元盛世”的重要基础。

唐玄宗对姚崇非常信任。宰相源乾曜所奏事项，如合乎他的思想，他便不假思索地说："此必姚崇之谋！"如奏事有误，便说："为何不与姚崇商议！"姚崇凭着出色才干，任相职多年，但他官居清廉，竟连一座宅院都未曾修建，长期寓居在罔极寺内。姚崇在寺内患病，唐玄宗每日数次派使臣询问饮食起居。遇有大事，便命人去寺内询求姚崇的意见。玄宗采纳了源乾曜的建议，要迁姚崇到中书省内的四方馆养病。四方馆的居住条件远远优于寺庙，但姚崇认为四方馆太豪华，又藏有公文，在那里养病会影响公务，不便住进去，遂坚决谢绝。

当时，国家经济状况比较好，社会上特别是在官吏中厚葬成风。姚崇对这一风气极为反感，他列举古代圣贤薄葬的故事教育他人，批评厚葬之风。开元九年（721 年），他 72 岁病重临终前，向子孙留下遗嘱：不准为他厚葬，只给他穿平常的衣服，不要抄经写像，并告诫子孙们要以此永为家法。

毛泽东对《旧唐书》和《新唐书》中关于姚崇的记载都仔细阅读并有批注，尤其是在《新唐书》124 卷"姚崇传"，写下了"大政治家、唯物论者姚崇"10 个字的批注。

45. 宋璟享誉“有脚阳春”

宋璟（663 年—737 年），字广平，邢州南和（河北南和）人。其祖于北魏、北齐皆为名宦。璟少年博学多才，擅长文学。弱冠之年（20 岁）中进士，官历吏部尚书、刑部尚书等职。唐开元十七年（729 年）拜尚书右丞相，授府仪同三司，进爵广平郡开国公，经武后、中宗、睿宗、殇帝、玄宗五帝，在任 52 年。

唐中宗时，宋璟被任命为谏议大夫。不久，他因直言触怒了中宗，被贬为刺史。到地方后，他廉洁奉公，尽力为百姓做好事，使当地民风变得淳朴起来，家家户户都安居乐业。开元初，宋璟任广州都督，当时广东人都用茅竹建房子，经常发生大火。宋璟教他们用砖瓦盖房，减少了火灾，造福了百姓。当时，朝野赞誉宋璟为“有脚阳春”，意思是说宋璟像长了脚的春天，走到哪里，就把光明和温暖带到哪里。后来他进京当了宰相，接替宋璟原职的裴伷先在广州接受了百姓要求，为宋璟建立了一座“宋公遗爱碑”。宋璟知道要求玄宗向各地官吏发出诏书，一不许地方官向京官送礼，二不许建立颂碑。诏书发出，深得民心。宋璟到广州，说服老百姓，亲自动手砸了为他立的碑。在他当宰相期间，他的远房叔叔宋元超在参加吏部的选拔时，对主考官说了自己和宋璟的特殊关系，希望能得到照顾。被宋璟得知后，特地关照吏部不能给他官做。唐代当时规定，每年地方各道派人定期向皇帝、宰相汇报工作。使者进京，往往多带珍贵宝货，四处送礼，拜结权贵，许多官吏收礼受贿，使者也多有因此得以晋升。宋璟对此则异常不满，并面奏玄宗同意，勒令所有礼品一概退回，以绝侥求之路，削杀收礼受贿之风。唐玄宗深爱宋璟忠诚廉洁，在春天的一次宴会上，令内臣赐给宋璟一副金筷子。当年黄金餐具器皿为皇宫所专用，唐玄宗说："我不是给你金子，赐给你这一副筷子，是表彰你与筷子一样正直。"宋璟无奈接过金筷子，但从未用其进餐，仅仅是供在府内而已。

宋璟还工于翰墨，著作颇丰，其中《梅花赋》为传世名作。他一生勤奋廉洁，与姚崇同心协力，辅助唐玄宗开创了"开元盛世"。

46. 杨国忠存帛三千万匹

杨国忠（？—756年），本名钊，蒲州永乐（今山西芮城西南）人。他原本是一个无赖之徒，好喝酒，擅长玩当时的一种赌博游戏，整日不务正业。

唐玄宗天宝年间，杨国忠的远房堂妹杨玉环深得唐玄宗宠爱，杨国忠到长安找到杨氏姐妹。这时的唐玄宗已不大过问政事，而是整日沉溺于寻欢作乐。听说杨国忠擅长于赌博游戏，就接见了他，并任命他为金吾卫兵曹参军、闲厩判官，时而召他进宫陪做游戏。

杨国忠平时经常通过杨氏姐妹探听宫廷中的动静，观察唐玄宗的喜怒，揣摩其心思，投其所好，不久就当上了监察御史。

杨国忠为了往上爬，又与李林甫相勾结，互相利用，狼狈为奸。李林甫一手制造了韦坚冤案，前后被诛杀的达数百家，而杨国忠却乘此大树淫威并又擢兼度支员外郎。唐玄宗天宝七年（748 年），又进给事中兼御史中丞。

当时的唐朝正是盛唐时候，物产比较丰富，郡县的仓库堆积了成千上万的粟帛。杨国忠上奏把这些库藏的物资全部变换成轻软的物品送到京师。还出主意把各地方以义仓、丁租、地课名义缴纳的租税变换成布帛，充实天子库藏。天宝八年（749 年），唐玄宗率文武百官察看库藏，见货币财物堆积如山，格外高兴，赐给杨国忠紫衣、金鱼，又要他兼权太府卿事。天宝十一年（752 年）任右相兼吏部尚书。

杨国忠以宰相兼吏部尚书，掌握了唐朝中央选任官员的生杀大权。他无视吏部对官员选拔的既有程序，每次选拔官员总是先与亲信在他自己家中拟好名单，再召集有关的官员走过场通过一下。某个人能否入选做官，全凭杨国忠的好恶以及是否有贿赂和贿赂多少而定。

杨氏一家权倾朝野，家财万贯，兄弟姐妹互相比着修建豪华住宅，住宅华丽无人能比。四方向他们的贿赂络绎不绝。杨国忠家中仅堆积的锦帛丝织品就多达三千万匹。

天宝十四年（755 年），安史之乱爆发，第二年六月，叛军攻陷潼关。唐玄宗和杨氏一家及部分朝官逃出长安，行至马嵬驿，禁军哗变，不诛杀杨氏一家誓不护驾。杨国忠最终被乱军杀死在马嵬驿西门内。

47. 元载家存八百石胡椒

元载（？—777 年），字公辅，凤翔岐山（今陕西凤翔）人，唐朝中期政治人物，中国历史上巨贪之一。

唐代宗李豫时，元载为中书侍郎同平章事（即宰相），后又授予天下元帅行军司马。因先后助代宗杀了李辅国以及后来的鱼朝恩两个掌权宦官，而更加受到皇帝信任，私欲无限膨胀，贪纵受贿，聚敛财富，“政以贿成，僭侈无度”。他纵容老婆、子弟及主书（即秘书）卖官鬻爵，聚财敛货，凡江淮方面的地方要职，以及京师行政机构的重要官员，必安排其党羽。凡求官者，无不贿赂其老婆、子弟及主书，才得以如愿。元载沉湎于荒淫无耻的奢侈享乐生活。他在京城大宁里、安仁里兴建了两处甲第，室宇奢广，冠绝当时。又于近郊建造亭榭，帏帐什器精美齐备，无须自己操办，自有贿赂供给，所费无法计算。城南置有肥沃庄田，相望连疆，凡数十区。广罗美女，盛蓄歌舞艺伎，声色玩好，无所不备。天宝时期，贵戚豪门，已开奢靡之风，但宅第建筑还遵守一定制度。安史之乱后，法度废弛，文臣武将竞相奢豪，当时土木建置过多，时人蔑称“木妖”作怪。元载是其中最突出的一个。元载的妻子王氏，也骄悍暴戾，狠毒专横，纵子作恶，招摇纳贿。元载的儿子们同样搜刮聚敛财富无边无际，一个个争蓄妓妾，声色犬马，放荡不羁，整日猥亵嬉戏，毫不羞耻。

唐代宗虽依靠元载铲除了权臣和弄权宦官，但对元载的为所欲为和朝野怨声沸腾，感到前门驱虎、后门进狼，十分害怕，最终下决心铲除元载。元载被抄家后，起赃无数，其中以搜出来的八百石胡椒最为骇人听闻。胡椒这种调味品，日常用量极少，一餐饭数粒即可，而当时唐代的一石相当于今天公制的79320克。那么，从他家抄没的这一种赃物，差不多有60多吨。这需要上百峰骆驼从印度洋的海滨，绕过喜马拉雅山的南麓，经克什米尔到南疆运抵长安。元载在京城建造的两座宅舍，足够分配给数百户有品级的官员居住使用。他在东都洛阳建造的一座园林式的私宅，没收充公之后被改作皇家花园。他和妻子被处死于街市时，路人纷纷唾弃，拍手称快。

48. 王缙一宴一百五十万贯

王缙（700年—781年），字夏卿，太原祁（今山西祁县）人。少好学，与兄王维，俱以文闻名。历拜黄门侍郎、同中书门下平章事。王缙晚年身为宰相，但面对权臣元载专断骄横的行为不敢进行斗争，反而事事附和。大历十二年（777年），元载获罪受诛，他也被贬为括州（今浙江丽水）刺史。后又被召归，为太子宾客，直到去世。

王缙平日吃斋奉佛，貌似清心寡欲，其实生活奢华，挥霍无度。当时军费浩大，赋役繁重，国用虚耗，人民困苦，而王缙和一些权要却日耽于宴饮，一宴费至数十万贯。大历二年，郭子仪自河东来朝，王缙等五人“各出钱三十万，置宴于子仪第”，一次宴请就糜费一百五十万贯。

王缙利用手中权力，索贿受贿。在考选官吏上视有无贿赂而定。不仅自己纳贿，还纵容他的亲戚和经常出入他家的僧尼纳索财货。在元载、王缙的纵容下，佛门之徒高官厚禄，争权夺利，霸占田产，扰乱法纪。在他们的支持下，京畿丰田，多被寺观所占。他们纵驱僧弟尼女广纳财贿，兴置寺庄，崇饰庙宇，借以搜刮，从中渔利。他主持修缮宝应寺，又建造五台山金阁寺。他利用宰相职权，发放中书符牒，令五台山的僧徒数十人分行郡县游说募捐，筹集资金。这些僧徒身携宰相府符牒，郡县官吏都不敢阻拦，只得任其“聚徒讲说，以求货利”，得获巨额钱财。于是，“铸铜为瓦，涂金于上，照耀山谷”。寺成之后，“计钱巨亿万”。王缙奉佛，操国家大事如同儿戏。僧尼在宫中祀佛诵经长达百日，各司众官一面念佛，一面调戏污辱僧尼，宫中藏奸宿乱接踵不断，一片乌烟瘴气，严重败坏了朝风。

49. 铭州三县令自甘勤苦

武则天晚年至中宗时期，唐朝政局混乱，贪官污吏遍地。

然而，河北铭州却出了“有政理之声”的三县令：清漳（今河北广平东北）令冯元淑、肥乡（今河北肥乡）令韦景骏、临铭（今河北永年）令杨茂谦（三人生卒年不详）。其中，韦景骏注重实干、政迹显著，杨茂谦“以清白闻”，冯元淑“政有殊绩”、自甘勤苦。

韦景骏做肥乡县令时，该县北部靠近漳河，河水连年泛滥，人民苦不堪言。原来的堤防离漕渠太近，虽然筑得很高，但水一冲就坏，堤就决口了。韦景骏亲自考察地势，在河南离岸边一千步远的较高地势处筑起拦水坝。河水涨到了堤坝脚下就退去了，而堤坝北边的水干了以后，就又变成了肥沃的土地。这样就有效地解决了水患问题。当地发生了饥荒，他亲自到乡里巡视，引导人民互通有无买卖粮食、扶贫济困，使该县的百姓避免了到处流浪、散落异乡的苦难。韦景骏后来做贵乡县令，有母子俩互相指控打起了官司。韦景骏说：“我小时候父母死得早，现在自己还常常感到痛惜。你现在很幸运有亲人，但怎么会忘掉了尽孝呢？孝顺父母的教育不普及，是我做县令的罪过啊。”说到这里，就流下了痛苦的眼泪，哽咽得说不出话来。最后给了他们一本《孝经》，让做儿子的好好学习怎样孝敬父母的大道理。于是那儿子很惭愧，请求回家悔过自新，后来就成了一个大孝子。

冯元淑在清漳令任上数年，政绩突出，判断官司几无差错，当地百姓称他为“神明”。他平时因公务出门所骑的马，没有丝毫装饰，甚至到下午连草料都不加，说是让其“作斋戒”。他本人及跟随他的仆役，出门时每天只吃一顿饭。他省吃俭用，俸禄用不完，节省下来的部分，一部分“供公用”，纳入县衙日常公用经费；一部分“与贫士”，养鳏寡、恤孤穷，救济贫寒之人。当时，有人讽刺说，他这样做是为了沽名钓誉。冯元淑听了后，很坦然地表示：“此吾本性，不为苦也。”他在官吏考核时获“恪勤”“清慎”的评价和上上等阶次，为此，唐中宗特颁玺书奖励，并命史官编其事迹。同时，把他调任浚仪令（今河南开封），任满后升畿辅所辖始平令（治在今陕西兴平）。冯元淑在赴浚仪、始平二县时，自河北入河南，再进陕西，都是单骑赴职，从不携带家眷，不让妻儿老小去官衙享禄。后入朝为官，卒于祠部郎中任上。

50. 李光颜巧却美色

李光颜（760年—826年），河曲（今山西河曲）人。历任州刺史、御史大夫、节度使、同中书门下平章事、司徒等要职。

元和十年（815年），宪宗发十六道兵讨伐淮西，李光颜为大将。淮西军凌晨包围营寨，李光颜毁栏栅冲出，率领骑兵冲入敌人阵营，往来数次，身上被箭刺得如刺猬一般。其子拦住马鞍，劝父不要深入敌阵，李光颜举刀喝退，继续前进。将士见主帅效死，个个争先恐后，英勇杀敌。淮西军大溃，死者数千。

当时，李光颜受宣武节度使韩弘节制。韩弘身为诸军都统，却没有讨伐叛军的诚意，又不便横加阻止李光颜进军，便决定使用美人计以腐蚀李光颜的斗志。

韩弘在汴州（即大梁，今河南开封西北）寻觅到一位美貌的女妓，教以歌舞琴棋之艺，饰以珠翠金玉之衣，共计费钱数百万。他派人将女妓赠送给李光颜，阴谋以此使李怠于军务。使者奉命先至李营，说："我家令公顾念您征战辛苦，要我遣送一位女妓给您，以慰您日晒雨淋不得休息的劳顿。"李光颜知道韩弘的用意，只是不便当场戳破，笑着回答道："多谢令公的关照，但现在天色已晚，明天再接纳她吧。"

次日早晨，李光颜设宴款待三军将士，席间，李光颜叫使者将女妓带进来。女妓果然姿色秀丽，将士们被突然出现的场面所迷惑，啧啧称叹。这时，只见李光颜站起身来，整顿一下自己的戎装，对着使者严肃地说："令公怜惜我离家日久，日夜征战，特意赠送这位美妓给我，按说我应该承受令公的恩德。但是，光颜身受国家厚恩，要完成讨伐叛贼的重任。我曾有过誓言，不与逆贼同生于日月之下。现在，三军将卒好几万人，为了效力疆场，抛家弃子，经受着各样的刀伤剑击。我身为将帅，怎能不与士卒同甘共苦，却去以女色为乐呢！”李光颜越说越是慷慨，禁不住泪流满面。堂下的数万士卒，听到他的豪言壮志，又想起他平素的为人，无不激动得流下泪来。

宴会快结束时，李光颜吩咐随从拿来一束质地细薄的丝织品，作为对使者的酬劳。然后，李光颜要使者代为致谢韩弘，并要他将女妓带回汴州城去。李光颜这一举动，更加激励了三军将士的斗志。叛军连战皆败，最后全军覆没了。

51. 郑注攀附享靡

郑注（？—835 年），绛州翼城（今山西翼城）人。本姓鱼，冒姓郑氏，时称“鱼郑”。郑注出身贫寒，相貌丑陋，不能远视，任官以前，靠医术维生，漂荡于江湖。从唐宪宗元和十三年（818 年）开始，郑注攀附宦官王守澄后，受到王守澄的重用，时来运转，屡获要职。他利用王守澄的势力，卖官鬻爵，胡作非为，收受贿赂。那些一时急于用钱买到一官半职的势利小人，都趋走其门，在郑注的府第里经常宾客满门，收受贿赂的财物堆积如山。他除了用贪赃的钱财挥霍享乐，大兴土木，建造富丽的宅第外，还用大量的钱财贿赂王守澄。王守澄先后将他从山东、京西诸军迁为卫佐、评事、淘史、检校库部郎中、昭仪节度副使、通王府司马、充右神策军判官等职。

太和八年（834年）九月，郑注总结了自己治病的经验，奏上《药方》一卷。文宗于浴堂门召见郑注，还咨询富国之术，郑注建议恢复榷茶政策。榷茶是一种征收茶税、管制茶叶生产、取得专利的措施，其方法是“以江湖百姓茶园，官自造作，量给直分，命使者主之”。当时饮茶盛行，茶叶生产有很大的发展，郑注建议通过榷茶以增加朝廷的财政收入。文宗采纳了他的建议，任其为朝官，并赐他锦彩若干。

唐文宗喜欢诗文，曾读杜甫诗《曲江辞》，其中有“江头宫殿锁千门，细柳新蒲为谁绿”的诗句，知道天宝以前曲江沿岸有楼台行宫府署等，心里很羡慕。郑注猜知文宗想在曲江建造亭榭宫室，于太和九年（835年）正月，上言“秦中有灾，应兴工役以禳灾”。经郑注上言，文宗以此为由，命左、右神策军差人疏浚曲江、昆明池，并修造了紫云楼、彩霞亭等。郑注又让公卿在堤上修建馆舍，供文宗游乐，文宗大为欢喜。

取得了皇帝的宠爱信赖后，郑注更加为所欲为，贪赃违法，不避人耳目。他在京城善和里修建的府第，金碧辉煌，无人能比。太和九年（835 年），郑注升任工部尚书，后又任凤翔节度使。为了能获得皇帝专宠，他又助文宗杀王守澄，并欲铲除宦官势力，发动了“甘露之变”。他率亲兵 500 人赶赴京城，但同谋败死，他亦被杀。他死后，抄其家产，仅绢即有百余万匹。

52. 苏逢吉巧取豪夺

苏逢吉（？—950 年），京兆长安（今陕西西安）人。五代后汉大臣。深得后汉开国皇帝刘知远信任。

苏逢吉生活豪华奢侈，常命家厨做山珍海味自享，或于私第大张酒宴，以召权贵，每次耗资千余缗。为维持其奢靡生活，便肆意索贿，巧取豪夺。

曾是后唐李氏后裔的李永吉从凤翔来到后汉京城，苏逢吉认为他是王室之后，手里肯定有奇珍异宝，就派人到李永吉的住处，告诉他可以让他当一州之长官，但他必须将先王的玉带拿来交换。李永吉本无此物，苏便派人到市场购买，价值数千缗，责成李永吉出资奉献给他。另一位同僚王筠，早在后晋时，曾被派到南方出使楚国，等他回来时后汉刚刚建立。在苏逢吉看来，王筠在南方待了那么久，肯定捞了很多油水，于是派人到王筠的家里去，先许诺让他主管一州，但要他拿点宝物出来。王筠只好将半袋子金银珠宝送到苏逢吉的府上。后晋宰相李崧随契丹军北上，高祖入京师，把李崧的田宅甲第赐苏逢吉，苏逢吉又借机霸占了李崧在西洛的田宅。李崧由契丹回京师后，拿出其宅券给苏逢吉看，引起苏的不满。崧之弟李屿对苏霸占其家产时出怨言。苏逢吉便诱使李家仆人诬告李崧兄弟谋反，李崧与弟屿、嶬被捕入狱。李崧屈打成招，说“与家僮二十人，谋因高祖山陵为乱”，苏逢吉将“二十人”改为“五十人”，把李崧全家都杀掉。

为了贪财，苏逢吉不择手段。他的老婆因病死后，他便让人传话给文武大臣和各地的大小官员们，让他们贡献绫罗绸缎做丧服用。依照民俗和律例，丧服的制作材料要用麻布，在为死者服丧的人中，和死者关系最远的亲属也只是穿用细麻布做的衣服，用绫罗绸缎做丧服，是一种违反伦理的行为，但大臣们只能按照苏逢吉的要求去送绫罗绸缎。

这样的“美日子”苏逢吉只过了不到两年，刘知远病死后，其儿子刘承佑继位，为后汉隐帝。朝廷发生激烈内争，过去屡遭苏逢吉侮辱的邺都留守郭威和侍卫步军都指挥使王殷等举兵攻入开封，苏逢吉跟着隐帝跑到了郊外一家农舍自杀身亡，隐帝亦被杀。后汉共传二帝，共历时四年，是五代史上最短命的王朝。

53. 韩熙载夜宴留名

《韩熙载夜宴图》是我国古代工笔重彩人物画中的经典之作，它描绘了五代南唐大臣韩熙载放纵不羁的夜生活。全画共分为听乐、观舞、歇息、清吹、散宴五部分，是为真实写照。

韩熙载（902 年—970 年），字叔言，五代十国南唐官吏，潍州北海（今山东潍坊）人。南唐李昇时，任秘书郎，辅太子于东宫。李璟继位，迁吏部员外郎，史馆修撰，兼太常博士，拜中书舍人。因其旷达不羁，放纵声色，被人弹劾，贬为太子右庶子、分司南都，发往洪州安置。韩熙载上表乞哀，于是又被留了下来，重任旧职。开宝元年（968 年）五月，韩熙载撰成《格言》五卷、《格言后述》三卷，进献给南唐后主李煜，并上疏“论刑政之要，古今之势，灾异之变”。李煜读后非常赏识，遂升任他为中书侍郎、充光政殿学士承旨，这是韩熙载生前所任的最高官职。韩熙载本来家财颇丰，除了每月丰厚的俸禄收入外，由于他文名远播，江南贵族、士人、僧道，载金帛求其撰写碑碣的人不绝于道，甚至有以千金求其一文者，加上皇帝的赏赐，遂使韩熙载成为南唐朝臣中为数不多的富有之家。史载他“衣冠常制新格，为当时风流之冠”，即他的穿衣戴帽常常为高级匠人专制，经常别出心裁、创制新的花样，成为当时社会上风流时髦的冠首和人们效仿的榜样。他养了40多名妓女，让她们在自己家里随意出入。每到夜晚，他在府内广招宾客，让妓女们陪同宴饮歌舞。夜宴后经常留客住宿，妓女们也常与客人杂居。有时他碰到伎妾与客人私会，便不进其门，还笑着说“不打扰你们的兴致”。以至于其客有诗云：“最是五更留不住，向人头畔着衣裳。”后主李煜也是风流领袖，听说韩熙载家里夜晚宴乐十分热闹风流，便命名画师顾闳中夜至其第窃窥，目识心记，用图画出来，这就是后来流传千古的名画《韩熙载夜宴图》。

韩熙载有时还故意身穿百衲衣（乞丐衣服），背着破箩筐，手持独弦琴，令门生舒雅敲手板，同他一起到诸妓院中乞食要饭，以为笑乐。后主李煜曾屡欲封他为相，而嫌其荒诞，遂搁置。韩熙载见南唐统治者贪图享乐，国势日衰，亦不愿出任宰相，而忘情于歌舞夜宴之中。他的行为，加剧了南唐社会奢靡之风的蔓延。

54. 李沆“巢林一枝”

李沆（947 年—1004 年），北宋洺州肥乡（今属河北）人，字太初。宋太宗太平兴国五年（980 年）举进士甲科而入仕，雍熙四年（987 年），任员外郎、翰林学士。淳化三年（992 年），拜给事中、参知政事。咸平初年改中书侍郎，又累加门下侍郎、尚书右仆射。

李沆为相，遵守条制，忠心秉正，反对大臣在皇帝面前报喜不报忧，常以四方艰难忧患上奏，以戒帝王奢侈之心，时称“圣相”。宋真宗继位初期，契丹经常侵扰西北边境，朝廷苦于连年用兵。后来，宋与契丹订立了和议。同僚王旦问李沆对于形势的估计，李沆说：“契丹和亲当然是好事，我担心的是边患消除了，恐怕人主追求奢侈逸乐的心思跟着也就产生了。”为此，他常常把地方上遭受水旱灾和出现“盗贼”的情况报告宋真宗。李沆的用意，用他自己的话说便是：“人主年纪轻，应当让他多知道一些世事的艰难，不然，他血气方刚，一旦不为国事操劳，学坏容易学好难，不是追求声色犬马、大兴土木，就又该搞封泰山、祀汾阴那一套了。”

李沆十分注意检点个人的操行。他初为知制诰时，其家境一直贫寒，经常欠债，以至于宋太宗知道后特赐给他一些钱帮他还债。

李沆生性正直宽容，行为谨慎，不多说话，不追求声誉，行动遵守制度，别人都不能因为私事求他。他退朝后回到家里，整天正襟危坐，从不躺着。他住宅里边的议事厅门前只能容下一辆马车调头。有人说这里太窄，李沆笑着说："这座宅子作为宰相议事厅确实窄了，但作为祭祀、行礼的大厅也算宽敞的了，传给子孙也够用了。"住宅的墙壁损坏倒塌了，他从未关心过；厅堂前的小花园坏了，他每天经过，都熟视无睹，从不提起此事。妻子告诉了李沆，李沆说："怎么能拿这样的事来分我的心呢！"他家居生活廉俭，住宅又小又旧，家人劝他另修建一座宅第，他从不理睬。他的弟弟李维与他说话的时候提起此事，李沆说，我享受朝廷丰厚的俸禄，还经常有很多的赏赐，计算一下收入，也可以再置一座宅第。但是，佛法里说世界总是有缺陷，怎么能全都圆满如意，追求满足称心？鸟把窝安在林子里，也不过是在一条树枝上，就已经满足了，我怎么能追求大宅子呢？（原话："巢林一枝，聊自足耳。安事丰屋哉？"）

景德元年，李沆 58 岁去世。皇帝到场，哭得十分伤心，大呼曰："李沆身为大臣，忠良纯厚，始终如一，谁知道这样的好人竟不能长寿！"

55. 杜衍居国公清约廉俭

杜衍（978 年—1057 年），北宋越州山阴（今浙江绍兴）人，字世昌，大中祥符进士。出任州郡，断狱明决，屡雪冤案。庆历三年（1043 年）任枢密使，次年拜相，章献太后对他很赏识，封他为"祁国公"。他支持"庆历新政"。新政失败后，他被罢相放逐，外任兖州知府。庆历七年退休回家。

杜衍清约廉俭。在官时，杜衍夜里与客清谈，从不燃用公家的蜡烛。领取俸银也必过初五，决不提前一日。一次，家人误在初五之前领了，杜衍听说大怒，立即将家人严厉处罚。他自幼清瘦，若不胜衣，年过四十，须发尽白。他一贯饮食清淡，非有宾客接待不食肉。朝廷经常给大臣以恩赐，大臣们概无不从，唯杜衍所请即封还。皇帝感慨地说："就这白头发老头子倔！"

杜衍不置私产，以至于退休后连几间像样的房子都没有，只好寄居在南京应天府（今河南商丘）的回车院。宋代各地都建有回车院，有的作为官员卸任后等待接任者到来的临时住所，有的作为驿站，相当于官员招待所。杜衍在回车院一住就是十年，吃住简陋，却从无抱怨。杜衍不好酒，即便是有客造访，也不过“粟饭一盂，杂以饼饵，他品不过两种”，简简单单。退休后，更是朴实如田夫野老。他或出游，或读书，或吟诗，还开始练习草书，过着清贫自乐的生活。

有一次河南府（今河南洛阳）举行宴会，杜衍作为退休大臣应邀出席。酒席筵前，杜衍戴着居家便帽，穿着深色便装，端坐一隅，不作声响。一位新任要员进门，别人都点头哈腰地迎接，见一位糟老头子既不打躬又不作揖，像钉子一样钉在凳子上不动，不禁火冒三丈，厉声问：“足下前任甚处？”杜衍头也不抬，轻声回答：“同中书门下平章事。”年轻的官员顿时面红耳赤，呆若木鸡。还有一次，一位名列前茅的新科进士被朝廷安排到边关出任副职，路经应天府，知府带领全班人马为这位新贵开路，街道上彩旗飘飘，鼓声阵阵，场面盛大，引得老百姓侧目围观。正好杜衍出门归来，与新贵的队伍狭路相逢，无路可避，杜衍便拉下帽檐，竖起衣领，放慢马步，靠边让路。新贵却因杜衍没有下马而恼怒地问身边的随从，这是谁呀？随从回答，这是退休宰相杜太师啊……

杜衍去世之前留下遗言，嘱咐儿子们在自己死后不得铺张，仅以一枕一席、以低小的坟墓殓葬。

56. 范仲淹勤俭传家

范仲淹（989 年—1052 年），字希文，苏州吴县（今江苏苏州）人。1015 年考中进士，开始其政治生涯，始终以兴利除弊为己任。庆历六年（1046 年），范仲淹在贬知邓州（今河南邓县）期间，应友人滕子京的请求，写下了著名的《岳阳楼记》。在这篇仅三百多字的散文中，范仲淹集中表达了他一生“不以物喜，不以己悲。居庙堂之高，则忧其民；处江湖之远，则忧其君”，“先天下之忧而忧，后天下之乐而乐”的崇高品德。

范仲淹本人就是“先天下之忧而忧，后天下之乐而乐”崇高志向的实践者。他出生于一个贫苦农民家庭，童年时代清贫的生活使他养成了勤俭节约的习惯，在他入朝为官后依然如故。范仲淹的儿子范纯仁深知他的习惯和家规，因此，他要结婚时自然不敢奢想大操大办，只想买两件稍微好些的衣服，这样于父亲、妻子两边都能说得过去。于是，范纯仁将计划购置的衣服列出清单，壮着胆子交给父亲审定。谁知范仲淹看过单子，立即板起了面孔，说道：“婚姻自然是人生大事，但这与节俭有什么矛盾？怎么可以借口‘人生大事’而奢侈浪费呢？”父亲的一番话说得范纯仁满面羞愧，他鼓足勇气对父亲说：“范家节俭的家风，孩儿自幼熟知，购置奢华贵重用品，儿子不敢。可是新人想以罗绮做幔帐，她的父母又出面提出，孩儿碍于他们的情面就没敢再坚持下去。”范仲淹听后勃然大怒：“范家几十年来，以节俭自守，以奢侈为耻。用罗绮做幔帐，岂不坏了家风？情面事小，家风事大。你可以告诉他们，如若坚持以罗绮做幔帐，那我范仲淹就敢把它拿到院子里烧掉！”由于范仲淹的坚持，范纯仁的婚礼办得十分俭朴，既没有购置贵重奢侈的物品，也没有举行隆重奢侈的婚礼，不仅范仲淹的家风得以维持，同僚们也从中受到很大教育。

在其晚年，他的子弟曾打算在洛阳为他营建住宅，作为致仕养老之所。范仲淹知道后，坚决反对，他对子弟们说：“人如果能够得到道义上的快乐，身体都无所谓，何况居室呢！”“我所担心的是居于高位而难退下来，不担心退下来以后有没有居住的地方。”他没有营建住宅，而是拿出自己平生的积蓄，在苏州近郊购买了千亩良田作为“义田”，创置范氏义庄，以“义田”的收入救济、赡养族中的穷人，使他们“日有食，岁有衣”。范仲淹以其“先忧后乐”的德行，博得了当时民众及后世人们的敬仰。

57. 包拯不持一砚

包拯（999 年—1062 年），北宋庐州合肥（今属安徽）人，字希仁。出身于官僚家庭。天圣进士。最先到建昌县任职，继而到和州做官。后被命为龙图阁直学士、河北都转运使，徙知瀛、扬等州府。至和三年（1056 年）回到京城，任开封府尹。嘉祐四年（1059 年），包拯以枢密直学士、权三司使等官职，上升为当时重臣。第二年升任三司使和枢密副使。

包拯为官刚直不阿。他曾写过一篇有名的上疏《乞不用赃吏》。上疏中说："我听说清廉的官吏是百姓的表率；贪枉的官吏是害民的盗贼。现在国家有这么多的郡县，这么多的官吏，可是贪赃枉法的坏事，几乎没有一天不发生。原因就在于下边把这些案子报上来，要么千方百计地保护他们的性命，要么借口皇恩宽大不追究他们的责任。虽然国家对此制定了极严峻的法律，也只不过是一纸空文而已，那些贪利卑鄙的家伙，根本不害怕。""我请求今后凡是官吏犯贪污罪的，决不从轻宽容，必须按法律条文严格处理，就是遇到朝廷大赦，也要罢他们的官，永不再任用。只有这样办，廉洁的官吏才能得到鼓励，贪鄙的官吏才会知道害怕。”

王逵其时为江南西路转运使，此前在荆湖南路转运使任上任意增加民间赋税、徭役，巧取豪夺。调到江南西路转运使后，更加变本加厉，贪赃枉法，百姓叫苦连天。但由于他用大量金钱打通了关节，在仁宗身边有人为他说好话。包拯不畏强势，一连上了七道弹劾奏章。起先，仁宗想以让他改任他职敷衍，但是包拯死盯不放，最终仁宗不得不将王逵撤职查办。还有些权幸大臣纷纷在惠民河堤上修筑花园和亭苑，致使河道淤塞不通，稍遇大水便泛滥成灾，使贫民百姓有家难归。包拯得知后，马上将这些违章建筑全部拆毁。

包拯首先以清廉自律，身体力行。他历任地方官和朝廷要职，但生活一直十分俭朴，“衣服、器用、饮食如布衣时”。宋仁宗初年，包拯在端州任上。端州自古以来出产一种名贵的石砚——端砚。北宋年间，皇宫里每年都要从端州挑选一些上好的石砚，有些留在宫中供皇帝使用，有的作为赏赐送给公卿大臣。当时京中的权贵、大臣、豪门、学士，都以家中存几方端砚为荣。因此，端砚也就成了历任端州地方官交结权贵，讨好上司的敲门砖。至于端州知州，哪一任上来，都要向民间的工匠和作坊无偿索取比进贡数目多好几十倍的端砚。包拯到任之后，到处张贴布告，命令工匠和作坊每年只向州衙交纳进贡的端砚，端州各级地方政府只能如数收取、而不许额外多加一砚。他自己则率身严格执行规定，至端州三年任满，调中央任职时，连一方石砚也没有带走。

包拯曾写了一则《家训》，刻在石碑上，立在庐州老家的堂屋东墙壁前面。《家训》的全文为："后世子孙仕宦有犯赃滥者，不得放归本家；亡殁之后，不得葬于大茔之中。不从吾志，非吾子孙。仰工刊石，竖于堂屋东壁，以诏后世。"他死后，朝廷追赠为礼部尚书，谥孝肃，建祠堂，立遗像。在《孝肃包公遗像赞》中，写着这样的评语：龙图包公，生平若何？肺肝冰雪，胸次山河，报国尽忠，临敌无阿，杲杲清名，万古不磨。

58. 欧阳修无私清简

欧阳修（1007 年—1072 年），字永叔，号醉翁，晚年又号六一居士。北宋吉州永丰（今属江西）人。生于四川绵州（今四川绵阳）。4 岁时父亲病逝，欧阳修兄妹由母亲带着过清苦的生活。母亲以芦荻作笔，沙滩作纸，教他识字。这就是史书上可与"孟母三迁"相比拟的"画荻教子"的历史故事。

天圣八年（1030 年），欧阳修中进士及第，从此步入宦途。

后曾任枢密副使、参知政事。熙宁四年（1071 年），以年老体衰上章告老致仕，退居颍州。翌年卒，享年 66 岁。

欧阳修的父亲一生做过两任推官、两任判官，其为人敦厚，居职清廉，平生不治产业。欧阳修继承了父亲忠于职守、廉洁奉公的美德。庆历二年（1042 年），淮南转运使吕绍宁刚至淮南即搜刮人民，得十万现钱进献，以取媚朝廷，企图加官进职。欧阳修对此十分憎恶，立即上书仁宗："吕绍宁刚至淮南，竟用何术，于何处得十万钱以进。如果吕绍宁是将官库钱帛进献，则将来各州县窘迫。若是搜刮人民所致，则老百姓困苦不堪。"要求仁宗拒收，并派专人赴淮南查核十万钱的来历。结果吕绍宁以苛剥人民、谋取私利被治罪。北宋吏治腐败是个十分突出的问题，为了考核选择官吏，欧阳修提出了按察法。由朝廷派遣才高正直的官吏赴各路对州县官吏进行考察，评定其为"正直清廉""有才能"，还是"老病无能"、贪赃枉法等，一一以朱墨加以分明，奏报朝廷，作为朝廷赏罚升黜官吏的参考依据。

欧阳修十分注重节用，反对浪费。至和元年（1054 年）全国苦旱无雨，国穷民困，但仁宗还在大兴土木，营建享乐之所，重修祠寺，大肆挥霍浪费。当时，仁宗已下诏重修庆基殿、奉先殿，欧阳修上章坚请仁宗只略加修缮，凡未动工的一律不准动工，以节约财费。

欧阳修的家由母亲操持，他身居要职后，母亲还是俭约持家，一点都不超过生活困难时的用度。她早说："我儿子性格刚直，不能苟合世俗，说不定哪一天就会灾祸临头。所以我勤俭持家，就是准备将来过艰难的日子。"果然欧阳修才当官三年就被贬谪到偏远的峡州夷陵。那时，从汴梁到夷陵，陆路28个驿站，840里；水路沿汴河，转淮河，入运河，泛长江，全程5590里，行船需要120天。母亲安慰儿子说："我们家本来就贫困，穷日子我早就过习惯了，只要儿子你能适应，我就能适应。"欧阳修几次被贬都毫无怨言，仍然勤奋履职。在滁州时，他由于政务宽闲，不但早晚可以陪伴在母亲的身边，而且还亲自上琅琊山采集草药，为老母亲调养身体。

欧阳修为政清简，为文也简洁。他在翰林院任职时，有一次与同院三个下属出游，见路旁有匹飞驰的马踩死了一只狗。欧阳修提议："请你们分别来记叙一下此事。"只见一人率先说道："有黄犬卧于道，马惊，奔逸而来，蹄而死之。"另一人接着说："有黄犬卧于通衢，逸马蹄而杀之。"最后第三人说："有马逸于通衢，卧犬遭之而毙。"欧阳修听后笑道："像你们这样修史，一万卷也写不完。"那三人于是连忙请教他怎样说，欧阳修道："'逸马杀犬于道'，六字足矣！"三人听后深为折服。

59. 司马光以俭朴为荣

司马光（1019 年—1086 年），字君实，北宋陕州夏县（今属山西）人。出身官僚家庭，他的父亲司马池曾是四品职官，“以清廉仁厚存于天下”。在良好的家庭气氛中，司马光发奋读书，自幼聪敏过人，“司马光砸缸”的故事当时即为佳话。司马光 15 岁起做官，历仕仁宗、英宗、神宗、哲宗四朝，历任龙图阁直学士、翰林学士兼御史中丞等要职，元丰九年（1086 年）任尚书左仆射兼门下侍郎，主持朝政，几个月后病逝。

司马光为政勤奋，无论顺境逆境都殚精竭虑。宋神宗熙宁年间，他反对王安石变法，上疏请求外任。熙宁四年（1071 年），他赴任西京御史台，自此居洛阳 15 年，不问政事。这段悠游的岁月，司马光主持编撰了通贯古今、294 卷近 400 万字的编年体史书《资治通鉴》。从发凡起例至删削定稿，司马光都亲自动笔，不假他人之手。编撰完成后，他在写给皇帝的《进资治通鉴表》中说：“臣今筋骨癯瘁，目视昏近，齿牙无几，神识衰耗，旋踵而忘。臣之精力，尽于此书。”成书后不到 2 年，他便积劳而逝。

司马光个人生活以俭朴为荣。他憎恶贪污受贿之事，甚至是皇帝的赏赐也认为是非分之物不应接受。嘉祐八年（1063年）三月，宋仁宗诏赐臣下百余万，金银珠宝，丝绸绢帛，光彩夺目，受赐朝臣乐不可支。唯独司马光不为所动，上疏力辞。辞之不成，司马光乃以其所得珠宝充为谏院公使钱（办公用费），而金银则周济一些穷困的亲戚朋友。

司马光做过几任地方官后又升任朝官，有的人认为他一定很有钱。他的老友刘蒙以父母无钱赡养、兄死无钱以葬为由，开口向司马光要50万钱。司马光说："我司马光一贯小心谨慎，俭朴为官，一分一毫也不敢妄取于人，食不敢常有肉，衣不敢纯衣帛，视地而后敢行，顿足然后敢立，连亲属故旧我都拿不出钱来帮助，哪来的钱给您呀！"他在洛阳编修《资治通鉴》时，居所极其简陋，挖了一个地下室，在里边读书。当时大臣王拱辰亦居洛阳，宅第非常豪奢，中堂建屋三层，最上一层称朝天阁。洛阳人戏称："王家钻天，司马入地。"司马光的夫人张氏，伴随他46年，早他二年去世。司马光拿不出给妻子办丧事的钱，只好把仅有的三顷薄田典当出去，用典当得的钱置棺理丧，尽了丈夫的责任。司马光的朋友刘贤良见他年老体弱，拟用50万钱买一婢女供其使唤，司马光婉言拒之，说："吾几十年来，食不敢常有肉，衣不敢有纯帛，多穿麻葛粗布，何敢以五十万市一婢乎？”

司马光不仅自己以清俭自守，而且希望这种家风传至后代。晚年以《训俭示康》谆谆告诫儿子司马康：“吾本寒家，世以清白相承”；“奢者必惰，俭者必勤”；“由俭入奢易，由奢入俭难”。其子司马康做官“为人廉洁，口不言财”，也堪称一代廉士，没有辜负司马光的教诲和期望。

60. 苏东坡达穷勤俭

苏轼（1037 年—1101 年），字子瞻，一字和仲，号东坡居士。北宋眉州眉山（今属四川）人。父苏洵，长于古文，与两个儿子苏轼、苏辙同为“唐宋八大家”。

嘉祐元年（1056 年），苏轼与其弟苏辙随父进京应考。翌年，在欧阳修主持的礼部考试中，苏轼撰《刑赏忠厚之至论》，欧阳修大为赏识，感叹道：“读轼书，不觉汗出，快哉，快哉，老夫当避此人放出一头地。”

苏轼为官四十多年，几度任用，几度贬谪，颇多坎坷，但无论达与穷、顺境与逆境，其勤政爱民的为官志向始终不渝。他历任几个地方的州官，始终关心民间疾苦，在每个地方都为老百姓做了许多有益的事情。元祐四年（1089 年），苏轼二次出知杭州，适值冬春水涝，之后又遇大旱。第二年春，灾情愈发严重。苏轼决定把用来修葺官舍的钱，先买米赈济饥民，又上疏力陈杭州灾伤之势，奏请朝廷减轻本路赋税，免除租欠，发粟救灾。为救济饥民，置饭舍以待饥者，设医所以治病者。苏轼亲率医生分坊治病，得医而愈者千余人。为彻底杜绝灾害，继抗灾之后，苏轼率领杭州百姓治理西湖，采取以西湖淤泥筑堤的浚湖方法，以至于有了今日西湖的“苏堤”。当时，杭州的老百姓都非常感激他，过年时，大家就抬猪担酒来给他拜年。苏东坡坚辞难却，便指点家人将百姓们送来的肉切成方块，烧得红酥醇香，分送给参加疏浚西湖的民工们吃，大家吃后无不赞赏称奇，此即“东坡肉”的来历。

苏轼为政尽心，从不为己谋利。他节俭度日，决不奢侈。初到黄州任职时，见当地人口不少，收入不多，便从自己做起，勤俭节约，每日官府中的花费不过一百五十钱。他被贬到荒远的海南时，与黎族人民一起过着艰苦的生活，自食其力，耕种几亩地，吃自己种的山芋，住自己搭建的茅草房，穿的是当地棉布做成的衣服。现存的《东坡笠屐图》，画苏轼戴青箬笠，穿绿蓑衣，着木屐，堪为其平生节俭生活的真实写照。

61. 蔡京一羹百鹑

蔡京（1047 年—1126 年），字元长，北宋时兴化仙游（今属福建）人，熙宁进士。宋神宗时，他先后投机于变法派和保守派，“识者有以见其奸”。宋徽宗继位后，蔡京被太后赶出朝廷到杭州任知州，时值宋徽宗所宠信的宦官童贯到江南为徽宗访书画奇巧，蔡京就不惜代价与童贯交游，托童贯把自己所画的工艺品屏幛、扇带之类的进献给宋徽宗，以谋起用。宋徽宗由此赏识蔡京，不久，竟任蔡京为相。

蔡京当政后，以恢复新法为名，打击排斥异己，迫害元祐党人，后又伙同宋徽宗，把元祐、元符党人合为一籍，重新确定 309 人为“党人”，并刻石于朝堂。此后凡与蔡京不睦之人，便都被其视为“党人”加以打击。朝政一片恐怖与黑暗。

宋徽宗是历史上有名的风流天子和昏君，耽于淫乐。蔡京为巩固自己的权势地位，就竭力投宋徽宗之所好，鼓动宋徽宗广建宫室，重修礼乐，“享天下之奉”。蔡京知道宋徽宗对花石特别嗜好，便让人取浙中珍异花木进献，徽宗果然大为赞赏。

此后，花石的进奉越来越多，用船经运河运至京城，称为“花石纲”，并为此专门设置“应奉局”。这大批的花石运到后，蔡京就鼓动宋徽宗兴建延福宫和万岁山，其侈丽高广，规模宏大，令人难以想象。

蔡京等一群宠臣们帮助宋徽宗兴建宏丽的宫殿和园林供其享乐，宋徽宗又把许多兴建的豪华宅第赐给蔡京等，每座宅第用费都达百万贯。就这样，蔡京一边鼓动宋徽宗荒淫奢侈，玩乐挥霍，一边借机饱尽私囊。他所控制的“造作局”“应奉局”，“名为应奉御前，其实搬入私室”，使“天下根本之财竭于蔡京、王黼”。蔡京长期把持朝政，搜刮贪敛，挥霍无度。蔡京的住宅在开封之东，周围数十里，号称“东园”，豪华宏丽堪称京师第一。与东园相对的老百姓居住区为西园，由于蔡京一伙强行拆毁民房数百间起建豪宅，致使这里的人民生活困苦不堪。一天，蔡京在园中问，东园与西园相比，哪个风景好呢？旁边一个人回答说：东园嘉木繁茂，望之如云；西园百姓毁屋搬迁，挥泪如雨。可谓“东园如云，西园如雨”。蔡京的生活以豪奢侈靡出名，一次，蔡京召集属僚来府中议事，事后留下来饮酒，蔡京命厨师做蟹黄馒头招待。宴会结束后，府吏略算费用，仅一顿蟹黄馒头费钱高达 1300 多缗。蔡京喜欢食用鹌鹑，府内蓄养大量鹌鹑，随时备用。他自己吃的鹌鹑羹专取鹌鹑的精华部分，做一碗羹要杀鹌鹑一百只。

蔡京长期为相，势焰熏天，其儿子六人、孙子四人同时担任执政和从官，其党羽也飞黄腾达。蔡京利用权势，贿赂公行，甚至公开标价卖官，许多想靠行贿得美官的人都在蔡京门前等候，搞得朝政腐败不堪。蔡京每过生日，“天下郡国皆有贡献，号‘生辰纲’”。浩浩荡荡，所献金银珠宝无数。时人称蔡京为“六贼”之首。

宋钦宗继位后，金兵攻宋，蔡京为保全自己，带着全家南逃，连遭贬斥，后被宋钦宗放逐岭南，途中死于潭州（今湖南长沙）。

62. 童贯存药丸数千斤

童贯（1054 年—1126 年），字道夫，开封人，北宋时宦官。童贯“性巧媚”，善于窥测皇帝意愿，逢迎奉承，故颇得皇帝赏识。

宋徽宗初立时，蔡京尚在苏杭，童贯与蔡京等一起投宋徽宗之所好，搜刮民间，助纣为虐。宋徽宗在原来的皇宫以北兴建延福宫，让童贯等分任其责，童贯等便争以侈丽高广相夸尚，所耗民间劳役财富无数。童贯作恶多端，被时人指为“六贼”之一。当时京师有童谣曰：“打破筒（指童贯）泼了菜（指蔡京），便是人间好世界。”

方腊起义时，童贯大肆屠杀东南人民，镇压了起义军，得加封为太师。童贯既掌大权，逢迎帝意，玩乐挥霍，贪敛成性，积聚家财无数。据《宋稗类抄》记载：政和年中，朝廷中负责建筑事务的将作监官员贾明仲，奉诏为童贯修建府第，落成后，童贯请贾明仲吃点心，酒食三套，每一套摆一桌。连吃三桌后，奉上果碟，第一碟为银器，第二碟为金器，第三碟为玉器。其制作奇绝，目所未睹。其后，童贯又令人将一份器皿及双鬟送给贾明仲，这一套东西计其价值已超过数万缗。可见童贯贪敛积财之巨。在童贯最后被诛，抄没家产时，光从他家里抄出的剂成理中丸就有几千斤。

宣和七年（1125 年），金兵大举攻宋，童贯时在太原却“临事乃蓄缩畏惧慑，奉头鼠窜”，跑回京城，并随宋徽宗南逃。宋钦宗继位后，诏数其十大罪，派人至其贬谪途中诛杀，世人皆认为其罪恶深重，死有余辜。

63. 宗泽苛己济困

宗泽（1060 年—1128 年），字汝霖，浙东乌饬（今属浙江）人。幼时的宗泽便颇有志气。靖康元年（1126 年）知磁州（治今河北磁县），励精图治。康王赵构赴金求和，途经磁州，宗泽劝其不要自投罗网，赵构听了他的建议。金兵二次包围汴京，钦宗密令康王组织“天下兵马大元帅府”，宗泽被任命为副元帅，率军救援京师，孤军奋战，获开德、卫南之捷。建炎元年（1127 年），南宋政权建立，宗泽入开封知府，后升东京留守，他致力于京城的防务，修武备，储粮食，招集义军，使军力大增，数度打败金兵。因保卫开封战斗的胜利，宗泽被提升为资政殿大学士。开封保卫战后，他一方面密切关注军事形势，积蓄力量，另一方面上书高宗，请其迅速回到汴京，以号召中原，收复失地，迎还二帝，实现中兴大业。但他前后上书二十多次，却为高宗及其朝内的投降派所抑，有志难伸，北伐的机会一次次被放过，不觉郁闷成疾。临死之前，他未问一句家事，却连呼三声“渡河”而气绝而亡，享年 70 岁。

宗泽是南宋著名的抗金名将，在抗金的军事斗争中，他功勋卓著。同时，他也是宋代一位颇有成绩的地方官。他前后做过三四任地方官，无论到哪里，他总是为民请命，为百姓兴利除弊。政和五年（1115 年），他在担任登州通判的时候，登州境内有好几百顷官田，都是些贫瘠不毛的荒地，根本不能种庄稼，可是朝廷每年却要这里的地方官上缴万余缗的租税。地方官借机向百姓进行搜刮，弄得人民叫苦连天。宗泽了解到这些情况，便上书请求朝廷免除了这项征敛，从而减轻了当地人民的一些负担。

宗泽执法严明，不畏豪强，任职莱州胶水县令之时，当地豪强势力虐民为甚。其中有个叫温包的恶霸，倚仗莱州通判（宋代州府长官的助手）是其姻亲，在县里横行不法，无恶不作。宗泽派人查清了他的罪行，正要惩治他时，温包的姻亲果然以上司的身份出来讲情，继而威胁，企图包庇温包。宗泽对此毫不妥协，他理直气壮地说："温包犯法，某以法治，不知其他也！"遂依法惩治了温包。

当时的南宋，从皇宫内苑以至各级官吏奢侈腐化之风盛行，宗泽虽身居高位，却"自奉甚薄"，表现了一种出污泥而不染的节操。他从不摆朝廷大将的架子，平日衣食与士兵并无多大差别，经常穿的是粗帛之类的衣衫。他不利用自己的高官厚禄置办产业，其俸禄除用于基本生活所需外，总是把余下的俸禄用来接济那些困苦的亲朋故旧。他一生中曾收养过上百个遗孤，其中很多是抗金殉难将士的子女。

64. 朱勔举家佩金腰带

朱勔（1075 年—1126 年），北宋末年苏州人。商人出身。蔡京居钱塘时，想在苏州建僧寺阁，而耗资太甚，一时筹措不及，朱勔和其商人父亲朱冲即帮蔡京建造了此僧寺阁。以后，蔡京重被召回京城，便将朱冲父子一起带到开封。蔡京让童贯把朱冲父子的姓名都写入军籍，朱冲父子由此得官。

蔡京、童贯、朱勔等六人，时称“六贼”。这些人极力迎合宋徽宗的心思，整日在他耳边宣扬什么“人主当以四海为家，太平为娱，岁月几何，何必自苦”之类的理论，并为其大造宫殿、修花园。其中在开封东北角令人仿杭州凤凰山修的一座假山——万寿山，后改名艮岳，周围十几里，主峰高九十多步（约合今 100 多米），满山奇石突兀，栽满了松竹杨柳，种满了奇花异草，布满了千奇百怪的太湖石，饲养着成千上万的珍禽异兽。进入艮岳，就好像来到了深山奇境，宫殿、假山、花园，给宋徽宗带来了许多欢乐，却给北宋人民带来了极大灾难。每天都有数万人在服劳役，所需的大量花石，都是从江浙一带运来的，为此专门设了个苏杭“应奉局”，负责从东南各地搜罗各种奇花异石，用大船运到开封，仅此一项，就不知使多少万户倾家荡产，不知使多少人死于非命。为搜寻花石，江南数十州内，无论是深山幽谷，还是大泽深渊，都被翻腾了几遍。有一次，调一艘战船运一块几丈高的太湖石，沿途遇到水门、桥梁、城墙一律拆掉。有的州县运一根奇竹到京师，费钱不下 50 缗（1000 文为 1 缗）。苏杭应奉局的爪牙，四处搜索，他们抢到一石一木，便随意拉伕、拉牲口来运送，有时运特大的奇树怪石要走海路，碰上风浪，常常发生全舟覆没、被征民夫“枉死无算”的惨剧。老百姓中凡是遭遇花石纲之役的，纷纷破产，甚至卖了妻子儿女。而蔡京、朱勔等人则完全不顾百姓死活，乘机任意欺凌百姓，大肆中饱私囊，聚敛财富。

宋徽宗在苏杭设置的“应奉局”，由朱勔总负责。朱勔一旦握有权力，便肆意妄为，只要哪户士庶人家有可供玩赏的一石一木，朱勔就带人直入其家，贴上黄纸的封条，指为御前之物，然后用“花石纲”运到开封。起运时，更是撤屋拆墙，无所不为。而朱勔打着收买花石的幌子，向国库领钱，每次都数十万、上百万。实际上所谓“进奉花石”，并不仅是“贡奉”给皇帝，而其中多半被刮入私家。况且进献给皇帝的珍奇物品，都是从百姓那里巧取豪夺而来，其从国库支来的钱财，便大多装入朱勔自家腰包。当时越州（今浙江绍兴）上虞人李光曾上书揭露蔡京、童贯、朱勔所控制的“造作局”“应奉局”，“名为应奉御前，其实搬入私室”。

由于朱勔长期尽心竭力为宋徽宗搜刮奇花异石，因此受到宋徽宗的特别宠信，于是更加有恃无恐，无恶不作。凡官吏居民如与朱勔旧有睚眦之怨者，朱勔无不生事陷害。朱勔的父亲朱冲死后，归葬乡间，他倚仗权势，贪夺他人先茔之地，还诬其罪予以陷害。其时，朱勔家住苏州孙老桥。一天，他忽然宣称得了皇帝圣旨，说桥四周的地方全部由皇帝买后赐给了他，限那里原先居住的数百户居民五天内迁走，致使百姓流离失所。其所建府第，仿皇宫式样建筑，名园别墅在吴郡首屈一指，园中种数千棵牡丹，开花时用彩色丝绸搭成帐篷，将花覆盖住，并用金子标出每棵牡丹的名称，奢靡无度。

朱勔帮助宋徽宗搜刮民间，并乘机自己捞取好处，给东南人民造成深重的灾难。不仅使诸多人家破产，卖儿卖女应付应奉局，更有无数农民充当工役，为完成运送花石而劈山开路；陆路水路的纲运，苦不堪言，于是，便有了著名的方腊起义，而义军之起，是以诛朱勔为名，可见朱勔民怨之深。此时，宋徽宗不得不贬黜朱勔等，以稍平民愤。但方腊起义被镇压之后，宋徽宗又再次起用朱勔，任其为宁远军节度使、醴泉观使。朱勔再次得志，更加声焰熏灼，“一门尽为显官，驺仆亦至金紫，天下为之扼腕”。朱勔不仅自己尽情享乐挥霍，就连其家奴中服金带者也甚众，时有民谚曰：金腰带，银腰带，赵家天下朱家坏。

宋钦宗继位后，不少大臣弹劾朱勔，宋钦宗将朱勔流放韶州、循州，后又遣使将朱勔在其流放地诛杀。钦宗下令抄其家时，朱勔家被没收的土地达 30 万亩。

65. 王黼存黄雀三楹

王黼（1079 年—1126 年），字将明，原名甫，赐改为黼，开封府祥符县（今河南开封）人。因助蔡京复相，骤升至御史中丞，又任翰林学士承旨，拜为尚书左丞、中书侍郎。勾结宦官梁师成，以父事之，于宣和元年（1119 年），拜为特进、少宰。由通议大夫连升八级，这是宋朝以前任命宰相从未有过之事。王黼身为宰相，与徽宗皇帝在一起时，媚态百出。有时在宫内玩耍列肆集易的游戏，由王黼扮演市令。宋徽宗故意责罚“市令”，用鞭子抽打“市令”取乐，王黼连连哀求。他又加升少保、太宰。请求朝廷设置应奉局，由他自己兼任提领，内外官钱都可以擅自挪用，竭尽天下财力来供应奉局的费用。官吏们迎奉上意，凡是各地水陆珍贵奇异的东西，都苛刻地向老百姓索取，进贡到皇帝那里的不足十分之一，剩下都成为王黼私产。王黼被称为“六贼”之一。

当时王黼与梁师成相勾结，一人在内宫，一人在外廷，把持朝政，“公然受赂卖官”。进献多者，得高官美官；进献少者，得职小权微的官；不进献者，不管政绩、才学如何，都不得升迁或入官，甚至被黜落。当时，人们将王黼卖官的定价标为：“三千索，直秘阁，五千贯，擢通判。”王黼通过卖官鬻爵，捞取了巨额贿赂。还借口军事开支需要，“括天下丁夫，计口出算，谓之‘免夫钱’，凡得钱六百二十万亿”，其中大部分被王黼中饱私囊。

王黼贪污纳赃，积累了大量钱财，然后则穷奢极欲，过着醉生梦死的糜烂生活。位于汴京城西的王黼居第，飞檐斗角，华丽无比。室内以香木为案，以金玉为饰，绫罗绸缎，珍奇珠宝，不计其数。家中“多畜子女玉帛自奉”。王黼卧室有一榻，悉用香木精工雕成，上面有双龙戏珠、丹凤朝阳、麻姑献寿等。床榻上，镶金饰银，熠熠发光，色彩夺目。连鞋子都放在纯金铸成的榻板上。大榻四周，围以同样奢华只是略小的小榻数十，挑选美姬数十人卧于各小榻上，拨弄琵琶古筝，和弦歌舞，以供王黼娱乐，名曰“拥帐”。凡是王黼看中的女子，皆难逃厄运，就连同朝徽猷阁侍制邓之纲的美妾，都被王黼“诱夺”，而且还捏造罪名，把邓之纲发配岭南。

王黼的生活不仅腐朽糜烂，其挥霍浪费更令人咋舌。整天宴饮，彻夜歌舞，一食之费，耗赀惊人。其时，路有饿殍，人皆菜色，而他家的雪白米饭却被糟踏丢弃。王宅附近有一寺庙，庙内老僧每天做完功课，即携带簸箕扫帚，将王宅污水沟中流出来的白米饭捞回，淘净晒干，数年之间，竟积成满满一囤。

据史料考证，北宋时期食用黄雀十分普遍，当时有“蜜炙黄雀”“酿黄雀”“煎黄雀”等多种雀馔，而“黄雀鲊”则被时人称珍并一度成为贡品。王黼喜食黄雀，在其权倾一时的时候，每天带着大队人马到郊外猎雀，一路过去，人马浩荡，凡所到之处，都得进献美食，而老百姓的庄稼被人马践踏得一片狼藉。为了使其猎雀时有雀可猎，又强迫周围百姓手持竹竿，到处去驱赶黄雀。那些阿附、追求利禄的地方官，还欺愚百姓，勒令本地人民，每人交纳黄雀若干。他们拿着百姓交纳的黄雀，进献王黼。地方官进雀多者，皆得美官。王黼家黄雀最盛时，“库内黄雀鲊自地积至栋，凡三楹”（量词，古代计算房屋的单位，一说一列为一楹，一说一间为一楹），即黄雀鲊至少装满了三间屋子。

有一次，王黼邀请宋徽宗到他家看灵芝，结果皇上发现他家后门跟大宦官梁师成的住宅相通。宋徽宗这才发现王黼久与内侍交结。回去之后下诏让其致仕（即退休）。宋钦宗继位后，籍没其家，流放永州（今湖南零陵），又交付开封尹聂山遣武士诛杀之。

66. 秦桧富可敌国

秦桧（1090 年—1155 年），字会之，南宋江宁（今江苏南京）人。曾拜奸相汪伯彦为师，学到了一套玩弄权术、搞阴谋诡计的本领。北宋政和五年（1115 年），秦桧中进士，由李邦彦“荐入馆职”，进入官场，凭着他的工于心计、曲意逢迎，屡得升迁，由太学正而左司谏，再到御史中丞，平步青云。

秦桧进入仕途之后，正值宋金战争愈演愈烈之际。“靖康之祸”，北宋徽、钦二帝等被金军所掳，秦桧也同时被俘，旋即变节降敌，为金朝卖力。金人经过多次对秦桧“试之以事”后，认为“南臣贫薄，唯桧温实”。故放其回南宋充当内奸，里应外合，破坏南宋的抗金事业。

秦桧南归后，看到宋高宗惧怕金兵，一心乞和偏安，便投其所好，不断进献议和乞降之策，深得高宗欢心与信任，不久便官拜礼部尚书、参知政事，及至相位。此后，秦桧独揽相权，对外媚奉敌国，屈膝媾和，丧权辱国；对内则是党同伐异，诛锄异己，打击主战派，以莫须有的罪名杀害了忠臣良将岳飞，世人皆知其“盗弄国权，怀奸误国”，天下为之切齿。

秦桧为相专权十数载，依仗权势，广置家产，敲诈勒索，贪污舞弊，贿赂公行，横行霸道。绍兴十年（1140 年）他以宋金战争“预备犒赏”为名，要百姓“计亩率钱，遍天下五等贫民，无得免者”。但把钱银聚敛起来后，并未军用，竟公然吞为已有。他每年生日，臣僚都必须献金送物为其祝寿，“金玉劝盏，为不足道，至於搜尽世间之稀奇以为侑”。有些官员想填补官缺，他照例要索取珍宝，行贿数万贯，才能得以差遣。秦桧门庭若市，“黄金、白璧、明珠、大贝、象犀、锦绫奇怪之物，车连毂、舟衔尾，相属于水陆之道、昼夜不绝”。

由此，秦桧其家“富敌于国”。秦府的府库财富，超过了宋高宗的“左藏数倍”。凡宫廷稀缺的物品，在秦桧家里都应有尽有。有一次，高宗需以“白脑”为药，而皇家内库欠缺，即“求之秦桧，桧取一匣进之”。高宗感叹地说：“御前未尝有如此白脑片子！”

秦桧如此贪得无厌，贪官污吏都竞相仿效，于是，“自桧当国二十年间，竭民膏血”，“国之府库，无旬月之储，千村万落，生理萧然”。

秦桧一生，坏事做尽，死后“四方士民相庆”，士大夫都“鄙其为人”，不愿为文，其墓碑“不镌一字”，其墓被称为“秽冢”。人们还在被秦桧杀害的岳飞墓地铸了秦桧夫妇的像，跪于岳飞墓前，任人投石、诅咒，以致“身首残弃”，历年来不断地重铸。在岳飞墓阙后有副对联：“青山有幸埋忠骨，白铁无辜铸佞臣”。反映了人们对千古罪人秦桧的切齿痛恨。

67. 岳飞家存九串铜钱

岳飞（1103 年—1142 年），字鹏举，南宋相州汤阴（今属河南）人。出身农家。少年时代的岳飞虽家境贫寒，但却能刻苦读书，胸怀抱负。他尤喜读《左氏春秋》、“孙吴兵法”一类书籍；并从师习武，以备将来报效国家。

岳飞从20岁起，曾先后四次从军。他整军有方，军纪严明，军队战斗力强。当时敌人曾感叹：“撼山易，撼岳家军难！”

绍兴十年（1140 年），岳飞率兵大举北伐，连克蔡州、郑州、洛阳等地，取得郾城大捷，战场形势极为有利。岳飞立即上书皇帝赵构，指出现在正是“陛下中兴之机，金贼必亡之日”，他请求尽早命令各路兵马火速并进，发动总反攻，收复失地。与此同时，岳飞亲率全军继续北上，进军朱仙镇，距离汴京只有 45 里路程。只因皇帝赵构、奸臣秦桧心怀鬼胎，力主和议，连下十二道金牌，下令退兵，岳飞被迫班师。绍兴十一年（1141 年）夏，岳飞受诏赴临安，被解除兵权，改任枢密副使。不久，被诬下狱。1142 年 1 月 27 日，岳飞终以“莫须有”的罪名被害。

在政治腐败、贪婪成风的南宋，岳飞以严于律己、严于治家著称。岳飞规定：全家只穿麻布衣服，不穿丝织品；家中的器具够用即可，不求其精巧美观。在日常生活中很少吃荤。诸子平时不准近酒；读书之外，还常常叫他们拿起农具，耕田种植。岳飞告诉他们：“稼穑艰难，不可不懂啊！”

岳飞平生不积私财，朝廷所赐钱物都用来犒赏将士。部队粮饷不足，他即捐出家中的藏粮。皇帝赵构曾经赐给岳飞一座住宅，让他在临安府安家，岳飞上疏恳辞，说：“北虏未灭，臣何以家为！”有人问岳飞：“天下何时能够太平？”岳飞回答说：“文官不爱钱，武官不惜命，则太平了。”

岳飞被害，秦桧派人去岳家抄家，只搜出九串铜钱，无其他任何金银财宝。

68. 韩侂胄索十四珠冠

韩侂胄（1152 年—1207 年），字节夫，南宋相州安阳（今河南）人。韩侂胄是北宋名臣魏忠献王韩琦的曾孙，宋宁宗皇后韩氏的叔父。他在拥戴策立宋宁宗时出过力，因而受到宁宗宠信。官衔由节度使一直升到太师、平章军国事兼国用使，并被封为平原郡王，操纵朝政大权。

由于韩侂胄掌握了朝廷权柄，政府、枢密、台谏、侍从等重要官员都出自韩侂胄之门，因此一些无耻之徒就对他极尽阿谀奉承之能事，而韩侂胄也当之不却。韩侂胄有十四个宠妾，其中有四位最得宠，当时有人向他进献满缀珍珠的凤冠四顶，韩侂胄即笑纳，送给四个最得宠的夫人一人一顶。可另外十个妾见到后也都想要，找到韩侂胄说“我辈不堪戴耶？”韩侂胄为此也感为难。此事被韩侂胄手下的官吏赵师择知道了，他明白这正是向韩侂胄献媚的时机，便急忙自己拿出十万钱去采办珍珠，制成十个珠冠进献。韩侂胄再次笑纳。这样，另十个宠妾也都得到了珠冠。有一天，韩侂胄的十四个宠妾一起戴上珠冠出门炫耀，观者如堵。韩侂胄十分得意，遂将赵师择升为工部尚书。

韩侂胄曾有一爱姬，因一点小事被韩侂胄赶出家门。钱塘县令程松寿便把她接回家，殷勤照料，后待韩侂胄消了怒气，又把那一爱姬送回府内。韩侂胄甚为满意，升其为谏议大夫。程松寿摸透了韩侂胄贪财好色的秉性，不久，更特意买了一个美女送给韩侂胄，并给此美女取名“松寿”。当韩侂胄问他为何起这个名字时，程松寿说，这是为了让我的贱名常让您听、常让您叫啊。韩侂胄既受此美女，又满意程松寿的奉承，又提升程松寿为知枢密院，使其侧身于执政之列。

韩侂胄专权恣肆，贪财好色，其亲信得势后，也竞相效仿，一时官员贪赃成风，朝中龌龊不堪。韩侂胄的恶行引起朝野怨恨。开禧三年（1207 年），韩侂胄北伐金兵失败，被杨皇后、史弥远密谋所杀。韩侂胄专权时巧取豪夺，积聚无数家财田产，他的一个田庄被称为“万亩庄”。在他被诛杀后，他的田产皆被没收。为管理这些田产，南宋政府还专门设置了一个“安边所”，用这些田产的田租来弥补亏空的国库。“安边所”的官田每年可收 30 万斛。

69.“董阎罗”逢迎奢侈

董宋臣（？—1260年），南宋理宗朝宦官，是理宗的贴身内侍，善逢迎，很得理宗宠信。

当时，宋理宗不顾山河残破，整日纸醉金迷，沉溺于声色之中。董宋臣就顺承其意，诱使宋理宗奢侈享乐，耗费大量财赋建造寺观和园林，替宋理宗建了佑圣观、芙蓉阁、香兰亭等，专供宋理宗享乐。理宗去禁苑赏荷花，苦于没有凉亭遮日，董宋臣揣摩上意，一天之内就修建了一座凉亭，理宗十分高兴。冬天，理宗又去赏梅，董宋臣已事先在梅园建造一座亭子，理宗嗔他劳民伤财，董宋臣说不过是把荷亭移到这里，理宗又大赞他办事得体。理宗晚年好女色，三宫六院尚难满足其淫欲，董宋臣便引临安名妓唐安安入宫与理宗淫乐。

董宋臣既得宋理宗恩宠，便恃宠无忌，为非作歹，到处霸占民田，弄权纳贿，贪财聚敛，无所不为，不可一世，人们把他称为“董阎罗”。宋人记载当时宦官专权的情况，说他们的声焰足以动摇山岳、回天驻日。后来，朝臣纷纷入奏指斥，宋理宗见众怒难犯，才将董宋臣逐出了宫廷。

当时有诗人开庆太学作《美文文山劾董宋臣》诗云：

幽阴何物号阎罗，污我青天莫敢指。……扬扬颜面见士夫，不知世间有羞耻。

70. 刘秉忠谓金银无用

刘秉忠（1216 年—1274 年），字仲晦，本名侃，法名子聪，自号藏春散人。生于邢州（今河北邢台）官宦之家。自幼聪明好学，通天文、地理、律历以及卜算之术。入仕途几经坎坷之后，元太宗后乃马真氏元年（1242 年）受到忽必烈赏识，几十年不离忽必烈左右，参与各种大计方针的决策。后拜光禄大夫，位太保，参领中书省事。至元十一年（1274 年）八月，无疾端坐而卒，享年 59 岁。

刘秉忠辅助元世祖忽必烈创基立业，功劳卓著。同时，他在谏政过程中，始终心系百姓，为民请命。元宪宗三年（1253 年）到四年（1254 年）间，忽必烈远征大理和云南。兵围大理之日，元军入城招降使者被杀，忽必烈盛怒，誓要屠杀全城。幸亏刘秉忠及其他汉人幕僚及时进谏，方使大理之民的生命财产得到保障。

刘秉忠为官不谋私利，平生以选拔推荐人才为己任，概出于公心，不忌贤妒能，不私亲属。他举荐和提拔了许多才士，其中不少人成了一代名臣。而他的弟弟刘秉恕，虽然很有才华，但他考虑到避“私亲”之嫌，从未向忽必烈举荐。

刘秉忠后来的官阶之高，可谓一人之下，万人之上，但他依然廉而自律，住着平常的房子，吃粗茶淡饭，过着简朴的生活。忽必烈知他生活简朴，有一次要赏赐他白金千两，刘秉忠辞谢不受，奏称：我是一个山野鄙人，现在的生活已经很好了，金银对我来说并没有什么用途。忽必烈坚持必予，他只好权且受领。但领回去后，将千两白金都散给了亲朋和故乡父老。刘秉忠去世之时，忽必烈十分痛惜，他对群臣说：“秉忠为朕办事三十余年，正直无私。”

71. 贾似道穷奢极欲

贾似道（1213 年—1275 年），字师宪，南宋台州天台（今浙江临海）人。他自小不务正业，浪荡不羁，因其姊被宋理宗选为贵妃，倍加恩宠，他才攀龙附凤，以“国舅”的身份跻身于政治舞台，并且很快就爬到两淮宣抚使的职位，后被封为少师、卫国公，成为南宋最有权势的人物。宋度宗继位后，又封他为平章军国重事。

贾似道一旦掌握了朝政大权，便打击、迫害抗蒙有功的将官，清除异己，并收纳贿赂，把对他奉迎巴结的人都引荐入朝，占据要津，又引荐一批外戚子弟为各地的监司和郡守。贾似道还一再以辞职要挟宋度宗，度宗再三挽留他，使他更加专横，一切内外大小朝政都须得到他的点头才能颁行。

贾似道的私欲随着权势的膨胀而更加发展。他对于元兵日益逼近的进攻置若罔闻，终日花天酒地。他在西湖旁边的葛岭建造楼阁亭榭，纳宫人娼尼有美色者为妾，昏天黑日地淫乐其中。有人从他的别墅经过，谁也不敢向里看一眼。有一次他一个小妾的哥哥来找妹妹，到其府邸后站在门口往里边望了望，被贾似道看见，即令人将其五花大绑投入西湖中淹死。他常与群妾赌博、斗蟋蟀，在葛岭的“半闲堂”及西湖的游船上寻欢作乐，而根本不到朝中办公，让小吏抱文书到他家中或船上呈署。时人称:“朝中无宰相，湖上有平章。”

贾似道贪欲无度，收纳贿赂，公开贩盐谋利，搜罗珍奇宝物，无所不为。他令手下人陈振、谭玉、赵与柟等广收奇玩珍宝。大臣余玠死后有玉带殉葬，手下人向他报告后，他竟令人掘开余玠的坟墓取之。大臣刘震孙有一个玉钩桶未献给他，他竟找茬罢去了刘的官职。凡别人有珍奇宝物，只要是不愿献给他的，他都要网织罪名予以整治，然后强取。为藏纳宝物，他专门建造了一座多宝阁，每月一次登阁欣赏新进的宝物。

贾似道不仅自己荒淫无度，而且极力诱使宋度宗也耽于酒色，不理朝政。任何人只要在朝中说到元兵入侵的情况，就立即被贬斥出朝。有个宫女因向宋度宗说了襄阳被元兵包围已三年的事，竟被贾似道寻借其他理由而处死，自此以后便无人敢向度宗报告边情危急状况。由于贾似道专权期间的倒行逆施，使得南宋王朝的朝政“万事不理”，内部机构近于瘫痪，元兵逼近都城临安时，满朝混乱。许多大臣上书要求杀贾似道，谢太后将贾似道发配到循州（广东龙川）。押解贾似道的会稽县尉郑虎臣激于义愤，在押解途中将贾似道杀死，结束了其罪恶的一生。

72. 刘观惩腐自腐

刘观（生卒年不详），明朝中书省保定路雄州（今河北雄县）人，洪武十八年（1385 年）进士，永乐六年（1408 年）

任礼部尚书，同年十二月又任刑部尚书。他曾因咎被贬，永乐十三年（1415 年）又重新起用为左都御史（相当于现代的监察部长）。

明宣宗时，自仁宗时期开始的官场吃喝玩乐之风已十分严重。“宣德初，臣僚宴乐，以奢相尚，歌妓满前”。从京城到府县，饭店酒馆人满为患，门前官轿云集，官员们互相请客，天天宴会，大吃大喝，甚至狎妓取乐，以比奢侈、竞豪华为时尚。

刘观作为负责惩治贪污腐败的中央机关最高官员，本应廉洁自律，以身示范，但却执法犯法，有请必到，并且经常在酒席间接受贿赂。其子刘辐，也利用父亲的地位和影响，公开索要贿赂，甚至包揽诉讼，大肆聚敛钱财。刘观对此却睁只眼闭只眼，任凭儿子胡作非为。刘观手下从事监察工作的官员们，见首长如此，也都无所顾忌贪污腐败，御史台风气恶化，给全国带了坏头。

宣德三年（1428 年）六月一天罢朝后，明宣宗将大学士杨士奇、杨荣召到文华门问话说，太祖时朝臣们都谨慎清廉、克己自守，现在的官员为何都贪浊成风？杨士奇、杨荣答话时指出刘观身为御史却贪腐。宣宗闻之，将刘观外派去巡视河道，任用顾佐取代其职位。御史们见刘观被贬，便趁机纷纷上奏章弹劾刘观，涉及其父子许多贪赃枉法之事。宣宗下令逮捕刘观父子，拟将其二人处死，后在杨士奇等人一再求情下，改贬二人到辽东戍边，刘观最后死在辽东。

73. 况钟“事事堪持天日盟”

戏曲《十五贯》中的清官况钟，历史上确有其人。况钟（1383 年—1442 年），字伯律，号龙冈，江西靖安县龙冈洲人。他屡试不中，以小吏起家。明宣德五年（1430 年），明宣宗朱瞻基诏选“廉能有为”的官吏出知州郡，况钟经人特荐被任命为苏州知府。他在任期间，体恤民情，除暴安良，赈济饥民，重才兴学，被时人称为包龙图再现的“况青天”。

自宋至明，政治局面发生多次变化，造成了官田越来越多、民田越来越少的状况。农民种官田，按私租交税，田赋特别重。况钟任苏州知府时再三上疏辩争，才得以批准，每年减省了苏州人民一百六十多万石的负担，并永为定制。宣德八年（1433 年），况钟奏请皇帝批准，设置“济农仓”。每当春夏之交青黄不接，贫苦农民断炊缺粮的时候，便开仓借贷，每户二石，到秋后归还，不收利息。遇有灾荒，就拨“济农仓”的存粮赈济。

况钟兴学重才，任苏州知府时，他筹捐一部分银两，重建了府学明伦堂、斋廊和学舍等建筑，修造了一座名叫“道山”的亭子。还拨地作为“学田”，对贫苦好学的读书人给予救济。当时有个叫邹亮的读书人很有才，况钟不顾有人中伤，将邹亮推荐于朝廷。结果邹亮后来屡迁至御史，成为当时苏州地区最重要的朝廷官员。况钟在疏浚河道，兴修水利，提倡节俭，他在反对奢侈，禁止赌博、宿娼、酗酒等方面，也有很多作为。当时，宣宗皇帝为了满足个人私欲，接连不断地派出宦官作为使臣，到苏州地区采办纺织品、金银器皿和花木禽鸟等物。这些宦官为了中饱私囊，肆意勒索，致使郡佐属吏常挨鞭打、子民百姓屡遭凌虐。况钟对于宦官们的暴行深表不满，训斥他们不得徇私枉法。因此，只要况钟一出现，那些宦官便有所顾忌。上级有司或途经苏州府的他省官员，知道况钟刚正廉洁，嫉恶如仇，也从心眼里怕他三分。

况钟自身生活俭朴，居处简陋。做官多年，从来没有添置过田产。进京朝见，清风两袖，从不带丝毫馈礼。他曾向设饯送行的苏州百姓赠诗一首：

清风两袖去朝天，不带江南一寸绵。惭愧士民相饯送，马前洒酒注如泉。

检点行囊一担轻，长安望去几多程。停鞭静忆为官日，事事堪持天日盟。

由于况钟勤于政事，严于律己，办事公平，孜孜爱民，所以，他三次离任，又三次被苏州人民上书挽留。当他因母亲去世而离职服丧时，苏州的百姓们到京师去请求朝廷让其留任，皇帝于是诏令他服丧并任原职。正统六年（1441年），况钟任期届满，因功要例行迁任。苏州有两万民众找到巡按御史张文昌，乞求让其再任苏州知府。皇帝于是加进三品俸禄，仍让他留任苏州知府。转年年底，况钟死于任上，吏卒百姓们闻讯奔走相告，捶胸顿足，号啕痛哭，集资建置祠堂以寄托哀思。

74. 王振作威作福

王振（？—1449年），字美旭，山西蔚州（今河北蔚县）人，明英宗时宦官。是明朝第一个专权的太监。他本来是一个教书先生，自阉进宫，当起宦官，英宗为太子时，侍于东宫。英宗继位后，掌司礼监，以防备大臣罔上为由，劝皇帝以重典治理，由此得到了英宗的宠信，开始擅权，结党营私，干涉朝政，揭开了明朝太监专权的序幕。

正统七年（1442 年），太皇太后去世。王振有恃无恐，勾结内外官僚，擅作威福。在京城东造豪华府第，大兴土木，诛杀正直官员。英宗称他为先生，公卿大臣呼他翁父，并争相攀附。谁若顺从和巴结他，就会立即得到提拔和晋升；谁若违背了他，立即受到处罚和贬黜。一些官僚见到王振权势日重，纷纷前来巴结贿赂，以求高升。有位工部郎中，名叫王佑，最会阿谀逢迎。一天，王振问王佑说："王侍郎你为什么没有胡子？"王佑无耻地回答说："老爷你没有胡子，儿子我怎么敢有。"一句话说得王振心里甜滋滋的，立即提拔他为工部侍郎。徐希和王文亦因善于谄媚，被王振提拔为兵部尚书和都御使。王振还把他的两个侄子王山和王林提拔为锦衣卫指挥同知和指挥佥事，又把死心塌地依附于自己的心腹马顺、郭敬、陈官、唐童等，安插在各个重要部门。福建有位参政宋彰将贪污的数以万计的官银送给王振，立即被提拔为布政使。一些人为了升官发财，每次朝会都向王振送礼。更有一些无耻之徒，为了讨好王振，极力帮助王振收礼，并当众公布礼物数目。比如，王佑就曾在众人面前说，某人以某物送给王振，某人没有送礼等，结果送礼者得到提拔，没有送礼者受到处罚。于是，人们纷纷向王振送礼，多至千金，少亦百金左右。时间一久，向王振送礼成了宫中一项不成文的规定，如果有人不送礼，就要受到惩罚。王振遍受贿赂，又大肆贪污，使家中财富越来越多。后来王振被锤死，朝廷籍没其家产，其家中仅金银就有 60 余库，玉盘 100 多个，珊瑚树高六七尺者 20 余株，其他珍玩则不计其数。

明正统十四年（1449 年）二月，蒙古族瓦剌部落首领也先遣使 2000 余人向明朝政府贡马邀赏，由于宦官王振不肯多给赏赐，并减去马价的五分之四，没能满足他们的要求，也先就制造衅端，遂于这年七月，统率各部，分四路大举向内地骚扰，也先亲率一支大军进攻大同。明朝守卫西北的将士几次交战失利，急忙向京师请兵救援。根本不懂军事的王振为了侥幸取胜，在明朝没有充分准备的情况下，怂恿英宗亲征。也先听说英宗御驾亲征，佯装退却，引诱明军进入大同及其以北地区。后发觉是计，急忙传令撤兵。最初，王振想从紫荆关（今河北易县西北）退兵，以便途经他的家乡蔚州，让英宗驾幸他的府第，向家乡父老显示自己的威风。走了 40 里后，王振忽然想起，大队人马经过蔚州，一定会损坏他家乡的田园庄稼，于是又改变主意，火速传令改道东行，向宣府（今河北宣化）方向行进。这时，瓦剌已知明军不战而逃，急忙来追。大同参将郭登和大学士曹鼐等向王振建议说：“自此趋紫荆关，只有 40 里，大人应该从紫荆关回京，不应再取道宣府，以免被瓦刺大军追及。”王振不听，一意孤行，坚持折向宣府。8 月 13 日，退到土木堡（今河北怀来东南）。这里离怀来城仅 20 里，随行的文武官员都主张进入怀来城宿营。可王振以 1000 余辆辎重军车没能到达，害怕自己搜刮来的东西受损失，便不顾英宗和数十万军队的安全，传令在土木堡宿营。第二天，英宗想继续行进，但为时已晚，瓦剌军队已经包围了土木堡。15 日英宗被俘，英宗的护卫将军樊忠万分愤怒，抡起铁锤砸烂了王振的脑袋。这个祸国殃民的恶宦，终于落得个罪有应得的可耻下场。

75. 王翱五朝名臣自奉俭素

王翱（1384 年—1467 年），字九皋，河北盐山（今河北沧州盐山县）人。永乐十三年（1415 年）进士及第，开始了官宦生涯，历任大理寺左评事、监察御史、佥都御史、左右都御史、吏部尚书，身经明成祖、仁宗、宣宗、英宗、景帝五朝。他身居官场几十年，能忧国奉公，荐举贤能，且自奉俭素，一生清廉。

王翱位高权重，但对自己及家人都要求很严。他宅第破旧，衣着朴素，对于钱财更是处之淡然。在提督辽东军务时，他与一位监军的太监关系不错，后来王翱改调他职，两人临别之时，这位太监以四颗西洋明珠相赠，王翱坚持不受，太监解释说："这些明珠决不是我收贿所得，而是过去先帝将郑和所购得的西洋明珠用来赏赐近臣，我得赏八颗，今以一半相赠，以为分别留念。"王翱听了心中感动，只好收下，并把它缝在披衣中藏了起来。后来王翱还京任吏部尚书，此时那位太监已经辞世，王翱寻找他的后代，找到了他的两位侄子，关切地说，你们的叔叔在世时对你们要求很严，想必没有什么积蓄，生活一定很贫困，这四颗西洋明珠是你叔叔在世时交我保管的，我现在还给你们，作为你们日后谋生之用。说完坚决把明珠送给了那两个侄子。

在封建社会，权贵势要纳妾乃是正常现象。当王翱任都御史时，他夫人瞒着他为他娶了一妾，半年之后才告诉了他。王翱十分生气地责斥夫人破坏了家法，当天即用钱将此妾遣送回家。王翱有一女儿嫁与贾杰为妻，但贾杰在京郊做官，王翱的女儿回娘家探亲或王翱的夫人来此看望女儿，均因路途遥远而有所不便。于是，贾杰在妻子面前发牢骚说："岳父大人身居吏部尚书之职，将我调回京城任职，还不是举手之劳嘛！如此就可以免去这来来往往的许多麻烦。"于是女儿将此话告诉了母亲听，母亲也觉得这是小事一桩。一天，王翱夫人备了佳肴美酒，趁王翱酒兴正浓之时，请求他将女婿调回京城。可王翱一听，竟大发雷霆，顺手抄起案上一物什，砸伤了夫人的脸。贾杰最终还是在京郊为官，未能如愿。王翱的德行，与当时流行的“一人得道，鸡犬升天”现象相比，有天壤之别。

76. 于谦“要留清白在人间”

于谦（1398 年—1457 年），字廷益，浙江钱塘（今杭州）人。祖父于文曾在明朝洪武初年任兵部和工部的主事。父亲于仁一生饱学经史。于谦生活在这样一个官宦之家，从小便受到良好的家庭教育，加上他的聪慧好学，10 岁时已能熟诵经书、研学古文词，14 岁已通晓诗赋，被时人称为“神童”。他在 15 岁时经过了考试，成为钱塘县儒学生员（秀才），后入仕途。永乐二十年（1422 年），于谦被选授山西道御史。宣德五年（1430 年），他被提升为兵部右侍郎兼巡抚河南、山西都御史。正统四年（1439 年）进为兵部左侍郎兼巡抚。正统十四年（1449 年）土木之变以后，他任兵部尚书，主持军事，在国家危难之际，成为“救时宰相”。此后一直主持朝政。天顺元年（1457年），“夺门之变”后被害。

于谦非常仰慕历史上的诸葛亮、苏武、文天祥等具有为国为民而献身赴死之高尚情操的人物。他感于这些志士仁人为国鞠躬尽瘁、舍生忘死、廉洁清明的节操，作了《题苏武忠节图》《过南阳挽孔明》等诗，他尤其称颂文天祥，说文天祥“殉国忘身，舍生取义，气吞寰宇，诚感天地”，“宁正而毙，不苟而全”。从这样的人物身上，于谦吸收到了他们可贵的品质和道德修养，他在为官过程中清廉刚正。永乐二十一年（1423年），于谦受命到湖广（今湖南、湖北）调查，并且兼“安抚”川贵等地瑶、壮少数民族。于谦到任后，不是坐在衙门里听官员的汇报，而是改换便装，亲自来到瑶民居住的地方去查访，在同当地百姓交谈中，于谦得知了官军滥杀无辜、冒功请赏的真相。当地官军将领还想贿赂拉拢于谦，结果被于谦当面斥责一番。于谦还朝后，将当地情形如实奏报，弹劾了那些不法的武臣。宣德二年（1427年），于谦又奉命巡按江西，他处理公正，平反冤狱，查办骄横不法的官吏，整顿市场，改革弊政，两年之间，为当地办了诸多好事。宣德五年（1430年），河南、山西灾荒严重，宣宗皇帝钦点于谦，任他为兵部右侍郎兼巡抚河南、山西都御史。于谦每年冬春两季在山西，夏秋两季到河南，既要奔走于两省，又要巡查各州县。他晓行夜宿，十分辛苦。

不论是明察还是暗访，都是轻骑而行，绝无前呼后拥，鸣锣开道，煊赫威势。他不只看到河南、山西民不聊生的表面现象，还一针见血地指出，这天灾之外尚存人祸，即贪官污吏、村豪恶霸的奴役和压榨。他奏请皇上，开仓放粮，赈济饥民，严惩不法之官。他还设立了惠民药局，解决当时疫病流行的问题。据说正统五年（1440 年）一天，于谦由河南往山西，轻骑简从，夜过太行山中，忽遇群盗拦劫。但当这些盗贼知道他们面前是于巡抚时，立刻各自散去。

英宗继位后，太监王振把持朝政。此人喜欢受贿贪赃，而且勾结京师内外的贪官污吏，擅作威福。大臣进京，必须馈送重金厚礼，这似乎已成为英宗朝廷的惯例。而于谦每次朝觐入京却两手空空，不带馈金。有人说："你不带金银入京，也应带点土特产品送一送嘛！"于谦举起袖子笑笑说："你看这不是有两袖清风吗？"王振对于谦的耿直耿耿于怀，伺机加害。正统六年（1441 年），借口于谦不满于现职而施行诬陷，把于谦投入监狱，尚拟判以死刑。在朝廷内外不断上书抗议的情况下，王振只得谎称因姓名相同抓错了人，把被关押了三个月的于谦放了出来，官复原职。

除去父母去世，回家乡杭州料理丧事外，于谦在山西、河南整整忙碌了 19 年，直至正统十三年（1448 年）召还朝中，任官兵部左侍郎。第二年便发生了震惊中外的“土木堡之变”。当瓦剌军队攻至北京城下时，于谦挺身而出，肩负起守卫京师的重任。他白天指挥战斗，夜晚也不回家，带病留宿在指挥之所，取得了北京保卫战的胜利。于谦在朝九年，全身心为国操劳，却从来一无所求。景泰帝曾赐予他西华门外一处住宅，于谦推辞道：“匈奴未灭，何以家为。去病竖子，尚知此意，臣独何人，而敢饕此。”然而朝廷内的奸佞小人对他恨之入骨。当景泰帝被害后，于谦也不幸被捕，含冤而死。

于谦少年时写的一首《石灰吟》，至今脍炙人口，道出了他廉洁奉公的决心，也是他一生的真实写照：

千锤万凿出深山，烈火焚烧若等闲。粉骨碎身浑不怕，要留清白在人间。

77. 刘瑾敛财无尽

刘瑾（1451年—1510年），陕西兴平人，本姓谈，六岁时被太监刘顺收养，后净身入宫当了太监，遂冒姓刘。孝宗时，犯死罪，得免。后侍奉太子朱厚照，即后来的明武宗。他善于察言观色，随机应变，深受信任。武宗继位后，他数次升迁，爬上司礼监掌印太监的宝座。他引诱武宗沉溺于骄奢淫逸中，自己则趁机专擅朝政，时人称他为“立皇帝”（因上朝时武宗坐着，是为“坐皇帝”，刘瑾站立在武宗身边，但朝权尽握，故称“立皇帝”）。

大权在握，更加刺激了刘瑾的贪欲。他劝武宗下令各省库藏尽输京师，从中贪污大量银两。他公然受贿索贿，大搞钱权交易。凡官员升迁赴任、回京述职，都得向他行贿，谓之“拜见礼”，少的要白银上千两，多的则五千两。如果升了官要立即使用重金“谢”刘瑾，叫做“谢礼”。送少了会被撤职，追加后又可恢复职位。官位基本上成了刘瑾手中卖钱的商品。有人为了向刘瑾行贿，只好贷于京师富豪，时人称为“京债”。他还广派亲信到地方供职，为他敛财。有一天早朝时，朱厚照发现了一份揭发刘瑾罪行的匿名信，朱厚照把这封信转交给刘瑾。刘瑾大发雷霆，命高级官员三百余人跪到奉先门外的烈日之下追究事主。那些高级官员们从早晨跪到天黑，许多人当众倒下来死掉。天黑之后，未死的人再被囚禁锦衣卫诏狱。后来还是刘瑾发现匿名信来自宦官内部，跟朝臣无关，才将他们释放。

刘瑾的贪婪专权给国家和人民带来了无穷的灾难。正德五年（1510 年），右都御史杨一清利用刘瑾为首的“八虎”之间的矛盾，刺激太监张永反戈一击，告刘瑾谋反，武宗下旨逮捕刘瑾，后被判凌迟处死，籍没其家产。据史家考证，刘瑾被抄家时有黄金 33 万公斤、白银 805 万公斤。而明崇祯时一年的全国财政收入仅为黄金 20 万公斤，仅刘瑾家中的金银就超过朝廷年收入的两倍，其他珍宝细软无法统计。从刘瑾家中还抄出伪玺、玉带等违禁物，还有两柄貂毛大扇，里面暗藏机关，以手指按动，便弹出一把寒光闪闪的匕首。武宗看了也吓得目瞪口呆。刘瑾多行不义必自毙，但整个明政府的结构几乎被他拆散。

2001 年，《亚洲华尔街日报》曾将明朝太监刘瑾列入“过去 1000 年来全球最富有的 50 人”名单。

78. 严嵩父子巨贪

严嵩（1480 年—1567 年），字惟中，又字介溪，江西分宜人。乡试中举后授翰林院编修、礼部侍郎，累进吏部尚书、谨身殿大学士、少傅兼太子太师、少师、华盖殿大学士等。其子严世蕃（1513 年—1565 年），号东楼，借严嵩权势幼入国子监读书，后做官，累迁至尚宝司少卿和工部左侍郎。父子二人曾控制吏部、兵部，把持朝政，号称“大丞相、小丞相”。

明世宗热衷于炼制丹药和祈求长生，仪式中经常需要撰写一些焚化祭天的“青词”，即道教斋醮时上奏天帝所用的表章，用朱笔写在青藤纸上。这是一种赋体文章，需要以极其华丽的文笔表达出皇帝对天帝的敬意和求仙的诚意。世宗经常要求臣下进献青词，写得好的立即加官晋爵，甚至入内阁。严嵩文笔颇佳，所作青词无不合乎世宗之意，由此爬上了宰相宝座，独揽国政，被称为“青词宰相”。嘉靖皇帝只顾修道，不问朝政大事，全交由严嵩主持朝政，自己则深居皇宫专心于成仙修道。他在位 45 年间，竟然有 20 多年不上朝理事，由严嵩擅权达 17 年之久。严嵩专擅媚上，窃权罔利，立朋党，除异己，还吞没军饷，废弛边防，招权纳贿，肆行贪污，造成兵备废弛、财政拮据。倭寇扰掠东南沿海，蒙古鞑靼贵族大举侵入烧杀抢掠，农民起义频繁，社会危机日益加深，朝政昏天黑地，百姓处于水深火热之中。

严嵩由于受到嘉靖皇帝的青睐和重用，骄奢霸横之气日盛，收受贿赂成为常事。严嵩的儿子严世蕃更借其父势力，违法乱纪，卖官鬻爵，胡作非为。嘉靖二十七年（1548 年），严嵩年近七旬，年迈体衰，精神倦怠，多依靠其子严世蕃处理政事，直至将事务都交给其子，严世蕃一时“权倾天下”。当时严氏父子把持着朝中官吏的任选、升迁。官无大小，皆有定价，不看官员的口碑、能力，一切都以官员的贿金多少为准。严世蕃利用各种手段大肆搜刮，家财富可敌国。严世蕃的妻妾有27个，其他侍女、丫鬟无数。严世蕃睡象牙床，围着金丝帐，朝歌夜舞，穷奢极欲。

严嵩得意忘形，傲慢态度在皇帝面前渐有显露，引起嘉靖帝的不满。嘉靖帝常召徐阶推荐的方士蓝道行入宫预卜祸福。一日，严嵩有密札言事，徐阶事先通报蓝道行，蓝道行降“神仙语”称“今日有奸臣奏事”。看到严嵩的密札，一生信奉道教、礼拜神仙的嘉靖帝对其究竟是忠是奸产生了疑问。御史邹应龙听到这个消息，即乘机上疏状告严嵩父子横行不法，严嵩被罢官，严世蕃以通倭罪被杀。抄其家，得黄金三万两千余两、白银二百零二万余两，其他房屋、土地、珍宝、金银首饰、古玩、字画、玉器、服饰、家具无数，几乎超过了皇室的珍藏。严嵩被遣回江西老家，最终落得个八十多岁乞讨饿死的下场。

79. 徐九思的“勤、俭、忍”

徐九思（1495年—1580年），字子慎，江西贵溪人。为明朝孝宗、武宗、世宗、穆宗、神宗五世臣。一生虽官职不高，但清正廉洁。

嘉靖十五年（1536年），徐九思年届四十，初任句容县（今属江苏）知县。当时，官场积弊难清，贿赂公行，贪风尤盛，而贪婪欺民的污吏得到姑息，受害的百姓却持怨难鸣。徐九思到了句容，最初装作很无能的样子，暗地里却在了解情况。而后，他开始整顿吏治，将一名偷盖官印的县吏当场抓获，召集全体县吏到大堂参加公审。徐九思当众宣布其罪状，并要依法惩处。这位被抓的县吏是众吏之首，他的同伙们纷纷上前求情。但徐九思坚持依法治罪。这一行动使“胥吏于是人人惴恐于法，不敢有所舞弊”。

徐九思到句容不久，百姓就了解到了“徐公三字经”——“勤、俭、忍”。他常说：“俭则不费，勤则不隳，忍则不争，保身与家之道也。”

徐九思的“勤”，表现在他勤于公务。为避免县吏们在公务中营私舞弊，许多公务他都亲自处理。过去征税催赋都是由县吏去经办，这样使得县吏有机会下乡欺害百姓，从中牟得私利。徐九思则改为由他亲自分配徭役，平衡赋役的轻重，使贫困者不致因徭役而断送生路。在审理案件时，徐九思“必命其人与亲识偕往”，以免县吏从中舞弊。

徐九思身体力行“俭”。他在居室堂上挂了一幅青菜图，其旁书有“为民父母不可不知此味，为吾赤子不可令有此色”。他甚至要求自己“生平不嗜肉，惟啖菜”。明朝规定地方粮簿上有一笔注明可供地方官开支的例金，徐九思对此例金却不取分文，后来他自行规定取消了这笔例金。当时地方官以招待过路官员作为社交手段之一，利用公款宴请、送礼。有一次府里的属员来到句容县，他们照例索取贿赂，但徐九思则不理睬他们这一套。这些人便借酒装疯，大闹公堂，嚎叫怒骂。徐九思命令将他们捆起来，打了一顿。徐九思还亲自带县吏，在县衙所属的大园圃中劳动。他们种植了蔬菜瓜果，饲养了鸡鸭羊等牲畜，还把园中的水池改建为养鱼池。园中的收获不仅可以大大改善县吏们的生活，而且还可以节省县里的招待费用。

徐九思的“忍”是他告诫自己忍于清贫，不争名利，不与贪官污吏同流合污。但是他的忍不是没有原则的，他对自身的名利可以“忍而不争”，对于百姓的利益受到掠夺时，则丝毫不忍。遇到灾年，徐九思对乘灾抢劫、投机渔利者绝不忍让，必将他们绳之以法。

由于徐九思秉公办事，直言不讳，得罪了府尹和中丞，两人对徐九思进行报复，把他贬官调离句容。句容百姓得知此消息，去府中求见中丞，“父老数千人拥而入见，称公贤”，后来因吏部尚书出面干涉，才使徐九思留任。

徐九思在句容任县令九年后被调入京，任工部营缮司主事。严嵩专权后，徐九思由于一心忙于公务，怠慢了严嵩的党徒赵文华。赵文华寻找借口，最终使徐九思罢官归里。回到乡里，徐九思依然不改利民的初衷，他兴办义学，布施赈济，招抚流民，兴修水利，等等。万历八年（1580 年），徐九思 85 岁时溘然离世。当句容的百姓听到此消息后，在徐九思祠前祭祀者逾万。这时距徐九思离开句容县已有三十六载，而当地百姓对他的爱戴却不减当年。

80. 海瑞铁面冰心

海瑞（1514 年—1587 年），字汝贤，号刚峰，广东琼山（今属海南）人。他四岁丧父，母子相依为命。其母谢氏生性刚毅，持家勤俭，教子笃严，对海瑞的成长具有启蒙示范作用。

嘉靖二十八年（1549 年），海瑞乡试中举后，任福建延平府南平县学教谕（县学的正教官）。到任之初，他就申明“教约”：学生除参见拜揖外，不许送礼；逢年节送酒食给先生的俗例，一并革除。他认为学校是师长授业的场所，教师有教师的尊严，而不应向上官磕头下跪。一次，提学御史来到学宫行礼，县官等人都跪着迎接，唯有海瑞站到中间，活像一个笔架，以后人们便送他一个绰号——笔架博士。

嘉靖三十七年（1558年），海瑞升任浙江淳安知县。淳安境内山多地少，百姓清苦。按明朝的规矩，知县进京朝见时，都要带大量的金银绸缎来打点京官，而这些都要向老百姓收敛。老百姓称“朝见之年是京官的收租年”。旧例淳安知县每次上京，要花费上千两白银。而海瑞在任内上京两次，只用路费银四十八两，送吏银十二两，造户口册银十一两七钱五分，其他杂费则一概摒除。淳安是往来三省的交通枢纽。朝廷使臣和过境官僚，都要地方负责接待。在巡抚、按院出巡视察时，地方官必须行贿，以求升迁高官。海瑞却不以为然地说：“充军、处死我都甘心忍受，而这等小偷勾当千万干不得。全天下的官都不给上司行贿，难道都不升官？全天下官都向上司行贿，难道都升官不成？怎么可以为此而葬送自己的一生呢！”嘉靖三十九年（1560年），宰相严嵩父子的亲信鄢懋卿以左副都御史的身份出京总理两浙、两淮、长芦和河东盐政。鄢氏每到一地，勒索贿赂，肆无忌惮，他的小老婆坐着十二个女子抬的五彩轿子，招摇过市。一天，鄢懋卿要巡查严州（今浙江建德），必经淳安境地。淳安知县海瑞事先呈上一个禀帖，直言相劝他收敛铺张贪婪行为。鄢氏看完禀帖，只好绕道他去。过后则怀恨诬告海瑞，使海瑞由已得朝命的嘉兴通判又降为江西兴国知县。

嘉靖四十三年（1564 年），海瑞奉调入京，任户部云南司主事。海瑞做地方官十几年，深谙地方政治的积弊，入朝之后又目睹了中央机关的腐败。尤其是嘉靖皇帝长期不问朝政，整天和一些方士、道士厮混在一起，炼丹求神，妄想长生不死。官不过六品的海瑞冒死向嘉靖皇帝上了一道《治安疏》，疏斥他"一意修道，侈兴土木，二十多年不视朝，还滥予官爵。……嘉靖者，言家家皆净而无财用也"。嘉靖皇帝看了海瑞的疏章，举手摔到地上，大骂海瑞是畜物，立即下旨逮捕海瑞，将其禁锢入狱。刑部论处海瑞绞刑，嘉靖皇帝自知理亏，没有批复。两个月后，嘉靖皇帝病死，太子朱载垕（明穆宗）继位，海瑞才获释复官。

隆庆三年（1569 年）六月，海瑞被任命为南直隶巡抚，巡抚衙门设在苏州。许多有贪污秽行的属官听到海瑞任巡抚的消息，心惊胆战，纷纷辞职请调；缙绅之家怕朱红大门炫人眼目，连夜改漆黑色；管织造的太监则干脆把平日坐的八抬大轿减去一半；占田多的大地主知道海瑞一向主张限田，也惶惶不可终日。海瑞上任伊始，便展开了反对贪污、打击豪强的斗争。

但只做了7个月的巡抚，就被强大的反动势力撵下了台，从此赋闲居家长达16年。

明神宗万历十三年（1585年），为了俯顺舆情，已届72岁的海瑞被重新起用为南京都察院右佥都御史，未及赴职又调任南京吏部右侍郎。海瑞壮心不已，不顾年迈体弱，跋山涉水来到南京就职。南京是当时的陪都，虽然和北京一样设有府、部、院诸衙门，但无实权定夺国家大政，宛如退休养老或失势官员的“俱乐部”。海瑞却不以官闲而无所作为，当他看到南京各衙门利用职权，公然向市井商人横征勒索的情形时，无比愤恨地说：“要南京的百姓负担南京千百官员的出入用度，难怪百姓困苦不堪。吏部居六部之首，怎么能不先为百姓考虑呢！”于是，他革除了多年来各衙门出票要南京五城的街道商户无偿供应财物的陋规。

海瑞先后做官二十多年，一直保持着个人生活的廉俭。在淳安知县任内，他禁止附加在田赋上的各项常例收入，只取应得的薪水。他还督率家人在衙后废地上种菜，过着布衣蔬食的简朴生活。母亲过生日，他亲自上街买两斤肉孝敬。海瑞离开淳安任到吏部等候调遣时，大冬天只穿着一件破丝绵袍子，吏部侍郎朱镇山多次劝他做件官服，他才勉强买件黄绢袍子。海瑞有祖传田十余亩，在清丈土地时，县吏照顾他少算了一亩八分，他得知后，坚持依照原田数纳赋。就在他死前三天，兵部送来的柴火银子多给了他七钱，他又派人还了回去。

明万历十五年（1587 年）十月十四日，74 岁的海瑞以老病之身卒于官舍后，他的同乡苏民怀检点其遗物，只有竹笼一只，内有俸金八两，旧衣数件而已。时人王世贞以九字评之："不怕死，不爱钱，不立党。"在场的僚属无不痛哭失声，自愿凑钱替他办理丧事。举葬之日，南京城里万人空巷，市民纷纷罢业祭灵。佩戴白色衣冠的送丧队伍，夹江两岸，百里不绝。

苏州人朱良亲睹海瑞如此简朴，以及士大夫凑钱为海瑞买棺的情景，感慨万分，唯恐后世人不相信有这等事，特地写下一首《哭海瑞》诗，以期与山河作证，让海瑞的两袖清风长留人间。诗云：

萧条棺外无余物，冷落灵前有草根。说与旁人浑不信，山人亲见泪如倾。

81. 杨继盛"第一功名不爱钱"

杨继盛（1516 年—1555 年），明代著名谏臣。字仲芳，号椒山，直隶容城（今河北容城北河照村）人。出生于耕读之家。其母早亡，其父另娶，自幼生活孤苦，白天放牛，晚间秉烛长读。嘉靖二十六年（1547 年）得中丁未科进士。初任留都（南京）吏部主事，35 岁调升京师，任兵部车驾司员外郎。任兵部员外郎时，蒙古首领俺答汗数次带兵入侵明朝北部边境，奸臣严嵩死党大将军仇鸾请开马市以和之，杨继盛上书《请罢马市疏》，力言仇鸾之举有“十不可五谬”，严嵩庇护仇鸾，杨继盛上疏获罪被贬狄道（今甘肃临洮）典史。

杨继盛在狄道期间，根据当地的贫困状况，疏浚河道、兴修水利，开发煤矿，让妻子张贞传授当地百姓纺织技术，着力改善民生。他在狄道办了几所学校，为了给当地百姓之子筹措学费，他还卖掉自己的马匹，其妻还变卖了陪嫁首饰。一年后，蒙古首领俺答汗依然扰边，马市全遭破坏。明世宗感到杨继盛有先见之明，再度起用杨继盛，调为山东诸城县令。他离任到山东上任时，当地百姓千余人哭泣相送百里之遥。紧接着，又改任南京户部主事、刑部员外郎、兵部武选司，半年左右连迁四职。杨继盛忠贞不改，嘉靖三十二年（1553 年）以《请诛贼臣疏》弹劾严嵩，历数严嵩“五奸十大罪”，严嵩假传圣旨，将杨继盛投入死囚牢，三年受尽狱中折磨，嘉靖三十四年（1555 年）被害。临刑有诗曰：

浩气还太虚，丹心照千古；生前未了事，留于后人补！

杨继盛尚有《言志诗》云：

读律看书四十年，乌纱头上有青天。男儿欲画凌烟阁，第一功名不爱钱。

82. 江一麟夫妇相规

江一麟（1520 年—1580 年），字仲文，号新源，江西婺源人。嘉靖三十二年（1553 年）进士。江一麟襟怀坦白，情操若冰，无私无畏。嘉靖三十七年（1558 年），刑部给事中吴时来因上疏弹劾严嵩入狱，江一麟冒死上书使吴时来获救。后调任广平府（今河北永年）知府。当时北方大旱，田地龟裂，蝗虫成灾。江一麟徒步各地，一边祈祷求雨，一边组织人力抗旱。旱魔驱逐之后，蝗虫尽死，百姓对江一麟感恩戴德，无不称颂。隆庆元年（1567 年），朝廷考察官员政绩，广平府被誉为“天下第一”，江一麟升任广东监军副使，后升为都御史兼户部侍郎。万历八年（1580 年），因病在任上去世。

江一麟“夫妇相规养清廉”的事迹历来为人所称道。万历四年（1576 年），江一麟任南赣巡抚，由于治理有方，清正廉洁，深受百姓爱戴。次年十二月，升户部右侍郎兼佥都御史赴任淮安，督办漕运。在北上赴任前，由于路途遥远，出于安全考虑，江一麟才决定将有些破旧的官船整修一下。按理说官船的整修可以由公家出钱，但江一麟却严于律己，自己拿出 10 两俸银，请当地的百姓赵锷修船。

过了些天，赵锷来报说：“船已修好，请大人过目。”江一麟随赵锷登船察看，果然整条官船已修缮一新，江一麟十分满意。而此时江一麟最上心的事却是修船的费用十两银子是否够用。他立即问赵锷：“这次修船总共花了多少银子？还差多少？”而赵锷感于江一麟为官清正廉洁，不愿让他多花费，便隐瞒道：“回大人，总共花了 10 两银子，钱已足够。”江一麟再三追问，赵锷仍一口咬定只花了 10 两银子。江一麟只好作罢。

回到家中，江一麟仍仔细回想，觉得从船的修理程度看，认为 10 两银子不够。为了不让赵锷承担费用，江一麟微服私访，花了几天的时间，逐个寻找参与修船的各色工匠，逐项核实修船费用，最终核算出实际上花了 20 两银子。

于是他又把赵锷找来家中，当面和他说了核实修船费用的经过，赵锷十分感动，只得承认实际费用。江一麟随即拿出俸银 6 两，又以扇子 30 把、墨 2 斤，折银 4 两多，以补足修船的费用。赵锷感动地说："大人为官清廉，造福一方百姓，小人为大人做点事，也是应当的。"一再坚持不肯收，但江一麟再三申明，态度坚决，赵锷只得答应收下。

江一麟的妻子一向十分廉洁贤惠，此时听到江一麟和赵锷在相互推让，就对江一麟说："既然已经知道修船的费用还差 10 两银子，那就应当如数偿之，这些扇、墨酬其劳可也，何必又用这些折算银子呢？"江一麟一听不禁脸红，连声说："夫人说得极是。"赶紧又补了 4 两银子，赵锷更加推让，怎么都不愿意收下这 4 两银子。最后，江一麟只好放下脸来，生气地说："乃使我不如一妇人耶？"听江一麟这么一说，赵锷只好含泪收下 10 两银子及扇、墨，他感慨地说："大人真是世上少有的清官！"

83. 魏忠贤广立生祠

魏忠贤（1568 年—1627 年），原名李进忠。明朝末期宦官。北直隶肃宁（今属河北）人。他原本出身于市井无赖，后为赌债所逼遂自阉入宫做太监，在宫中结交太子宫太监王安，得其佑庇。后又结识皇长孙朱由校奶妈客氏，与之对食（太监宫女之间的婚配）。对皇长孙，则极尽谄媚事，引诱其宴游，甚得其欢心。泰昌元年（1620年），朱由校继位，是为熹宗，年号天启。魏升为司礼秉笔太监。明熹宗是个“木匠天才”，酷爱刀锯斧凿油漆之事。魏忠贤总是乘他在做木工做得全神贯注之时，拿重要的奏章去请他批阅，熹宗随口说：“朕已悉矣！汝辈好自为之。”魏忠贤逐渐专擅朝政。

魏忠贤与皇帝乳母客氏沆瀣一气、狼狈为奸，极受宠信，被封为“九千岁”，自己也在民间养了不少“义子”，如什么“五虎”“十狗”“十孩”“四十孙”等。居“十狗”之首的是周应秋。此人善烹饪，魏忠贤的侄子、肃宁伯魏良卿最喜欢吃他烧的猪蹄。他升至左都御史有赖于此，被人称作“煨蹄总宪”。“十孩”“四十孙”更是人品繁杂。如李蕃、李鲁生由知县分别擢御史、给事中。他们先投靠魏广微，魏广微失宠，改投阁臣冯铨，冯铨失宠，又投靠崔呈秀，因而被人讥称为“四姓奴”。魏忠贤亲自提督东厂，锦衣卫官多是他的亲信和党徒。厂卫的主要任务之一是监视官僚系统，成为魏忠贤专权的主要工具。曾豢养厂役数百人，在东厂抽签，分派各衙门监视，使朝臣对魏忠贤更加恐惧。魏忠贤一伙在侵吞内库外藏的同时，放肆占夺土地，违法越制，滥加苛捐杂税，搜刮民财，特别是对工商业横征暴敛，贪污勒索，使官场中营私舞弊贪污贿赂之风越刮越烈，政风日下，国力渐渐衰弱。

在魏忠贤全盛时期，各地党羽还为其建立生祠。最先建生祠的是浙江巡抚潘汝祯。他假借机户恳请，建祠于西湖，建成后上疏，请熹宗赐匾额，熹宗名之曰“普德”。作为对此举的鼓励，潘汝祯升为南京刑部尚书。而浙江巡按的奏疏晚到一天，竟被罢官。此例一开，兴建生祠立刻成为风气。全国各地都争先恐后地为魏忠贤建生祠。一名叫陆万龄的监生还别出心裁，建议在国子监建造生祠，把魏忠贤与孔子并论：“孔子作《春秋》，忠贤作《三朝要典》，孔子诛少正卯，忠贤诛东林，宜建祠国学西，与先圣并尊。”在北京数十里间，魏忠贤的生祠连连相望。卢沟桥建了隆恩祠，崇文门内建了广仁祠，宣武门外建了懋勋祠。在江南，第一个紧跟潘汝桢的是南京孝陵卫指挥李之才，在孝陵旁建起魏忠贤生祠。此后，在苏州、杭州等地也陆续建立起魏忠贤生祠。这些祠庙都“极壮丽庄严，不但朱户雕梁，甚有用琉璃瓦，几同宫殿，不但朝衣朝冠，甚且垂旒金象，几埒帝王。至迎像行九拜礼，称呼用九千岁，或九千九百九十岁”。建祠时的靡费，对百姓的苛扰，带给各地的负担都十分沉重。每建一祠少者费数万，多者数十万银子。

所用钱财，不是盘剥民众，就是取自官府。建生祠需要土地，或占民田民墓，或拆民房民舍，无人敢阻拦。开封建祠，拆毁民舍达两千余间。生祠飨祀，按王公规格。祠内供像，以沉香木雕刻，外部镀金，工艺精细，眼耳口鼻及手足都可转动，有如生人。外则衣服奇丽，内则以金玉珠宝为肺为肠，发髻上有一空穴，并不断更换四时香花。魏忠贤不仅广建生祠，还在香山碧云寺为自己营建身后坟墓，其奢侈华丽，与皇帝陵寝几无二致。万燝曾以自己亲眼所见，疏报天启皇帝说，魏忠贤所营坟墓，“其碑石峥嵘，隧道深闳，翁仲簪朝冠而环列，羊虎接驼马以森罗，制作规模，仿佛陵寝”。

天启七年（1627 年）八月，熹宗病死，崇祯帝朱由检继位。魏忠贤又想予以控制，曾进献国色四人。九月，嘉兴贡生钱嘉征弹劾魏忠贤十大罪，弹劾魏忠贤和魏党的奏疏连续出现。崇祯帝采取了第一个措施，把客氏赶出皇宫；十一月，免去魏忠贤司礼监和东厂的职务，发派其到凤阳守祖陵，复又下令将其逮捕法办。

魏忠贤行至途中，接到了逮捕他的密报。当夜，他听到外边有人唱道：“随行的是寒月影，吆喝的是马声嘶。似这般荒凉也，真个不如死。”想到昔日的荣华富贵，魏忠贤既悔愤又恐惧地上吊自尽。

84. 于成龙甘为“于青菜”

于成龙（1617 年—1684 年），山西永宁（今山西离石）人，字北溟，号于山，晚号于山老人。明崇祯年间曾中副榜贡生，开始其廉洁卓异的仕途生涯。政绩卓著，为官清廉，被康熙帝褒奖为“清官第一”。

清顺治十八年（1661 年），于成龙 45 岁时被授予广西罗城县（今广西壮族自治区北部、融江西岸）知县。罗城县在当时属柳州府，偏处万山之中，极度潮湿，北方人去后，因水土不服而死在当地者十有八九。亲朋好友劝他不要去赴任，他以古人义不辞难自勉，变卖了部分家产，凑足一百两银子作为盘缠，又将祖传田产文券交给长子于廷翼，并叮嘱道：“我做官不管你，你治家莫想我。”毅然踏上旅程。途中，他曾与一好友书，表示“此行绝不以温饱为念，所自信者，‘天理良心’四字而已”。

当时，广西刚刚经历了二十几年的战乱，生灵涂炭，百姓生活异常艰难，于成龙虽然在途中已染病在身，但是到任后仍带病理事。他垒土为几案，旁边置一锅一盆，架火做饭，与百姓同苦。他鼓励、引导人们发展生产。春天来临，他亲自到田野中察看、助耕。康熙六年（1667 年），于成龙升任四川合州（今合川）知州。罗城百姓听说于成龙将离开的消息，“追送数百里，哭而还”。

在合州任上，于成龙兴利除弊，招集流民垦荒，贷给耕牛、种子，并明文规定三年之后开垦的土地归自己。仅一个月，当地户口就增至一千户。从此，于成龙贤名大震。

康熙十七年（1678 年），于成龙以政绩卓著，迁福建按察使。临上路时，他特意嘱咐手下人买了 200 斤萝卜放在船上。他的一位下属听到后十分奇怪，问于成龙：“大人为何买这么多萝卜？萝卜又不是什么值钱的东西。”于成龙解释说：“我们这一去，路上要走好几天水路，萝卜便宜，可当菜吃，不是水和菜都有了吗？”那下属听后，感慨地对别人说：“于大人太节俭了。要是为官的都能像于大人那样，很多事就好办了。”

于成龙又迁福建布政使。虽已是封疆大吏，他仍然不改初衷，两袖清风，过着粗茶淡饭的清苦生活。当时，“外番贡舶或有所献，公悉屏斥。或呈样香，一嗅即还之。贡使皆咕指作礼，谓译使云‘天朝洪福，我侪实未见此清官也’”。

康熙二十年（1681 年），于成龙进京入觐，召对时，被康熙帝褒奖为“清官第一”。这一年冬天，升任江南、江西总督。在两江总督任上，于成龙夙夜为公，“治事尝至达旦”。而他衣食朴素，每日只以粗粮蔬菜为食，以至于江南人给他起了个外号为“于青菜”，表达了亲切、景仰之情。一次，大儿子从家乡来看他，于成龙很高兴。可是在儿子临走时，他既没给钱，也没有给他带什么特产，当时厨房中正好有一只咸鸭子，于成龙割了半只给了儿子。这事传出后，有人编了这样一句民谣：“于公豆腐量太狭，公子临行割半鸭。”在他的清廉作风影响下，一向以好奢侈艳丽著称的江南，也民俗大变，人们纷纷摒弃绫罗绸缎，以穿布衣为荣。

到了晚年，于成龙曾数次上书请求告老还乡。但由于他在江南的声望极高，朝廷不仅没有批准其请求，反而又命他兼摄江苏、安徽两巡抚事。他虽然病魔缠身，却仍然勤于政事，一丝不苟。康熙二十三年（1684 年）卒于任上，年 68 岁。临终时，将军、都统及僚吏入视，见于成龙的私人财物仅是笥中的一袭绨袍和床头的几罐盐豉而已。他去世的消息传出，当地百姓罢市聚哭，家家绘像祭奠。

85. 汤斌享誉“豆腐汤”

汤斌（1627 年—1687 年），字孔伯，号荆岘，晚年又号潜庵，河南睢州（今河南）人。自幼酷爱读书，并受到其父的严格要求，“遂笃志圣贤之学”。任官顺治、康熙两朝，以勤苦自励、刚正清廉而受到百姓爱戴。

在明末清初的战乱中，汤斌饱受颠沛流离之苦，目睹了人民饱经战乱之苦和备受贪官污吏压榨的情景，为他日后为官以勤苦自励奠定了思想基础。

顺治九年（1652 年）汤斌中进士，授宏文院庶吉士。他所住邸舍十分简陋，不避风雨，却潜心时政，留心古今治道。得到顺治帝赏识，升任潼关道副使。潼关历来为兵家必争之地。当时，官兵抢掠，贪官肆虐，百姓极为困苦。汤斌到任，首先规定，不准妄取民财，不准妄用人力。凡有清兵过境，他皆与主将约法：“部文所需，有不给者，公请劾我。若额外动民一草，我亦当论公。”一年后，百姓安居，流民纷纷返乡者逾千户，社会秩序井然。清廷考察官吏，汤斌以其政绩列关中地区众官之首。顺治十六年（1659 年）他升任岭北道参政，勤于职守，仅三个月内，即厘清积案八百余件，遂因劳累过度而病倒。是年底，因病告假。离任时竟穷得没有路费，他只好将上任时自己唯一的一匹马卖掉，勉强回到家乡。

康熙十七年（1678 年），汤斌奉旨参加博学鸿儒的考试。他驾牛车入京，所住之舍，绳床破被，进风漏雨。次年应试取中，补翰林院侍讲。后康熙帝称他“操守”甚善，授为江苏巡抚。汤斌在江苏任期内为政简静，令出必行，执法严厉，命各级官员不得收受贿赠，很快使吏治一新。对百姓，他则多方抚恤。康熙二十三年（1684 年），江苏大水，难民涌入苏州城内，混乱不堪，适逢康熙帝南巡，总督衙门见苏州城灾民塞户，道路甚隘，便下令拆毁民居以拓展“御道”。汤斌见状力止，称：“圣天子问民疾苦，故有是行也。若之，何使民无宁居乎？”驾至，汤斌启奏，陈明原委，康熙帝甚喜，即批准蠲免灾区税银。百姓因汤斌施政有方，遂送他外号“黄连半夏人参汤”；又因他生活朴素，常喝豆腐汤，而称他为“豆腐汤”。

康熙二十五年（1686 年），汤斌被任为礼部尚书。江苏民众闻知汤斌将离任赴京，哭泣挽留，未成，遂罢市三日，遮道焚香相送。汤斌启程时，他的行装仅有一部《二十一史》，这是他在巡抚任上购买的唯一物品。时值冬季，他夫人的外衣竟有破旧棉絮落在车前，前来送行的官民见此情景，纷纷落泪。

汤斌到京后，只租了几间简陋的住房。京师的冬季，天寒地冻，滴水成冰。汤斌为了御寒，总是穿着他那件破旧的老羊皮袄。时间一长，朝廷的卫士们不论是否认识他，只要一看到身穿羊皮袄的老者，就知道是鼎鼎大名的汤尚书到了，顿生敬意。汤斌由于长年劳累而体弱多病，康熙帝特派太子问病，命御医诊治，以示关怀之意。康熙二十六年（1687 年）十月十一日，汤斌刚满六十岁而溘然长逝。群臣去吊唁时，看到汤斌安卧在板床之上，上衣是件破旧的蓝袄，下穿一条褪了色的布裤。查其遗物，仅有八两俸银。

86. 年羹尧恃功骄甚

年羹尧（1679 年—1726 年），字亮工，号双峰，原籍凤阳府怀远县（今属安徽），后改隶汉军镶黄旗。他自幼读书，颇有才识，康熙三十九年（1700 年）中进士，不久授职翰林院检讨。康熙四十八年（1709 年）迁内阁学士，不久升任四川巡抚，成为封疆大吏，此时尚不满 30 岁。后又任川陕总督、抚远大将军，还被加封太保、一等公，高官显爵集于一身。他曾配合各军平定西藏乱事，率清军平息青海罗卜藏丹津，立下赫赫战功。雍正二年（1724 年）入京时，得到雍正帝特殊宠遇，位极人臣。

年羹尧自恃功高，妄自尊大，擅作威福，骄横跋扈之风日甚一日。他植党营私，贪赃受贿，“公行不法，全无忌惮”。他在官场往来中趾高气扬、气势凌人；赠送给属下官员物件，“令北向叩头谢恩”；发给总督、将军的文书，本属平行公文，却擅称“令谕”，把同官视为下属；甚至连蒙古扎萨克郡王额附阿宝见他，也要行跪拜礼。对于朝廷派来的御前侍卫，理应优待，但年羹尧却把他们留在身边当作“前后导引，执鞭坠镫”的奴仆使用。按照清代的制度，凡上谕到达地方，地方大员必须迎诏，行三跪九叩大礼，跪请圣安，但雍正皇帝的恩诏两次到西宁，年羹尧竟然“不行宣读晓谕”。更有甚者，他曾向雍正皇帝进呈其出资刻印的《陆宣公奏议》，雍正皇帝打算亲自撰写序言，尚未写出，年羹尧自己竟拟出一篇，并要雍正皇帝认可。在雍正皇帝面前常常行止失仪，“御前箕坐，无人臣礼”。

雍正三年（1725 年）十二月，风云骤变，年羹尧被冠以的罪名九十二条，分别为：大逆罪五条，欺罔罪九条，僭越罪十六条，狂悖罪十五条，专擅罪六条，贪婪罪十八条，侵蚀罪十五条，残忍罪四条，忌刻罪四条。被雍正帝削官夺爵，在雍正四年（1726 年）赐其自尽。

87. 郑板桥乐当“草鞋官”

郑燮（1693 年—1765 年），字克柔，号板桥，江苏兴化人。从小爱读书，3 岁就识字，在父亲的指导下，到八九岁能作文联对，少年时随父立迁至真州毛家桥读书，年仅 20 岁左右他就考取了秀才，26 岁至真州的江村教书。雍正十年（1732 年）秋赴南京参加乡试，中举人。1736 年 44 岁时在京应考，中二甲第八十八名进士，几年后被任为知县。

乾隆七年（1742 年）的一天，山东范县（今属河南）知县郑板桥上任。他穿着草鞋走进县衙。大家准备了酒菜，他对大家说：“各位不要浪费，粗茶淡饭最适合。”他忙着在县衙内外进行了查看，让属下去找几个石匠，带来铁锤、钻子在墙上打几个洞。人们问他何意，他说：“这是为了灭霸气，放俗气，通民气。”他出行时厌恶打“回避”和“肃静”牌子，更厌恶锣鼓开道，经常微服私访，接近百姓，有一天出行回衙天已经黑了，路过一间破茅屋，听见屋里有琅琅的读书声。他与贫穷的读书青年结成忘年交，鼓励他读书习画，又省吃俭用，省得银子资助这个贫困青年。这个贫困青年发奋读书，后来中了进士。

乾隆十一年（1746 年），郑板桥 52 岁，自范县调署潍县。这年山东省闹大饥荒，灾民们吃了草根吃树皮，草根树皮吃完了就出现人相食现象。潍县原本是个繁华之处，可是灾荒连年，一派残景。郑板桥到任后即决定打开官仓，借粮食给老百姓应急救命。下属们劝他："没有上级批准，擅自打开官仓借粮于百姓们，是要受到惩处的。"郑板桥说："如果把粮食装在仓里按程序等上级批准再济民，这百姓早就见阎王了。你们放下心来，我是顶梁柱，这责任就由我一人来承担！决不连累你们。"开仓借粮果然救活了很多人。可是借了粮食的灾民无法归还粮食，"草鞋官"郑板桥干脆让人把债券烧了。灾民们个个都很感动，都说这个"草鞋官"体恤百姓，是一位清官。郑板桥的爱民情怀，还体现在他的许多诗作中。如他在山东潍县知县任上所作《墨竹图题》：衙斋卧听萧萧竹，疑是民间疾苦声。些小吾曹州县吏，一枝一叶总关情。

郑板桥平时不修边幅，不讲究排场，又常常到民间体察民情。上级来视察的官员时常找不到他。这样怠慢、得罪了上司，被罢了官。郑板桥走出县衙，百姓们舍不得他，都来送行。他雇了三头毛驴，一头自己骑着，一头让人骑着在前边领路，一头驮简单的行李。做县令长达 12 年之久，却如此清贫，送行的人们见了感动得流泪，送了一程又一程，大家都依依不舍。他对各位说："送行千里，终有一别呀！我没有什么赠送给你们，用拙画赠之留念。"他又在画上题诗一首：乌纱掷去不为官，囊橐萧萧两袖寒。写取一枝清瘦竹，秋风江上作渔竿。

这位被罢的草鞋官回乡以画竹为生，他度过了贫寒而很有气节的一生。他把兰、竹、石作为题材，因为兰花四时不谢，竹子百节长青，石头万古不败。这就是他那倔强不驯的性格。他的画就是几竿竹、一块石、几笔兰，构图虽然很简单，但构思和布局却十分巧妙，墨的浓淡衬出立体感来，叶子都是一笔勾成，虽然只有黑色一种，能够让人感受到无限的勃勃生气。他不仅以画竹画兰留名于世，而且他如竹如兰的品格、惜民爱民的情操更永留人心。

88. 王尔烈破砖烂瓦还乡

王尔烈（1727 年—1801 年），字君武，别名仲方，号瑶峰，辽阳县贾家堡子（今属蓝家乡风水沟村）人。以诗文书法、聪明辩才见称于世，是乾隆、嘉庆年间有名的"关东才子"。《辽阳县志》称誉其为“词翰书法著名当世者，清代第一人”。

王尔烈曾为皇帝当过老师，因其正直无私深受皇帝信任，皇帝总派他到各地当主考官。

一天，王尔烈从江南主考回来，赶上嘉庆帝登基。嘉庆召见了王尔烈，询问了主考情况后，又问王尔烈说：“爱卿家境如何？”王尔烈回答说：“几亩薄田，一望春风一望雨；数间草房，半仓农器半仓书。”

嘉庆帝听了，便对王尔烈说道：“爱卿为官一贯清廉，朕早就知道，如今朕派你去安徽铜山掌管铸钱，你去上几年，光景就会不错了。”

王尔烈领旨启程，一去就是三年。一日奉诏回京城，嘉庆帝宣其上殿。皇帝以为，王尔烈主管铸钱三年，一定发了大财，家境一定与早先不同了，遂问：“爱卿，这几年怎么样？足可欢度余年了吧？”

王尔烈听毕，回手一掏，从长袖里掏出三个铜钱来，交给皇帝。皇帝仔细一看，原来这几个磨得溜光锃亮的铜钱，就是铸钱时带去的钱样子。王尔烈回答说：“老臣除这三个铜钱外，未增分文。”嘉庆帝见此情景，感动地说：“真是双肩明月、两袖清风啊！”

嘉庆四年王尔烈 72 岁时，官至大理寺少卿。因到了耄耋之年，王尔烈告老还乡，一支驴驮子队从京城出发。看热闹的人议论："什么两袖清风，早贪饱了！驴驮子上还不全是珠宝！"这话传到嘉庆那里，他马上下令截查，并召来王尔烈，当着朝臣问："驮子队所载何物？"王尔烈回答："不过是皇上所赐。"嘉庆说："你告老还乡，我所赐不过千两白银呀，还用大队驴驮子载吗？"

王尔烈请求检查驴驮子队所载全部东西，没想到驴驮子上载的全是破砖烂瓦。

人们瞠目结舌，细问其因，王尔烈才说："臣家里只有三间茅屋，回去无栖身之地。为此，我捡了修皇宫剩下的破砖烂瓦，驮回去盖个房子住。"嘉庆很感动，下令在辽阳为王尔烈修了一座翰林府，而王尔烈把正厅作了义学馆，自己只住偏房。嘉庆六年（1801 年）74 岁病逝，葬于家乡辽阳县风水沟村的南山山麓。

89. 和珅奢冠古今

和珅（1750 年—1799 年），原名善保，字致斋，钮祜禄氏，满洲正红旗二甲喇人。乾隆皇帝在位时，皇上宠信至极，官阶之高，管事之广，兼职之多，权势之大，前所未有。

和珅最初为官，勤奋有为。后在乾隆帝的宠护下，官运亨通，飞黄腾达。乾隆四十年（1775 年），和珅被擢升为御前侍卫兼副都统；次年，授任户部侍郎、军机大臣兼内务府大臣，并由正红旗上升为正黄旗（上三旗之一）。乾隆四十五年（1780 年），云南总督李侍尧贪污案发，命和珅查办。由于和珅精明练达，很快查清了李侍尧的贪索罪状和滇边吏治废弛、州县亏帑的原因，因而更加得宠于乾隆。在和珅返京途中，乾隆就迫不及待地任他为户部尚书、议政大臣。回京后，和珅向乾隆面陈云南的盐务、钱法和边防等事，乾隆颇为称意，遂授御前大臣兼都统，并将和珅年幼的儿子丰绅殷德招为和孝公主的额驸（即驸马）。其实，李侍尧和他的党羽一大份财产被和珅私吞，再加上乾隆赏赐，和珅初尝掌握大权大财的滋味，自此即开始大肆贪污。同年十月，和珅又充任了“四库全书馆”正总裁兼理藩院尚书事。乾隆四十六年加授兵部尚书，管理户部三库（银库、缎匹库和颜料库）之任，乾隆四十八年又赐双眼花翎，充国史馆正总裁，授一等男爵，调史部尚书、协办大学士等。和珅擅政二十余年，升迁四十七次，曾经兼任六十余重要官职，集军政、人事、文化及民族事务等大权于一身，加上与皇帝的姻亲关系，可谓位极人臣，势倾朝野。

乾隆皇帝晚年怠于政事，到处巡幸，事项均由和珅操办。地方大员对和珅无不俯首听命，竭力奉献。两淮盐政征瑞一人，就先后送和珅贿银四十万两。和珅在兵部每年核算军费时，若有人不送贿金给他，就百般刁难，甚至不予报销军费支销。和珅把地方督抚贡献皇帝的财物，十之八九据为已有。在和珅贪求无厌的倾轧下，出现了财政拮据，河道年久失修；盐价腾升，百姓淡食，民怨沸腾的困境。

但乾隆在世时，朝臣们对和珅贪赃枉法、僭侈逾制的行为，无不“钳口结舌”。即使是后来登基的嘉庆皇帝，最初也不得不对和珅优容礼遇，并于嘉庆三年（1798年），晋封他为公爵。

嘉庆四年正月初三日，太上皇乾隆寿终正寝，和珅的靠山不存在了。正月初五日，吏部给事中王念孙、兵部给事中广泰、江南道监察御史广兴等人，联名劾奏和珅营私舞弊、僭妄不法之罪。正月初八日，嘉庆皇帝迅即传旨将和珅革职逮治，命王公大臣联席会审。接着，嘉庆皇帝下诏，宣布了和珅的二十大罪状，其中有：在圆明园内骑马直至寿山口、乘轿出入神武门直进宫中、娶出宫女做小老婆、私超规格盖楠木房屋、其坟茔设立享殿老百姓称之为“和陵”、私藏金银珠宝巨万，等等。随后，朝野大臣纷纷疏言，要求将和珅斩首示众，嘉庆皇帝念他曾是首辅重臣，赐其自尽。正月十七日，嘉庆帝公布查抄和珅家产，清单共计一百零九号，其中已估价的二十六号，即折合银二亿二千三百八十九万五千一百六十两，余有八十三号尚未估算出来。依此推之，和珅的全部家财折合银约达十亿两，而当时的清政府年收入只不过七千万两银子。和珅当政二十年，其家财超过了国家十年的总收入。甚至对和珅的两个仆人抄没的家产也值银七百万两之多。这批家财被抄没后，只有少数拨交户部，而大部分则归入内务府由宫廷享用。因此，当时流传有“和珅跌倒，嘉庆吃饱”的民谣。

以下是当时清抄的和珅家产清单（非完整），足见其贪奢之极：

房屋 3000 间；

田地 8000 顷；

银铺 42 处，估银 40 万；

当铺 75 处，估银 3000 万；

玉器库 2 间，估银 7000 万；

赤金 60000 两；

纯金大金元宝 100 个（1000 两一个）；

小银元宝 56600 个（100 两一个）；

银锭 900 万个；

洋钱 58000 元；

制钱 150 万文；

铜钱 150 万文；

吉林人参 600 余斤；

玉如意 1200 余柄；

珍珠手串 230 串；

桂圆大的珍珠 10 粒；

大红宝石 10 块（超出皇帝顶戴）；

大蓝宝石 40 块；

银碗 40 桌；

梨木紫檀家具组合 6 件；

珊瑚树 11 支（每支都一米以上高）；

绫罗绸缎 14300 匹；

毛呢哔叽 20000 板；

狐皮 550 张；

貂皮 850 张；

其他各种粗细皮 56000 张；

铜器和锡器 361000 件；

名贵瓷器 10 万件；

镂金八宝炕床 24 座；

西洋钟460座；

四季好衣服7000件（貂皮男衣713件，貂皮女衣650余件，杂皮男衣860件，杂皮女衣437件，锦夹单纱女衣3118件，锦夹单纱男衣3808件，貂帽54顶，貂蟒袍37件，貂褂短罩48件，貂靴124双）。

府内家人606名，妇女600名，奴才373名。

90. 朱珪一世不言钱

朱珪（1731年—1807年），字石君，号南崖，晚号盘陀老人。原籍浙江萧山，随父朱文炳由萧山侨居北京大兴县，故入籍顺天府（今北京）。

朱珪心系黎民，勤俭恭政。在安徽任巡抚时，北部遭受百年一遇的水灾，民房冲倒，粮食无收，有的家破人亡，妻离子散，一派惨景。朱珪就深入灾区，体察灾民，了解实情，后飞书朝廷，开仓赈灾，稳定民心，为民筑决堤，修建民房，发放谷种，搞好备耕，为百姓生产生活做好安排。乾隆五十九年（1794年），朱珪64岁，任两广总督。当时，英帝国主义者将大批鸦片运抵中国，还武装入侵我国近海领域。朱珪督军坚守，抓获了许多企图登陆窜犯的英军。由于现有战船强度差，不能出海抗击，朱珪将自己平时节俭下来的俸银5000两捐出用于建造战船。奸臣和珅向已是太上皇的乾隆诬告朱珪，致使他从两广总督任上撤下来，调安徽巡抚。朱珪毫无怨言，离任前又捐出15000两银子，交广东官库，为制造兵船打击夷寇之用。事后嘉庆皇帝知道了，问朱珪为什么捐这么多银子给官府，朱珪回答:“御外事大，惜乎金钱。”

朱珪一生在朝为官五十多年，以“养心、勤业、敬身、虚己、致诚”为箴言和操行。晚年官居相位，日常生活寒酸的境况与穷秀才相差无几，连皇上赐予他的貂裘都送到当铺去了。他四十多岁丧妻，但没有续娶妻妾，一人独居而终老。嘉庆十一年（1806年）十二月五日，朱珪因病去世。嘉庆皇帝亲临祭奠，可他的家门太狭小破旧，御轿竟然抬不进去。嘉庆走进门去，见他卧处仅有布被布褥和残书数箧而已，即放声大哭，痛心不已。挽词中评价朱珪:

持躬正直，砥节清廉。服官五十余年，依然寒素。半生惟独宿，一世不言钱。

91. 朱为弼不受供张

朱为弼（1770 年—1840 年），字右甫，号椒堂，浙江平湖人，幼丧父母，以孝敬祖母名闻乡里。嘉庆十年（1805 年）考中进士，授兵部主事，后又升任御史，多次上书言事，有正直名声。

道光、咸丰年间，吏治腐败，“贿赂公行”，“政由贿成”。“供张”是巡官们接受贿赂的花样之一。“供张”，又作“供帐”，原指“张设帏帐，意谓道路驻足之所”。即指陈设帷帐等用具，以供宴会或旅行的需要。然而其内涵早已超出原义，成为宴请招待、收受贿赂的代名词。与朱为弼同时代的清朝官吏张集馨曾在《道咸宦海见闻录》中对该时期官场中的“供张”，有过一段非常形象生动的描写：陕西粮道，系著名肥缺，陋规所入甚多，“每遇过客，皆系粮道承办，一面张灯结彩，传戏备席，每次皆戏两班。上席五桌，中席十四桌。上席必燕窝烧烤，中席亦鱼翅海参。西安活鱼难得，每大鱼一尾，值制钱四五千文，上席五桌断不能少。其他如白鳝、鹿尾，皆贵重难得之物，亦必设法购求，否则谓道中悭吝。……次日，过客起身，又往城西公送，并馈送盘缠，其馈送之厚薄，则视官职之尊卑。每次宴会，连戏价、备赏、酒席杂支，总在二百余金，大宴会则无月无之，小应酬则无日无之。终日送往迎来，听戏宴会”。

朱为弼后来官至漕运总督，为实权要员，但每到一处，皆拒收属官供张。道光四年（1824 年），朱为弼擢顺天府丞，旋升府尹。当时京畿遭蝗虫之灾，庄稼被蝗虫啃光。朱为弼轻车简从来到灾区视察灾情，亦不受属官的“供张”。面对属官精心安排的“供张”，他严肃地说：“我是为解除蝗灾而来的，你们这样做，不是也要让我变成啃食民脂民膏的蝗虫吗？”诤诤之言，掷地有声，属官只得把“供张”收起。海宁人陈其元在《庸闲斋笔记》中也载有一个有关朱为弼清廉的故事。陈其元的伯父与朱为弼是同科举人，其父亲后与朱为弼成为知交，有一次陈父有一封私函托朱为弼通过驿站邮递，朱为弼认为私函怎能打扰驿站，便自己出资通过信局寄去。然而，这样的清官在当时的官场难以得意，道光六年（1826 年），朱为弼又由府尹降职为府丞。道光十五年（1835 年），他以年老多病乞求免官回乡，道光二十年（1840 年）去世。死后家无余财。乡人怀其勤慎清廉，入祀乡贤祠。

92. 林则徐无欲则刚

林则徐（1785 年—1850 年），福建侯官人（今福建福州），清朝后期政治家、思想家和诗人，是中华民族抵御外辱过程中伟大的民族英雄，其主要功绩是虎门销烟。官至一品，曾任江苏巡抚、两广总督、湖广总督、陕甘总督和云贵总督，两次受命为钦差大臣；因其主张严禁鸦片、抵抗西方的侵略、坚持维护中国主权和民族利益深受全世界中国人的敬仰。

林则徐的父亲林宾日为私塾教师，家里人口众多，生活困难。林母以女红手艺帮补家计。贫苦的童年，使他日后升至高官时都保持清俭的习惯，严于律已。在出任湖北布政时，入湖北发出《传牌》，禁止沿途阿谀逢迎，借端勒索。在总督任内，始终保持着"一切秉公办理"的作风。

嘉庆二十五年（1820 年），林则徐被任命为江南监察御史，巡视江南各地。他由襄阳发出《传牌》，云："伙食一切，亦已自行买备，沿途无须致送下程酒食等物。所属官员，只在本境码头接见，毋庸远迎。"他到澎湖群岛寓所刚歇下，有个自称"花农"的人献上一盆玫瑰花，还说是要请林大人换个大盆栽花。林则徐心知有异，一脚踢翻花盆，盆里现出一个红包，包里是一只足有半斤重的金老鼠和一纸信笺，笺上写着："林大人亲收，张保敬献。"林则徐当场将张保行贿的金老鼠没收，上缴国库。

道光十年（1830年）后，林则徐先后任湖北、河南、江宁布政使。他锐意"整顿财政，兴修水利，救灾办赈"，"一时贤名满天下"。后升任河东河道总督，为了治理黄河，他亲自顶着寒风，步行几百里，对备用的几千个治水商梁秸进行检查，还将沿河地势、水流情况绘画张挂，以便于了解和治理。

道光十八年（1838年）十一月，林则徐以钦差的身份前往广东禁烟。当时，京官外出，途经地的官员都会细心侍候，尽力巴结。林则徐临行前即已通知途经各地的州县官要做到"五不"，即不准大办酒席；不准馈赠礼物；不准惊动百姓；不准送钱给随从人员；不住豪华房子。林则徐在当时颇有清誉，大多数地方官接到通告后都不敢违背。但有个县官以为这是林则徐故作姿态，自作聪明地下令张灯结彩，派工铺路，装修新房，专候林则徐这位钦差大人的大驾光临。林则徐得知后马上决定绕道而行，同时将情况告知这个县官的上司，要求对其降官一级。到广州后，英国商务代表义律请林则徐到他的私邸参加宴会，并将一只精致方盒捧送给林则徐：“请大人笑纳我们的小小见面礼。”林则徐接过来打开一看，大红软缎衬垫上放着一套鸦片烟具：白金烟管，秋鱼骨烟嘴，钻石烟斗，旁边是一盏巧雅孔明灯和一把金簪，光彩夺目，起码值 10 万英镑。林则徐道：“义律先生，本部堂奉皇上旨意，到广州肃清烟毒。这套烟具属于违禁品，本当没收，但两国交往，友谊为重，请阁下将烟具带回贵国，存入皇家博物馆当展品吧！”义律被讽刺得无地自容，只好将礼品收回。他会同两广总督邓廷桢等传讯洋商，令外国烟贩限期交出鸦片。采取撤买办工役、封锁商馆等正义措施，挫败了英国驻华商务监督义律和烟贩的狡赖，收缴英国趸船上的全部鸦片。于道光十九年四月二十二（1839 年 6 月 3 日）起在虎门海滩销烟，20 天中销毁鸦片 19179 箱、2119 袋，共计 2376254 斤。

林则徐抗英有功，却遭投降派诬陷，被道光帝革职，“从重发往伊犁，效力赎罪”。他忍辱负重，道光二十一年（1841 年）七月十四日踏上戎途。在赴戎途中，仍忧国忧民，并不为个人的坎坷而唏嘘，当与妻子在古城西安告别时，在满腔愤怒下写了“苟利国家生死以，岂因祸福避趋之”的激励诗句。道光二十一年十一月初九日到新疆。林则徐不顾年高体衰，从伊犁到新疆各地“西域遍行三万里”，实地勘察了南疆八个城，加深了对西北边防重要性的认识。林则徐在所译资料中发现了沙俄对中国的威胁，促成了他抗英防俄的国防思想，成为近代“防塞论”的先驱。于是他明确向伊犁将军布彦泰提出“屯田耕战”，有备无患。他还领导群众兴修水利，推广坎儿井和纺车，人们为纪念他的业绩，称为“林公井”“林公车”。

林则徐于道光二十五年（1845 年）被重新起用，道光三十年（1850 年）退休。退休之后，欲与北京任京官的长子同住，因买不起京中住宅，遂回到福州住在父亲购置的旧屋中。当年十一月又被起用，赴任途中病逝于潮州普宁县，享年 66 岁。

93. 曾国藩寒素传家

曾国藩（1811 年—1872 年），字伯函，号涤生，湖南湘乡县人。历任两江总督、直隶总督，权绾四省，谥称文正。

曾国藩的曾祖父曾制定治家信条八个字：“早、扫、考、宝、书、蔬、猪、鱼”。这八个字的意思是第一要早起，第二打扫清洁，第三诚修祭祀，第四善待亲邻。其余四字就是读书、种菜、养猪、饲鱼。

曾国藩幼承庭训，对上一辈所定之俭朴家规，信守不渝。虽官居极品，却一生节俭自守，并严勉家人保持寒素家风。在其致长子曾纪泽信中曾说："勤俭自持，习劳习苦，可以处乐，可以处约，此君子也。余服官三十年，不敢稍染官宦气息，饮食起居，尚守寒素家风，极俭可也，略丰亦可，大丰则我不敢也。凡仕宦之家，由俭入奢易，由奢返俭难。尔年尚幼，切不可贪爱奢华，不可惯习懒惰，不论大家小家，士农工商，勤苦守约，未有不兴，骄奢倦怠，未有不败。"

曾国藩为了使家中子弟能达到尚勤俭劳苦、戒骄奢倦怠的目的，曾为家人制定了一套具体的尚俭课目。课目规定男子是："看、读、写、作"，女子则为："衣、食、粗、细"，规定织麻纺纱，中午为之；烧茶煮饭，扫抹房舍，一早为之；缝制衣服鞋袜及刺绣，下午及晚上为之。他在南京总督府任内，他的夫人和儿媳们，每日还要织麻纺纱，不得间断。

相传曾国藩为官三十年平时总穿布衣布袜。30 岁时曾制天青缎马褂，家居不轻易穿，唯遇庆贺及新年时偶尔穿之，故历三十年之久，衣犹如新。他每日吃饭，以一荤为主，有客略增之，时人称其为"一品"宰相。

曾国藩为总督，三弟曾国荃任巡抚，家中客人子孙增多，旧屋不够应用。其九弟新建一屋，费去 3000 串钱。曾国藩听后大怒，遂驰书责骂九弟曰：“新屋搬进容易搬出难，吾此生誓不住新屋！”此后，终其一生未进新屋一步，直至病故时，仍在两江总督住所。

94. 胡林翼不庇族戚

胡林翼（1812 年—1861 年），字贶生，号润之，湖南益阳人，道光进士，选庶吉士，授编修。后历任安顺、镇远、黎平知府及贵东道，咸丰四年（1854 年）迁四川按察使，次年调湖北按察使，升湖北布政使、署巡抚。晚清中兴名臣之一，湘军重要首领。

清道光后期和咸丰年间，尤其是鸦片战争以后，清王朝吏治腐败到了极点，贪官污吏成灾，军队营制败坏、军纪荡然。身为湖北军将领的胡林翼在咸丰六年（1856 年）《论军事吏治》的上疏中，痛陈湖北军务松弛惨状：“闻警先惊，接仗即溃。上下相蒙，恬不知耻。……以一报十，冒领口粮。军政营制，荡然无存。”同时他也提出了自己整顿吏治的方案：“臣愚以为必严禁官场应酬陋习，与群吏更始，崇尚敦朴，屏退浮华。行之数年，庶可改观。……此吏治急应整饬之要。”上疏经皇上批准后，胡林翼便大干起来。他设立清查局，稽核全省仓库盈虚之数。严课吏治，纠劾文武数十人，推廉尚能，使湖北军队和吏治面目为之一新。

胡林翼坚持责人者必先律己，对待宗族戚党一丝不苟，从不肯有半点宽容。在黄州时，他的一个族人上门投靠，胡林翼一连供他数月吃喝。一天他忽然来辞行，胡问他原因，回答说是某营官奉命调动，他用了些钱捐荐自己和这位营官一道前往。胡林翼听后大怒，找来营官说："我有族戚，靠我的经济力量能养活他们。你们借此结纳他们，这风气一开，以后还有个头吗？姑且记你一过，以儆后来。"然后给了族人路费让他回家，并通知各台局营员，用人一事，必当秉公办理，不能徇上司同僚私情，滥收滥用，若经访询查出，立即处置。

咸丰十年（1860 年）胡林翼 49 岁时率兵与太平军作战中患肺病。次年（1861 年）8 月的一天，走在长江边上的胡林翼看到一艘英国兵舰恣肆地鸣着长笛在长江水面纵横驰骋，所经之处的中国渔船都被巨浪冲翻，顿时悲愤至极、血脉偾张，一口鲜血喷射出来，倒在地上。从此肺病日益加重，不久逝于武昌，年 50 岁。

95. 彭玉麟崇俭自守

彭玉麟（1817 年—1890 年），字雪琴，湖南衡阳人，生于安徽省安庆府。官至两江总督兼南洋通商大臣，兵部尚书。清末湘军水师创建者、中国近代海军的奠基人。与曾国藩、左宗棠、胡林翼并称大清“中兴四大名臣”。于军事之暇绘画作诗，以画梅名世，有《彭刚直诗集》（八卷，收录诗作 500 余首）留世。

彭玉麟做大吏的时期，清政府腐败至极，王公贵族贪婪笨拙，庸懦无能，穷奢极欲，唯知花天酒地。“奢侈之费，甚于天灾”。仅其饮食一项，年费无数，每餐总要摆三四张八仙桌，菜品虽达几十种之多，然不过只吃眼前的几样而已。所谓“吃一看二眼观三”，大摆锦衣玉食的豪华排场。

彭玉麟早年家境孤寒，父亲去世早，尝遍了人间冷暖，仕途也坎坷不顺。他对官场腐败深恶痛绝，下决心不与腐败官员为伍。他任长江巡阅使治理水师及兵部尚书的时候，秉公办事，嫉恶如仇，严惩恶势力，甚至不惜得罪清廷高官大红人曾国藩和李鸿章。曾国荃是曾国藩亲弟，彭玉麟发现曾国荃陆军部队纲纪废弛，还抓住了曾国荃两名吸鸦片的战将。曾国藩是彭玉麟恩师，对他可谓恩重如山，但是彭玉麟却不顾师生情意，毅然提笔三次弹劾曾国荃。有一年，彭玉麟路过安庆，忽然有老百姓拦马喊冤，状告当地恶霸李秋升。李秋升是李鸿章的侄儿，仗着权倾朝野的李鸿章势力横行乡里、夺人妻女，当地老百姓敢怒不敢言。经调查，彭玉麟掌握了足够证据，把李秋升抓来审讯，李秋升竟然藐视彭玉麟不敢把他怎么样而供认不讳。彭玉麟断然下令："此人不除，安庆难安宁。"这时，李鸿章之弟李奎赶来求情，纵有李鸿章这张王牌，也未能使彭玉麟网开一面、刀下留人。彭玉麟任职期间先后弹劾处置了腐败无能官吏两百余人，其中不乏高官。此外，彭玉麟的一个外甥曾任知府，由于贻误军机也被他杀了。他的所作所为在当时的民间流传下一句佳话："彭公一出，江湖肃然。"

彭玉麟身为大清名将、朝廷重臣，一生不慕名利、不避权贵、不治私产、不纳姬妾，他的日常生活"力崇俭朴"。在他的起居室中，除了书籍和笔砚外，仅有两个纸篓，别无其他陈设摆饰。一天，他的一个朋友前来私寓拜访他，但留客的午饭，不过是青菜、豆腐、辣椒豆豉、茄子黄瓜，中间一盘辣子肉而已。他的朋友抱怨彭玉麟留饭如此简慢，彭玉麟的亲随人员解释说，饭桌上加上一盘辣子炒肉已经是特别优待了，这在平时是没有的。据史载，彭玉麟“偶微服出，布衣草履，状如村夫子”，“时岁首，彭衣茧绸袍，加老羊皮外褂”。即过年的时候，他穿一件丝绸袍子，袍子的胳膊弯处已快洞穿，着一件老羊皮外褂子也有数处开绽。新年衣着尚且如此，平时服饰如何俭朴可想而知。彭玉麟在去世前将为官几十年的官俸、养廉银等加起来上百万两的收入全部捐出来做了军费。如他自己所述：“臣素无声色之好，室家之乐，性犹不耽安逸，治军十余年，未尝营一瓦之覆一亩之殖，以庇妻子。身受重伤，积劳多疾，未尝请一日之假回籍调治。终年在风涛矢石之中，虽甚病未尝一日移居岸上”，“臣以寒士始，愿以寒士归”。

96. 胡雪岩败在“失度”

胡光墉（1823 年—1885 年），字雪岩，徽州绩溪（今安徽绩溪）人，一说浙江仁和（治今杭州）人，中国近代著名“红顶商人”。曾开办胡庆馀堂中药店。后入浙江巡抚幕，为清军筹运饷械，同治五年（1866 年）协助左宗棠创办福州船政局，在左宗棠调任陕甘总督后，主持上海采运局局务，为左大借外债，筹供军饷和订购军火，又倚仗湘军权势，在各省设立阜康银号20余处，并经营中药、丝茶业务，操纵江浙商业，资金最高达二千万两以上，人称“为官须看《曾国藩》，为商必读《胡雪岩》”。

胡雪岩少年丧父，家境贫寒，从小就在钱庄里当学徒。因为他办事勤快、能言善辩，所以很快成为钱庄一名得力的伙计。胡雪岩自小就明白：做事要靠朋友，助人就是助己。在他20岁左右的时候，遇见了一个穷困潦倒的书生，名叫王有龄。这个书生很有才华，也很有抱负，有机会做官，但是缺少进京的盘缠和做官的“本钱”。胡雪岩虽然和他并不相熟，但二话没说，立即私下借用了钱庄的500两银子送给了王有龄。这样，胡雪岩虽因此失业了，但他却为自己的未来铺了路。做官后的王有龄为感胡雪岩的恩德，将其视为生死之交。胡雪岩利用王有龄的官场背景，开设钱庄、当铺、药铺，经营丝、茶，从而迅速暴富。胡雪岩另一个“助人成功”的“杰作”，便是支持清朝重臣左宗棠。胡雪岩积极为其出谋划策，筹措巨款，商借外债，协助左宗棠办洋务，理军务，因此深得左宗棠的器重，并为其出奏保荐，从而使胡雪岩获赏穿黄马褂，赐紫禁城骑马，赫然成为晚清唯一戴红顶子的巨富商贾。

胡雪岩的成功得益于他的“花钱助人”，那么他衰落的原因之一便是“花钱失度”。胡雪岩在其事业达到巅峰后，大改本性，骄奢淫逸，大兴土木，建造庭院，规模甚巨，并拥有众多妻妾，穿衣吃饭模拟王者，生活极其腐化。胡雪岩娶了十二位姨太太，个个正值花季，他在她们身上挥霍掉大量的金钱，为这些姨太太建造了休憩场所——娇楼，该楼金碧辉煌，四周风景秀丽，又以人工西湖蓬莱仙阁等景点巧妙地点缀，令观者目不暇接。姬妾们在娇楼分室而居，胡雪岩整日泡在娇楼之中，像皇帝一样，每晚随手拈牌招姬妾入寝，生活极其奢靡。正如汪康年在《庄谐选录》中所写："杭人胡某，富埒封君，为近今数十年所罕见。而荒淫奢侈，迹迥寻常所有，后卒以是致败。"胡雪岩后来的奢靡生活，是他最终失败的重要原因之一。光绪九年（1883 年），胡雪岩经营失败，钱庄倒闭，商号破产，家资罄尽，负债累累，又被革去道员职衔，后于光绪十一年（1885 年）在孤寂潦倒中黯然离世。

97. 李秉衡廉吏流芳

李秉衡（1830 年—1900 年），字鉴堂，奉天海城（今辽宁庄河）人。历官河北、广西、山东诸省，每处任职均能精心吏治，清正廉洁，体恤下情，博得广泛称道。

李秉衡生于官宦之家，少时勤学，敏于思索，博览群书，兼习武术。他曾任直隶完县、枣强县知县。1877 年，受朝廷委派，办理安州水灾事务，并署理宁津知县，后调升蔚州（今河北蔚县）、冀州（今河北冀州）、直隶州知州，不久又授永平府知府和山西平阳知府。他每到一地，都注意了解民间疾苦，整饬吏治，严格法度。赈济灾民时，首先深入了解灾情，事无巨细都要自己动手，亲自查勘户口，填写票据，有时日间顶风冒雪，奔波劳顿，夜晚归来，自膝至脚肿胀不堪。1879 年，李秉衡任冀州知州，为考察灾情，既不坐车，也不带随员，只身微行密访。通过访查，他了解了当地连年荒旱歉收，粮价腾贵，人民饥困倒悬的状况，不仅尽发库粮以赈灾民，而且设法采取了一些调购外省粮食的措施，终使灾区人民保全性命，并因此而被升迁为永严知府。他提倡廉政奉公，要求州县吏役人员不准贪赃枉法，损公肥己，甚至规定役员凡有事赴乡，均自备费用，不得扰民。百姓口碑载道，称之为“北直廉吏第一”。

1894 年，李秉衡调任山东巡抚。在任职数年间，李秉衡为使山东百姓免受黄河泛滥之苦，每年 2 至 5 月，都要出驻工地，奔忙于黄河各处险口，革除河工旧日积弊，督励水利工程进展。1900 年，李秉衡 70 岁时，被起用为巡阅长江水师大臣。

八国联军攻陷大沽后，他不辞酷暑，星夜兼程，由江苏率师北上“勤王”，奉清廷之命，赴京、津前敌阻击敌人。在武清河西务与敌相持一昼夜后败退，于通州张家湾服毒自尽，以身殉职。

李秉衡身为晚清封建官吏，一生居官清廉，以 70 岁高龄为国殉职，为人称道。

98. 奕劻贪奢败业

奕劻（1838 年—1917 年），晚清重臣、宗室，满洲镶蓝旗，爱新觉罗氏。乾隆帝第十七子永璘之孙。光绪十年（1884 年）任总理各国事务大臣、封庆郡王，十七年迁总理海军事务大臣，二十九年任领班军机大臣，三十四年晋封庆亲王。宣统三年（1911 年）任首任内阁总理大臣。清帝逊位后，避居天津。1917 年 1 月病死。1911 年辛亥革命期间，奕劻作为内阁总理大臣，手握重权，贪婪无度，利用权力换取财富，加速了社会风气的恶化以及满清的最后灭亡。

奕劻当政时，凡到其门下求官者必要献上大笔银两。邮传部尚书陈壁原系京师小吏，一个金店老板出资帮助他向奕劻买官，用重金所得的东珠鼻烟壶以陈璧的名义进献给奕劻。奕劻“笑纳之”，陈璧借此拜在奕劻膝下，自称干儿。后又用金店老板五万条金“借机谀媚”。陈璧一跃而升为侍郎，入驻清政府新成立的邮传部。金店老板也因此弃商从政，得到了肥缺铁路局长之职。1903年，领班军机大臣荣禄病重，袁世凯计算奕劻将继任，派杨士琦持银十万两送给奕劻。奕劻正式继任之后，袁世凯对他月有月规，节有节规，年有年规，遇生日庆典、儿女成婚，皆由其一手布置。1908年，奕劻过七十诞辰时，在大庭广众之下告诫家人勿收礼物，当众作秀，暗地却令属下做四个册籍，将送礼者按众寡厚薄分为四级：凡现金万金以上及礼物三万金以上者为一级记入“福字册”，现金五千以上及礼物值三千金以上者记入二级“禄字册”，千金以上及礼物值三千金以上者记入三级“寿字册”，现金百金以上及礼物值数百金者记入四级“喜字簿”。此次寿诞，奕劻所得现金达50万两白银之多，礼物价值百万以上。1911年，在大清帝国即将灭亡之际，觊觎大总统宝座的袁世凯又花了300万两贿款让奕劻充当逼宫说客。奕劻通过受贿索贿聚敛的家产折合白银亿两以上，而当时大清帝国一年的财政收入才不过八千万两。当年的《泰晤士报》刊发《庆亲王外传》一文，称奕劻“彼之邸第在皇城外之北，北京大小官员，无一不奔走于其门者，‘其门如市’也”。

奕劻贪污无数，但到头来全被儿子们挥霍殆尽。其长子载振妻妾成群，吸烟成瘾，在天津庆王府每天下午两点左右起床，男女仆人各执其事，餐毕即吸食鸦片，玩赏鱼鸟花草。他曾雇专人喂养过龙睛鱼、金鱼、天鹅、野鸭、虎皮鹦哥等，还养了几十种热带鱼。他听演员唱京剧后会送给玉器、牙雕、古玩等。其三子载则嗜赌如命。几个儿子后来靠银行存款利息和变卖遗产过奢华生活，终坐吃山空。

99. 李莲英挥金如土

李莲英（1848 年—1911 年），原名李英泰，字灵杰，道号乐元。祖籍浙江绍兴，生于直隶河间府大城县（今属河北）。其父李玉，以修鞋为生。在他 9 岁时，迫于家境贫寒，被送入宫廷净身当了太监。此后，拜刘多生为师，到梳头房学艺。艺成之后，他专为懿贵妃（即后来的慈禧）梳头。由于他处事机敏，善于逢迎，很快博得懿贵妃赏识。李莲英 14 岁时，便参与了辛酉政变，为慈禧传送空信，获千两赏银。1865 年，在安德海的保举下，李莲英被提升为首领太监，授六品花翎顶戴。4 年之后，由于总管太监安德海在济南被山东巡抚丁宝桢杀死，李莲英遂升任副总管太监，并晋升为四品花翎顶戴。自此，李莲英便千方百计地结党营私，干预朝政，卖官鬻爵，全力帮助慈禧实行独裁统治。1886 年夏天，慈禧亲赐给他黄龙马褂和二品顶戴花翎。不久，又将他升为内廷大总管，人称九千岁。

李莲英太监生涯 50 余年，利用职权，极尽贪污受贿之能事。在他 40 岁生日时，慈禧亲传口谕，为他庆寿，特赐蟒袍一件，白银二千两，玉猫一个。其他王宫大臣，也将搜刮民财得来的贵重物品，赠送给他，使他一下子就获得了数以千万计的寿礼寿金。1903 年袁世凯担心失去慈禧的宠幸，贿赂李莲英替他说好话，使李莲英一下就得到 40 万两白银。光绪皇帝奉命下诏重修清漪园（后改名颐和园），李莲英担任总监，趁此时机大量侵吞建园材料、为自已在海淀彩合坊修建了一座有五六十间房的宅邸，并捞取了几十万两银子。在北京的后公用库、黄化门大街、棉花胡同、麻花胡同、东兴隆街、刘蓝塑胡同、堆房居等处，也都有他的宅邸。他还在家乡大城县买有 210 顷土地，建有一座拥有二百三四十间房屋的大型庄园，十分豪华讲究。他存有大量的金银财宝，连账房先生都难以说清数目。

李莲英善敛财，也善挥霍。他有个名叫李福堃的侄子，不到半个月，就在妓院里挥霍了30万两银子。李莲英得知此事后还夸他会花钱，并把这个“散财童子”叫到北京，考考他一顿饭能花多少钱，结果李福堃一顿饭就花了两千多两银子，受到李莲英的夸奖。李莲英的母亲死时，慈禧赏给他48万两银子治丧，而他让操办人照着100万两银子的规模安排。开灵时，又是搭棚子唱戏，又是大摆酒席，平均每日要开120桌，并且还放了4次烟花。治丧前后3个多月，总计耗银120万两。

1908年慈禧死后，李莲英被遣出宫养老。并于1911年染病身亡。身后留下贪奢骂名。

100. 八旗子弟颓于特权

八旗制度是清王朝政权组织的特殊形式，它不只是一个单纯的军事制度，而是包含了军、政、财、刑等方面的满族的根本制度。由“开国元勋”“佐命功臣”组成的八旗贵族，入关以后，分任要职，辅治国政，统军治民。为了发挥他们在清王朝的核心力量，清朝统治者从政治、军事、经济等方面给予八旗贵族诸多特权。首先是他们的子孙可以“世袭罔替，裂土分茅”。所谓降生之日，即为宗室，成年之时，即可袭爵。其次，规定内阁首辅的职位、军机大臣的人选，主要由八旗王孙贵族担任。另外在经济上，可以岁领厚禄，分取人丁庄园。

清初的王公贵族不到百人，却拥有庄园1407所，占地130多万亩。按“官庄旗地制度”，八旗子弟还可坐地收租，享有俸禄。逢年过节，八旗贵族又可以得到钦赐金银缎帛。封建世袭制的腐蚀，封建特权的沉湎，使八旗子弟多数习惯于寄生生活，养成“凶顽愚昧，贪婪骄横”的恶习。他们不劳而食，“安逸自图，娱乐是耽”。茶馆戏院、赌场妓院，尽是他们的天下；斗鸡、斗蟋蟀、提鸟笼，无一不是他们的专长。他们长期专图享乐，奢靡成风，致使坐食山空，有的甚至“衣弊履穿，流为乞丐”。不可一世的睿亲王多尔衮，世袭至11世孙魁斌，玩物丧志，以鸦片、古玩、字画“消磨岁月”，终其一生。其儿子中铨以典当、变卖家产维持生活，致使睿亲王府万贯家财荡然无存，最终在贫病交加中死去。

清初规定旗兵每月至少要严格训练五六日，由于八旗子弟腐化堕落，管理随之松懈，武艺也就无人过问，原本叱咤风云、彪悍善战的八旗“健儿”，再也不健了。八旗子弟养尊处优、骄横偷安、聚赌挥霍、嫖妓放浪，到后期成了“不仕、不农、不工、不商、不兵、不民”的“六不”寄生虫。

至此，清王朝赖以统治的核心力量已经腐朽，清王朝的军事支柱已经蛀空，八旗制度也随之成为一段朽木。而坑害八旗子弟使之颓废的，正是这种封建世袭制派生出来的寄生特权。

参考书目

四书五经。

二十五史。

《资治通鉴》。

《续资治通鉴》。

白寿彝总主编:《中国通史》，上海人民出版社 1995 年版。

顾诚:《南明史》，光明日报出版社 2011 年版。

魏国忠等:《渤海国史》，中国社会科学出版社 2005 年版。

罗宏曾主编:《从政史鉴》，天津社会科学出版社 1989 年版。

金石、邓伊主编:《中国的清官与贪官》，沈阳出版社 1991 年版。

赵禄祥主编:《国史镜鉴》，北京出版社 1993 年版。

赵禄祥主编;《治乱警鉴》，北京出版社 1996 年版。

朱培庚:《古事今鉴》，文史哲出版社 1993 年版。

高敏主编:《奸臣传》，河南人民出版社 1989 年版。
周怀宇主编:《贪官传》，河南人民出版社 1992 年版。
朱雪主编:《外戚传》，河南人民出版社 1992 年版。
邹元初编著:《中国奸臣要录》，海潮出版社 1993 年版。

后记

“历览前贤国与家，成由勤俭败由奢。”这是唐代大诗人李商隐在《咏史》中对前朝历史进行的概括。2013年6月18日，党的群众路线教育实践活动工作会议在北京召开，中共中央总书记、国家主席、中央军委主席习近平出席会议并发表重要讲话，对全党开展群众路线教育实践活动进行部署。他强调指出，这次教育实践活动的主要任务聚焦到作风建设上，集中解决形式主义、官僚主义、享乐主义和奢靡之风这“四风”问题。群众路线教育实践活动要着眼于自我净化、自我完善、自我革新、自我提高，以“照镜子、正衣冠、洗洗澡、治治病”为总要求。照镜子，主要是以党章为镜，对照党的纪律、群众期盼、先进典型，对照改进作风要求，在宗旨意识、工作作风、廉洁自律上摆问题、找差距、明方向。与此同时，照一照历史这面镜子，览思历史上俭成奢败的典例，无疑也对“正衣冠、洗洗澡、治治病”大有裨益。“以铜为镜，可以正衣冠；以古为镜，可以知兴替；以人为镜，可以明得失。”习总书记在论述干部学习时曾指出：“学习和总结历史，借鉴和运用历史经验，是我们党一贯重视并倡导的做好领导工作一个重要的思想和方法”，“要积极借鉴我国历史上优秀的廉政文化”。

为期两年多的党的群众路线教育实践活动，认真贯彻了“照镜子”的要求，取得了显著成效。“镜子”，应当常拭常照，常照常新。本书以廉政文化建设为宗旨，梳理了我国古代俭成奢败、俭兴奢衰的历史脉络，列举了大量历史事实以及思想论点，旨在从一个特定的、重要的视角，探求我国几千年历史中的兴衰、治乱规律，为读者提供一面可资借鉴的历史镜子。

一部中国古代、近代史，从一定程度上讲，就是一部俭成奢败史。无数事实雄辩地证明：勤政政通，俭兴国兴，廉废政毁，奢狂国败。

“自从盘古开天地，三皇五帝到如今。”上古传说中的几位圣明君主，如尧帝“王天下也，茅茨不翦，采椽不斫；粝粢之食，藜藿之羹；冬日麑裘，夏日葛衣；虽监门之服养不亏于此矣”；舜帝“勤民事而野死”，“只为苍生不为身”；大禹“受臣虏之苦”，率众治水，三过家门而不入。他们正是以勤劳、节俭的优良品质和奋斗精神，带领华夏祖民创造了中华民族的早期文明。

大禹创立了中国历史上的第一个王朝——夏王朝，但他的后代夏桀却是一个荒淫暴君，公元前16世纪，商汤揭竿而起推翻了夏朝，建立了商朝，商代政权传到纣时，殷纣王做“酒池肉林”，奢靡至极，公元前1046年被周武王推翻而周朝建立。而周朝的前期西周在经历了成康之治、昭穆之治以后，至夷王、厉王、幽王时期逐渐陷于混乱。

春秋时期，见诸经传的大小诸侯国凡128个（亦有说170余个），曾有“五霸”；至战国时期尚有二十多国，亦有“七雄”。无论是“五霸”“七雄”的崛起和衰落，还是诸多大小国家的形成和破灭，都能从中找到“勤”与“奢”的原因。“秦王扫六合，虎视何雄哉！挥剑决浮云，诸侯尽西来。”秦始皇于公元前221年统一六国，建立了一统天下的君主专制大帝国，曾强盛无比，但仅历14年、二世而亡，尤其缘于从嬴政到胡亥狂妄的奢靡和征用。

秦王朝灭亡之际开始的楚汉相争，以公元前202年定都长安的西汉建立告一段落。西汉历十二帝、211年，是存在时间较长的王朝，曾有文景之治、武帝雄风、昭宣中兴等辉煌，但也历经损衰，后期成帝耽于酒色、哀帝纵欲无状，至公元9年，王莽篡夺政权，西汉结束。25年，刘秀称帝，定都洛阳，建立东汉，又有光武中兴、明章之治等，到桓帝、灵帝腐败至极，公元184年黄巾起义爆发，开始了近一百年的战乱时代，208年赤壁大战后三国鼎立，220年曹丕篡汉，东汉正式灭亡。司马氏先于265年建立了西晋，随后于280年灭东吴，结束了自东汉以来百余年的分裂局面。但十年之后（291年）即爆发“八王之乱”，接着永嘉之乱、五胡内迁、流民起义，全国陷入大混乱局面，316年西晋仅存在五十一年后灭亡。司马睿在建康（今南京）建立东晋政权，偏安103年，与北方的五胡（匈奴、鲜卑、羯、氐、羌）十六国（前凉、后凉、南凉、西凉、北凉、前赵、后赵、前秦、后秦、西秦、前燕、后燕、南燕、北燕、夏、成汉等）并存。420年，刘裕废除晋安帝，建立刘宋，从此进入南（宋、齐、梁、陈）北（北魏、东魏、西魏、北齐、北周）朝时期，中国历史又进入分裂和政权更迭最频繁的动乱时期，至公元589年隋灭南朝陈为止。唐代大诗人杜牧《赤壁》诗云：“折戟沉沙铁未销，自将磨洗认前朝。”透过磨洗“前朝”这些政权的“折戟沉沙”，可以清晰地看到“勤兴俭成”和“惰衰奢败”的轨迹。

隋朝在继承北周统一中国北方的基础上，进而统一了全国，结束了过去数百年分裂割据的局面。但一代良主杨坚创立的大一统隋朝，仅实际存在29年，便在奢侈残暴的杨广手上灭亡了。随后建立的唐朝是我国历史上最为辉煌的时期。曾有贞观之治、永徽之治、盛唐气象、开元盛世等，但唐玄宗先俭后奢，导致唐朝由盛转衰，唐僖宗“玩乐怠国，使至唐亡”。黄巢起义后，唐朝名存实亡，进入五代（后梁、后唐、后晋、后汉、后周）十国（前蜀、后蜀、吴、南唐、吴越、闽、楚、南汉、南平、北汉等）时期。这些乱世枭雄建立的小王朝，更是不断发生因奢而亡的故事，最典型的如后梁17年、前蜀和后蜀二任而亡，皆因奢侈放纵。960年，赵匡胤取代后周建立北宋，979年灭北汉，自此基本结束了自晚唐以来的分裂割据局面，进入一个上承五代十国、下启元朝的时代。宋朝经历了建隆之治、咸平之治、熙丰变法、哲宗中兴、绍兴中兴、庆历新政等兴盛时期，但由于宋徽宗“浮浪失政”导致1127年靖康之变，北宋灭亡。1271年元朝军队攻占临安，南宋覆灭。孝宗时期，诗人林升痛感于统治者偏安苟且，在杭州旅店墙壁上题诗曰：“山外青山楼外楼，西湖歌舞几时休？暖风熏得游人醉，直把杭州作汴州！”

中国历史上第一个由少数民族建立的大一统帝国元朝于1279年成立后，后期因统治腐败和民族压迫，导致农民起义，1368年明军攻占大都，元朝在全国的统治结束。明前期和中期，有洪武之治、永仁宣盛世、景泰中兴、成弘之治、隆庆新政等，但不久即发生土木堡之变、万历怠政等，并于1644年亡于农民军建立的大顺。随后，满清军队击败大顺军并入主中原。中国历史上第二个由少数民族建立的统一政权清朝成立。经“康乾盛世”，国力强大，同时君主专制发展到顶峰，弊端丛起。1840年鸦片战争后遭列强入侵，主权严重丧失，中华民族备受欺凌。1911年，辛亥革命爆发，清朝统治瓦解，从此结束了中国两千多年的封建帝制。而在清王朝灭亡的挽歌中，我们仍然可以发现许许多多腐败奢靡的音符。

本书分为上、下两编，上编为古代帝王和王朝因俭而兴、因奢而衰100例，其中俭例39，奢例61；下编为古代官吏和名人因俭而荣、因奢而耻100例，其中俭例58，奢例42。上编的历史事迹以朝代或国家的存在时间先后为序；第二编的历史人物，有生卒年记载的以生年为序，无生年记载的以卒年为序，无生卒年记载的参照其人所处年代入序。

张杰、王晓雪、张莘、王珊、时君果、时现菊、时菊娥、许健、苏紫莹、杜雅宁等参加了本书的编写或资料收集工作，特此记之，并示谢意！

愿此书能为读者提供一份研究“俭成奢败”历史规律和古代廉政文化的有益读物。并望对存在缺点批评指正。

作　者

2015年5月8日

图书在版编目（CIP）数据

中国古代俭奢故事：全2册 / 张国钧编著 .—北京：中国法制出版社，2015.5

ISBN 978-7-5093-5731-6

Ⅰ.①中… Ⅱ.①张… Ⅲ.①品德教育—中国—通俗读物 Ⅳ.① D648-49

中国版本图书馆 CIP 数据核字（2014）第 239916 号

责任编辑 谢 雯（xiewen629@163.com） 封面设计 李 宁

中国古代俭奢故事

ZHONGGUO GUDAI JIANSHE GUSHI

著者 / 张国钧

经销 / 新华书店

印刷 / 三河市紫恒印装有限公司

开本 / 880×1230 毫米 32 印张 /13.875 字数 / 240 千

版次 / 2015 年 5 月第 1 版 2015 年 5 月第 1 次印刷

中国法制出版社出版

书号 ISBN 978-7-5093-5731-6 定价：40.00 元（全 2 册）

北京西单横二条 2 号 邮政编码 100031

值班电话：010-66026508

传真：010-66031119

网址：http://www.zgfzs.com

编辑部电话：010-66010493

市场营销部电话：010-66033393

邮购部电话：010-66033288

（如有印装质量问题，请与本社编务印务管理部联系调换。电话：010-66032926）